中國歷代書目題跋叢書

潘宗周 藏
張元濟 撰
程遠芬 整理

寶禮堂宋本書録

圖書在版編目(CIP)數據

寶禮堂宋本書録 / 潘宗周藏;張元濟撰;程遠芬整理. 一上海: 上海古籍出版社, 2020.7
(中國歷代書目題跋叢書)
ISBN 978-7-5325-9687-4

Ⅰ. ①寶… Ⅱ. ①潘… ②張… ③程… Ⅲ. ①私人藏書—圖書目録—中國—民國 Ⅳ. ①Z842.6

中國版本圖書館 CIP 數據核字(2020)第 118667 號

中國歷代書目題跋叢書

寶禮堂宋本書録

潘宗周 藏 張元濟 撰

程遠芬 整理

上海古籍出版社出版發行
(上海瑞金二路 272 號 郵政編碼 200020)
(1) 網址: www.guji.com.cn
(2) E-mail: guji1@guji.com.cn
(3) 易文網網址: www.ewen.co
蘇州越洋印刷有限公司印刷
開本 850×1168 1/32 印張 14 插頁 5 字數 248,000
2020 年 7 月第 1 版 2020 年 7 月第 1 次印刷
印數: 1—2,100
ISBN 978-7-5325-9687-4
Z·452 定價: 68.00 元

《中國歷代書目題跋叢書》出版説明

漢代劉向、劉歆父子編撰《别録》《七略》，目録之學自此濫觴，在傳統學術中發揮了重要作用。歷代典籍浩繁龐雜，官私藏書目録依類編次，繩貫珠聯，所謂「類例既分，學術自明」（《通志·校讎略》），學者自可「即類求書，因書究學」（《校讎通義·互著》），實爲讀書治學之門户。而我國典籍屢經流散之厄，許多圖書真容難睹，甚至天壤不存，書目題跋所録書名、撰者、卷數、版本、内容即爲訪書求古的重要綫索。至於藏書家於題跋中校訂版本異同、考述版本淵源、判定版本優劣、追述藏弆流傳，更是不乏真知灼見，足以津逮後學。

我社素重書目題跋著作的出版，早在二十世紀五十年代，我社就排印出版了歷代書目題跋著作二十二種，後彙編爲《中國歷代書目題跋叢書》第一輯。此後，我社又與學界通力合作，精選歷代有代表性和影響較大的書目題跋著作，約請專家學者點校整理。至二〇一五年，先後推出《中國歷代書目題跋叢書》第二至四輯，共收書目題跋著作四十六種，加上第一輯的二十二種，計六十八種，極大地普及了版本目録之學。面對廣大讀者的需求，我社將該叢書陸續重版，並訂正所發現的錯誤，以饗讀者。

上海古籍出版社

二〇一八年八月

整理説明

《寶禮堂宋本書録》四卷附録一卷，南海潘明訓藏，海鹽張元濟撰。一九三九年南海潘氏排印線裝本。潘明訓（一八六七——一九三九），字宗周，廣東南海人。供職于上海英租界工部局。喜藏書，尤佞宋版。所收古籍大都經海鹽張元濟鑒定。二十世紀三十年代，潘宗周邀請張元濟撰寫《寶禮堂宋本書録》，書成之後，由商務印書館排印，以南海潘氏名義印行。

《寶禮堂宋本書録》是一部内容詳盡、體例嚴整、具有典範意義的善本書録，共著録宋版一百十七部、元版六部。每書著録書名、著者、版本、完缺、册數、遞藏源流、序跋題記、行款版式、牌記、刻工、避諱和藏書印鑒，特别珍貴的版本還附有校勘記。藏書印鑒保存了原印的款式，文字則予以隸定。該書是研究版本學、目録學、校勘學、藏書史的重要成果和參考資料。該書名義上是潘明訓著，事實上是由張元濟撰寫。這個以南海潘氏名義印行的本子有民國二十七年（一九三八）秋日潘宗周自序，民國二十八年二月一日張元濟序。張元濟的序對中國印刷術的起源和宋版書的四大優長進行了系統的論述，是一篇重要的版本學文獻。南海潘氏印本數量較少，殊不易得。一九八四年，廣陵古籍刻印社據以影印線裝本，請潘明訓哲嗣潘世兹先生撰寫了序言。序言明確記述了《寶禮堂宋本書録》是他父親「特懇張世伯纂輯書目行世」。南海潘氏本與廣陵古籍刻印社本都没有標點斷句，閱讀不便。一九九八年，張人鳳先生整理《張元濟古籍書目序跋彙編》，邀請我點校《寶禮堂宋本書録》，二〇〇三年由商務印書館正式出版，《書録》收在《彙編》上册。二〇〇九年商務印書館出版《張元濟全集》第八卷，《書録》收在本卷，採用的仍然是這個整理本。二〇〇七年，上海古籍出版社出版了柳向春先生的標點本，書後附有書名索引，收在《中國歷代書目題跋叢書》第二輯。這樣，《寶禮堂宋本書録》流傳越來越廣。

此次，應上海古籍出版社郭沖編輯的邀請，我對商務印書館出版的整理本進行修訂再版。本次修訂對標點欠妥之處進行了改正，對文字排校錯誤進行了校正，對《書録》原有的訛誤做了校勘，並加校勘記。書後增加了六種附録。附録一爲《書録》各版本的序跋、整理前言，以及對潘宗周藏書事蹟的記述、研究文字。附録二爲《雲間韓氏藏書題識彙録》摘鈔七條，是松江韓氏收藏後歸寶禮堂的七種宋版書的著録。附録三爲《文禄堂訪書記》摘鈔十三條，是經王文進文禄堂後歸寶禮堂的七種宋元版書的著録。附録四爲傅增湘《藏園群書經眼録》摘鈔，是傅增湘記述的寶禮堂藏書版本，共三十二條，這些記述大都是在入藏寶禮堂之前傅增湘經眼記録的。附録五爲《中國版刻圖録》摘鈔，摘取寶禮堂藏本敘録三十二條，其中個别品種是一書分離或同版不同印本的記述。附録六爲李紅英《寒雲藏書題跋輯釋》著録寶禮堂藏本的簡目四十三條。這些寶禮堂藏書的有關記述和研究成果，可以與《寶禮堂宋本書録》互相參證，有助於全面認識寶禮堂藏書的來龍去脈和版本鑒别。本次整理還增加了《寶禮堂宋本書録》的綜合索引，包括書名、著者、序跋者、刻工、刻書鋪號、牌記、藏書家及藏書印鑒等。整理工作得到李振聚、姚文昌、楊勝祥、吴雪菡、劉潤楓、馮夢非、林康、商賽博、薛林浩、隗茂杰、李佳傑、杜以恒、何麗媛、王淑釩諸君的大力幫助，特此致謝。囿於見聞，整理工作仍不免疏誤，請讀者批評指正。

程遠芬　二〇二〇年四月九日

目録

子部

集部

元本附……二二九

附録一：序跋及論述……二三五

附録二：《雲間韓氏藏書題識彙録》摘鈔

附録三：《文禄堂訪書記》摘鈔……二八七

附録四：《藏園群書經眼録》摘鈔……二九七

附録五：《中國版刻圖録》摘鈔……三二三

附録六：《寒雲藏書題跋輯釋》著録寶禮堂藏書

序

文化之源，繫於書契；書契之利，資於物質。結繩既廢，漆書、竹簡而已；筆墨代興，迺更縑帛。後漢蔡倫造紙，史稱莫不從用，然書必手寫，製爲卷軸，事涉繁重，功難廣遠。越八百餘年而雕版興。人文蜕化，既由樸而華；藝術演進，亦由粗而精。故昉於晚唐，沿及五代，至南北宋而極盛。西起巴、蜀，東達浙、閩，舉凡國監、官廨、公庫、郡齋、書院、祠堂、家塾、坊肆，無不各盡所能，而使吾國文化日趨於發揚光大之境。此其工事之美善，有可得而言者：一曰寫本。鐫工之美惡，視乎書法之優劣。宋本可貴，以其多出能書者之手。王溥《五代史會要》：「後唐長興三年二月，中書門下奏：『請依石經文字刻《九經》印板。』敕：『令國子監集博士儒徒，將西京石經本，各以所業本經句度鈔寫注出，子細看讀，然後顧召能雕字匠人，各部隨帙刻印板，廣頒天下。』其年四月敕：『差太子賓客馬縞，太常丞陳觀，太常博士段顒、路航，尚書屯田員外郎田敏充詳勘官，兼委國子監於諸色選人中召能書人端楷寫出，旋付匠人雕刻。』」王明清《揮麈餘話》：「後唐平蜀，明宗命太學博士李鍔書《五經》，倣其製作，刊板於國子監。」《宋史·趙安仁傳》：「安仁生而穎悟，幼時執筆能大字。雍熙二年登進士第，補梓州榷鹽院判官，以親老勿果往。會國子監刻《五經正義》板本，以安仁善楷隸，遂奏留書之。」洪邁《容齋續筆》：「予家有舊監本《周禮》，其末云：大周廣順三年癸丑五月，雕造《九經》書畢。前鄉貢三禮郭嵠書。《經典釋文》末云：顯德六年己未三月，太廟室長朱延熙書。此書字畫端嚴有楷法，更無舛誤。士人筆札猶有正觀遺風，故不庸俗，可以傳遠。」余所見者有紹興覆端拱本《周易正義》，書者爲鄉貢進士張壽；又紹興覆淳化本《毛詩正義》，書者爲廣文館進士韋宿、鄉貢進士陳元吉、承奉郎守大理評事張致用、承奉郎守光禄寺丞趙安仁。此皆官家所刊之書，其刊於私家者亦多踵行。先是，孟蜀時毋昭裔在成都，令門人句中正、孫逢吉書《文選》、《初學記》、《白氏六帖》鏤版，其子守素齎至中朝，行於世，事載《宋史·毋守素傳》。句、孫二子均有書名，本傳：中正益州華陽人，昭裔奏授崇文館校書郎，精於字學，古文、篆、隸、行、草無不工。逢吉常爲蜀國子《毛詩》博士，檢校刻石經。又《徐鉉傳》：「弟鍇亦善小學，嘗以許慎《説文》依四聲譜次爲十卷，目曰《説文解字韻譜》。鉉親爲之篆，鏤板以行於世。」《舊五代史·和凝傳》：「平生爲文章，長於短歌豔曲。有集百卷，自篆于版，模印數百帙。」錢曾《讀書敏求記》：「《坡詩注》武子因傳穉漢儒善歐書，俾書之以鋟板者，曾見於絳雲樓中。」凡此皆有姓名可稽者。其他即不出於專家，不成於一手，亦多下筆不苟，體格謹嚴，虞、褚、歐、顔，各擅其勝，直可與碑版齊觀。今有所謂宋體者，世每以爲胚胎宋刻，實則起於有明正、嘉之際，刻畫無鹽，毫無生意，乃匠役之所爲，而宋刻原不爾爾也。二曰開版。古有銅版。岳珂《刊正九經三傳沿革例》自言家塾所藏有晉天福銅版本。後有人得韓文「《易》奇而法，《詩》正而葩，《春秋》謹嚴，《左氏》浮誇」十六字銅範者，蔡澄、張廷濟均謂是宋太宗初年頒行天下刻書之式。然今所傳銅版印本，僅爲有明建業張氏、錫山安氏及華氏會通館、蘭雪堂所製，而宋本已無一存。其次爲泥版。沈括《夢溪筆談》：「慶曆中，有布衣畢昇爲活板，其法用膠泥刻字，薄如錢脣，每字爲一印，火燒令堅。先設一鐵板，其上以松脂蠟和紙灰之類冒之。欲印，則以一鐵範置鐵板上，乃密布字印，滿鐵範爲一板。持就火煬之，藥稍鎔，則以一平板按其面，則字平如砥。若止印三二本，未爲簡易，若印數十百千本，則極爲神速。常作二鐵板，一板印刷，一板已自布字，此印者纔畢，則第二板已具，更互用之，瞬息可就。」然其印本，今亦不傳。傳於今者，厥惟木板。刊印之便，宜莫如木，若梨若棗，取用尤繁，故當時所稱曰鋟板，曰鋟梓，曰繡梓，曰刻板，曰鏤板，曰雕造，曰模刻，曰板行，無不與木爲緣。揆其功能，實遠出範金合土之上。維時剞劂盛行，上下交勵，其敕刊諸書，有督刊諸臣，管幹雕造官者無論矣。即諸路軍州所刊官本，如紹興十七年黄州刻王黄州《小畜集》，有監雕造右文林郎軍事推官宗亞昌、右文林郎軍事判官王某二人。嘉泰五年吉州刻《文苑英華》，提督雕造者爲成忠郎新差充筠州臨江軍巡轄馬遞鋪權周少傅府使王思恭。余嘗爲涵芬樓收宋鎮江本《説苑》，卷末有「咸淳乙丑九月鄉貢進士直學胡達之眎役」一行。又明覆宋括蒼本《沈氏三先生集》，卷末有「從事郎處州司理參軍高布重校兼監雕」一行。督責既嚴，工技自進。下逮臨安陳氏、建安余氏，鬻書營利，亦靡不各炫己長，别開風氣，鴻編鉅帙，雕鏤精嚴。其最可取法者，舉每葉大小之字數，列本版起訖之歲時，而鐫工姓名，一一標載。此可見責任之攸歸，自不肯苟焉從事也。三曰印刷。使寫刻俱工，而所需紙墨不足相副，則前功幾於盡棄。嘗讀葉盛《水東日記》：「宋時所刻書，皆潔白厚紙所印，乃知古人於書籍，不惟雕鐫不苟，雖摹印亦不苟也。」項元汴《蕉窗九録》：「宋書紙堅刻軟，字畫如寫，用墨稀薄，雖着水溼燥無湮跡，開卷一種書香，自生異味。」孫從添《藏書記要》：「若果南北宋刻本，紙質羅紋不同，字畫刻手古勁而雅，墨氣香澹，紙色蒼潤，展卷便有驚人之處。」凡兹緒論，匪託空談，略舉前言，以爲左證。周密《志雅堂雜鈔》：「廖群玉諸書，皆以撫州萆鈔清江紙、油烟墨印造，所開韓、柳文尤精好。」王世貞《宋刻本漢書跋》：「余生平所購《周易》、《禮經》、《毛詩》、《左傳》、《史記》、《三國志》、《唐書》之類過三千餘卷，皆宋本，精絶，最後班、范二《書》，尤爲諸本之冠。桑皮紙白潔如玉，四旁寬廣，字大者如錢，絶有歐、柳筆法，細書絲髮膚緻，墨色精純。」又《六臣注文選跋》：「余所見宋本《文選》亡慮數種，此本繕刻極精，紙用澄心堂，墨用奚氏，舊爲趙承旨所賞。」按撫州萆鈔今已不傳。所開韓、柳文原書猶存，紙至精美。桑皮質理堅緻，至今猶爲造紙良材。澄心堂爲江南李後主遺製，梅聖俞詩有百金一枚之語。油煙即宋世豔稱之蒲大韶墨。奚氏家居易水，世業造墨。唐時墨工有奚鼐、奚鼎、奚超，超後渡江，卜居宣、歙，爲李後主製墨，賜姓李氏。其子廷珪、廷寬、廷宴所製均有名，而廷珪爲尤著。據此可信其印造之精矣。其他有用椒紙者，天禄琳琅宋板《春秋經傳集解》後有木記：「淳熙三年八月十七日左廊司局内曹掌典秦玉楨等奏：聞壁經《春秋左傳》、《國語》、《史記》等多爲蠹魚傷牘，未敢備進上覽。奉勅用棗木椒紙各造十部，四年九月進覽。監造臣曹棟校梓，司局臣郭慶驗牘。」又有用雞林紙者，張萱《疑耀》：「長睿得雞林小紙一卷，書章草《急就》。」余嘗疑之。幸獲校祕閣書籍，每見宋板書多以官府文牒翻其背印以行，如《治平類篇》一部四十卷，皆元符二年及崇寧五年公私文牘牋啓之故紙也。其紙極堅厚，背面光澤如一，故可兩用。即余所見建陽刊本《六臣注文選》，墨光燦爛，捫之隆起，紙亦瑩潔無瑕，殆足與趙承旨本媲美。此亦可爲明證也。四曰裝潢。《隋書・經籍志》：「祕閣之書爲三品，上品紅瑠璃軸，中品紺瑠璃軸，下品漆軸。」《舊唐書・經籍志》：「開元時，甲乙丙丁四部書各爲一部，庫書兩京各一本。其集賢院御書，經庫皆鈿白牙軸黄縹帶紅牙籤，史庫皆鈿青牙軸縹帶緑牙籤，子庫皆雕紫檀軸紫帶碧牙籤，集庫皆緑牙軸朱帶白牙籤，以分别之。」然此皆古寫卷子所用，而不宜於印本。張邦基《墨莊漫録》：「王洙原叔内翰嘗云，作書册粘葉爲上，久脱爛，苟不逸去，尋其次第，足可鈔録。屢得逸書，以此獲全。若縫繢，歲久斷絶，即難次序。初得董氏《繁露》數册，錯亂顛倒，伏讀歲餘，尋繹綴次，方稍完復，乃縫繢之弊也。嘗與宋宣獻談之，公悉令家所録者作粘法。予嘗見舊三館黄本書及白本書，皆作粘葉，上下欄界，皆界出于紙葉。後在高郵借孫莘老家書，亦作此法。又見錢穆父所蓄亦如是。多只用白紙作標，黄紙作狹簽子，蓋前輩多用此法。」王氏所謂縫繢者，不知何如，惟粘葉法似即後來所稱之蝴蝶裝。張萱《疑耀》：「祕閣中所藏宋板書，皆如今制鄉會進呈試録，謂之蝴蝶裝。」其糊經數百年不脱落，宋人舊製，今猶有存者。其法以正書反摺向内，書口向外，板心齊疊，粘連護帙。翻閲之時，正如蝴蝶展開雙翅，與今之西洋書同式，特彼則紙厚雙面印，我則紙薄一面印耳。又有所謂旋風裝者，錢曾《讀書敏求記》：「《雲煙過眼録》云，焦達卿有吴彩鸞書《切韻》一卷。予從延令季氏曾覩其真蹟，逐葉翻看，展轉至末，仍合爲一卷。張邦基《墨莊》云旋風葉者即此，真歷代之奇寶，因悟古人『玉燮金題』之義。今季氏凌替，此卷歸之不知何人，世無有賞鑒其裝潢者，惜哉！」自綫裝行而以上諸式皆廢。孫從添嘗言，見宋刻本襯書紙，古人有用澄心堂紙，書面用宋箋者，亦有用墨箋洒金書面者，書簽用宋箋藏經紙、古色紙爲上。此即指綫裝書言，而宋本之珍貴，更可見一斑矣。余喜蓄書，尤嗜宋刻，固重其去古未遠，亦愛其製作之精善，每一展玩，心曠神怡。余嘗言一國藝事之進退，與其政治之隆汙、民心之仁暴，有息息相通之理。況在書籍，爲國民智識之所寄託，爲古人千百年之所留貽。抱殘守缺，責在吾輩。友人潘君明訓，與余有同好，聞余言亦不以爲謬。每估人挾書登門求沽，輒就余考其真贋，評其高下。苟爲善本，重值勿吝，但非宋刻則不屑措意。十餘年來，旁蒐博采，駸駸與北楊南瞿相頡頏。因綜所得，輯爲《宋本書録》。既成，眎余。余嘗登寶禮之堂，縱觀所藏，琳琅滿目，如遊群玉之府。簿而録之，以詔來者，雖曰流略之緒餘，抑亦藝林之炳燭矣。雖然，今之爲是業者，藉口於推廣文化，謂出版之事，不惟其精而惟其廉。於是方寸之册，字盈億萬，紙麄墨垢，觸目生厭，裝製陋劣，轉瞬散落。而爲之者方翹然自號於衆曰，吾能爲賤鬻之書。嗚呼，此直剗滅文明而返於草昧之途耳！文化云乎哉？推廣云乎哉？余讀兹編，有感於懷，不知讀者視之，又作何感也。中華民國二十有八年二月一日，海鹽張元濟敘。

自序

余生也晚，又丁喪亂之後。少時入塾，挾童子書數册，他無所覩。顧嘗聞長者言吾粵筠清館吴氏、海山仙館潘氏、粵雅堂伍氏、持静齋丁氏、三十三萬卷樓孔氏藏書之盛，未嘗不爲之神往。稍長，來上海習賈，日與駔儈伍，思卒業童年未讀之書，且碌碌未逮。厥後獲交宜都楊惺吾、華陽王雪澂、吴興朱彊邨諸先生，目覩其琳琅之富，丹鉛之勤，則又竊竊焉羡之。楊、王二公邃於流録之學，飫聞緒論，粗有所獲。吾友甘翰臣偶得蜀刻《史記集解》半部，舉以相眎，精美奪目，入手不忍釋，於是慨然有收書之志。時項城寒雲公子卜居滬瀆，有友介以相見，兼攜宋刻《禮記正義》、《公羊經傳解詁》二書至，自言資斧不給，欲以易錢。余方發願買書，亟如所需畀之。《禮記》者，宋南渡後三山黄唐所刊，舊藏曲阜孔氏，海内傳爲孤本。余適搆新居，落成之日，因顔曰「寶禮堂」，以誌喜也。既幸其書之歸余，思爲之流通，募工橅刻以公諸世。剞劂甫竣，士林稱賞，遠近書估聞之，爭挾其善本踵門炫售。寒雲蓄書美且富，自號爲「後百宋一廛」，情意既遷，漸萌厭倦，亦日斥其所藏以易其新嗜之物，其所儲善本歸余插架者什之六七。余有佞宋之癖，非天水佳槧，概從屏斥，於是百宋一廛之故物，由藝芸精舍而宜稼堂，而海源閣，而讀有用書齋者，均先後入於寶禮堂。二十年來，日積月累，綜其所得，亦略與蕘圃相埒。蕘圃生承平之世，文物休明，故家弆藏，時有轉徙。歷百餘年，迭遭兵燹，名編祕帙，多付劫灰。余生古人後，掇拾叢殘，引跂前塵，猶足方駕，詎不幸歟！吾國鐫印書本，泰西史家稱爲世界創獲之舉，即紙墨之精良，小道可觀，在七八百年前亦足誇耀寰宇。吾聞倫敦、巴黎、華盛頓諸圖書館，得彼時一二故籍，莫不什襲珍藏，視爲古代文化留貽之證。余以一手一足之力，能獲此數千百卷庋於一堂，國粹家珍，於焉斯寄。後之人倘能推余所以寶之之意永寶之，則尤余之大願也。中華民國紀元二十有七年秋日，南海潘宗周自序。

經部

001－1 周禮鄭注十二卷 五册

此合兩刊本爲一部，前後各六卷，後六卷附釋文。卷三末葉有「婺州市門巷唐宅刊」八字木記。此即岳倦翁《刊正九經三傳沿革例》所謂婺州舊本，海源閣楊氏有之，誇爲至寶。《楹書隅録》又引岳倦翁《沿革例》：「《秋官》『司寤氏掌夜時』注：『夜時謂夜晚早，若今甲乙至戊』，疏又以『甲、乙則早時，戊、亥則晚時』實其説，惟蜀本作『戊』字，竊謂『戊』字爲是」云云，謂婺州本正作「甲乙至戊」，稱爲「寶中之寶」。是本所配「戊」字已誤作「戌」，是後六卷遜於前六卷矣。

楊守敬跋　右宋槧本《周禮》，存《天官》、《地官》、《春官》六卷，《夏官》、《秋官》、《冬官》以附釋音本補之。不附釋音。避「敬」、「殷」、「貞」、「徵」、「玄」、「匡」、「竟」、「恒」、「桓」、「讓」等諱。第三卷後有「婺州市門巷唐宅刊」木記。大題在下，與唐石經合。第一卷末題經注字數。審其款式字體，雕印當在北宋末南宋初。舊爲周櫟園、宋牧仲所藏，有兩家印記。今在章碩卿大令處。敬於光緒丙戌冬十二月赴碩卿嘉魚縣署，出示此本，余驚爲祕笈，竭兩日力略爲校之。如《天官・太宰》「九兩」注「疾病相扶」，無「持」字。《小宰》「八成」〔二〕「貸子」不作「貸予」。《膳夫》注「稍事謂非日中」，「謂」不作「爲」。《腊人》注各本因疏衍二十五字，此不衍，與嘉靖本合。《地官・遂師》、《遂大夫》不提行，以圍隔之。《地官・載師》注「其大夫」不作「上大夫」、「下大夫」。《媒氏》注「行苦」不作「行沽」。《遂師》「抱磿」不作「磨」。《遂大夫》注「鎡其」不作「鎡基」。《稻人》「芟夷」不作「萬」。《山虞》「柔刃」不作「忍」。《槁人》注「不與饎人言者言其共至尊」，各本脱「者言」二字，岳本、嘉靖本遂改「其爲者而共至尊」，遂若不相接。又「潘瀾戔餘」，「戔」字偏右，據《釋文》，「戔」一本作「殘」，原刻必是「殘」字，挖去「歹」旁，今各本無作「殘」者，足見此本根源之古。《春官・世婦》注「亦用士人」不作「八人」。《司干》注「謂盾」不作「楯」。《大宗伯》注「五年而再殷祭」，「五」上無「率」字。「群神之兆」不作「群臣」。《肆師》注「匪以致饗」，「匪」字上空，原刻當是「篚」字，以經用古字、注用今字例之，則「篚」字是。《司尊彝》注「罍臣」不作「罍神」，「涗拭勺」不作「捝」。《大司樂》注「鳥獸蹌蹌」不作「鎗鎗」、「牄牄」，與《釋文》一本合。《小師》〔三〕「大予樂」不作「大子樂」，與《後漢書》注合。《典同》注「甄燿」不作「甄濯」，與賈疏合。《詛祝》注「鄭司農云載辭」，此本「云」字擠入，原刻無「云」字，則「載」爲「說」字之誤尚有迹可尋。《太史》注「厎日」

不作「底」，「或爲汁」不作「叶」。《巾車》注「聲曰警衆」不作「聲且」。凡此皆一字千金。其他勝今本處不可勝紀，余已附校語，籤帖於書眉。按：《周禮》宋本今存於世者，惟余仁仲萬卷堂本、相臺岳氏本及錢保敬所藏殘本，然皆附釋音者。其不附釋音，唯明嘉靖繙宋本爲最佳。今以此本照之，十九與之合，間有勝嘉靖本者，余、岳二本遠不逮也。此雖殘本，若能並所補釋音翻雕餉世，誠經學鴻寶也。碩卿其有意乎？書以俟之。宜都楊守敬記。

又跋　右附釋音本《周禮》鄭注，亦周櫟園、宋牧仲所藏。存《夏官》、《秋官》、《冬官》六卷，蓋以補前六卷不附釋音本者。版式四周雙邊，當爲南宋之初刊本。北宋本無四周雙邊者。粗校一過，大抵與余仁仲萬卷堂本、相臺岳氏本互有出入，亦間有誤字，不及前本根源之古，而遠勝於十行、閩、監、毛注疏本。古本日亡，得此以證余本、岳本之源流，又足見十行、閩、監、毛誤字之所自，亦經學之瓌寶也。光緒丙戌十二月十三日，宜都楊守敬記於嘉魚官廨。

此本標題亦與唐石經合，獨《冬官考工記》鄭氏注下標「陸氏釋文」四字與前數卷不一律，當是坊賈所爲。避諱之字亦時有出入，不避「殷」、「貞」、「徵」等字。故知決非官本也。同日守敬又記。

按：《秋官·大行人》「歲相問也，殷相聘也」句，「殷」字亦缺末筆。

版式　首行題「周禮卷第幾」。卷分上下，上卷次行題「某官某某第幾」，下卷次行題「某官某某」，下隔三字或六字題「周禮」，又隔二字或四字題「鄭氏注」。前六卷半葉十三行，行二十五六字，小注三十五字。左右雙闌，版心白口，單魚尾。書名題「周禮幾」，葉號下間記字數，並記刻工姓名。後六卷半葉十一行，行二十一二字不等，大小字同。四周雙闌，版心白口，雙魚尾。書名題「周禮幾」，上記字數，大小分記，下記刻工姓名。

刻工姓名　前六卷有王珍、沈亨、高三、徐林、余竑、李才、卓宥諸人，餘爲王、正、徐、才、李、三、光、卓、仲、元、珪、丁各單字。後六卷僅有張惲一人，餘爲同、卜、張、文、吕、王、鼎、合、遇、陳、譽、辰、宏、吴、申、劉、震各單字。

宋諱　前六卷玄、眩、弦、敬、警、殷、匡、筐、恒、貞、頩、徵、讓、樹、豎、桓、完等字闕筆，後六卷僅避殷、玄、弦、匡、筐、恒、貞、桓、慎等字。

藏印　周櫟園藏書印　商丘宋犖收藏善本　臣筠　三晉提刑　緯蕭艸堂藏書記

〔一〕、〔二〕　據上下文例和文意，下皆當有「注」字。

001－2　周禮鄭注十二卷　十二册

是本附陸德明《釋文》。正字均黑地白文，讀音圈發，兼分句讀，蓋當日書塾之讀本。

間有訛字，如「稼」誤「嫁」，「帥」誤「師」，「獲」誤「穫」，「苦」誤「若」，「弊」誤「幣」，時一遇之，坊刻偶疏，無足怪也。

費念慈題　光緒壬辰閏六月，武進費念慈段讀校於士禮居黄氏本上。同時所見單注本，一爲繆炎之前輩藏巾箱本，有重言無重意；一爲傳是樓藏纂圖互注本，槧印絶精，爲宗室伯羲前輩所得；一爲北宋婺州本，止餘六卷，《腊人》下疏語兩條尚未誤衍入注，前明嘉靖間《三禮》合刻本所從出。章碩卿故物，今不知誰屬矣。與此而四。此本失序跋，無刻書年月，避宋諱極謹，皆加墨圍。以行款考之，當是南宋建本。䣘亭師於辛卯夏得於京師，命題數字，因并近日所見牽連及之。癸巳四月十一日，念慈記。

版式　卷首第一行題「周禮卷第一」。第二、三行低二格題「唐國子博士贈齊州刺史吴縣開國男陸德明釋文附」。第四行頂格「天官冢宰第一」，隔七字題「鄭氏注」。第五行低二格有釋文小注十三字。餘十一卷首行題「周禮卷第幾」，次行上卷「某官某某第幾」，下卷「某官某某下」。半葉十行，行十九字。小注雙行，行二十三字。四周雙闌，版心細黑口，單魚尾。書名題「周幾」，上間記大小字數，下記刻工姓名。

刻工姓名　有仲甫、江成、應成、李元明、蔡昇、彦通、劉丁七人。

宋諱　朗、殷、匡、胤、恒、楨、貞、讓、桓、鉅、完、慎、敦等字闕筆並加圓圍。又玄、弦、縣、弘、筐、禎、徵、豎、樹、丸、莞、冓、溝、遘、鉤、屢等字僅加圓圍不闕筆。又「戚」字同此，却罕見。

002 儀禮要義五十卷 二十四册

宋魏了翁撰。方回跋了翁所撰《周易集義》，謂：了翁權工部侍郎，以忤時相謫靖州，取諸經註疏，摘爲《要義》。所撰者爲《周易》、《尚書》、《毛詩》、《周禮》、《儀禮》、《禮記》、《春秋》、《論語》、《孟子》，所謂「九經要義」是也。明萬曆中，張萱《重編内閣書目》僅存《周易》二册，《尚書》一册，《儀禮》七册，《禮記》三册，《春秋》、《論語》、《孟子》各二册。清乾隆修《四庫全書》，著録者四種，曰《周易》，曰《尚書》，曰《儀禮》，曰《春秋》，阮文達謂均出天一閣鈔本。涵芬樓藏宋刻《周易》、《禮記》二種，比已影印行世。曩聞宋刻《毛詩要義》藏豐順丁氏，散出後估人曾持至余家，諧價未成，至今惜之。是書舊藏藝芸精舍汪氏、宜稼堂郁氏。其卷一至五、卷二十五至二十八、卷四十一至四十三係抄配，餘均宋時原刻。《四庫總目》稱其「分臚綱目，條理秩然」，又云「《儀禮》之訓詁備於鄭、賈之所説，鄭、賈之精華備於此書之所取」。展卷讀之，良非過譽。庫本採自吴玉墀家，與文達所言不同，蓋即《浙江採集遺書總録》所進之瓶花齋寫本。當年天府蒐羅尚未能獲得宋槧，而今竟歸余插架，寧不可謂一時幸事耶！

版式　半葉九行，行十七八字。左右雙闌，上闌外每節各有標目。版心白口，雙魚尾。書名題「儀禮要義幾」、「儀禮要幾」。「儀」或作「仪」，「義」或作「乂」。上記字數，下記刻工姓名。

刻工姓名　于文、余子文、余文、元吉、季清、汪思中、金時亨、時亨、文茂、余明、游安、程仁壽、仁壽、有成、官寧、余才、程成、安茂、汝能、季升、德顯、吴宣、魏万、張京、時中、君殳、唐發、劉惠老、子章、汪宜、程庞、王杞，又有元、成、唐、方、祥、禮、仁、晟、熊、杞、桂、山、宜、胡、君、庞、宣、京、安、共、程、明、鍾、游、金、今、昰、刘、全、余、王、汪、之、吴、官各單字。

宋諱　玄、鉉、殷、匡、筐、恒、貞、桓、敦等字闕筆。

藏印　汪印士鐘　閬源真賞　郁印松年　泰峰　宜稼

003-1　禮記鄭注殘本　九册

存《月令》、《曾子問》、《文王世子》、《禮運》、《禮器》、《郊特牲》、《内則》、《學記》、《樂記》、《雜記》、《喪大記》、《喪服大記》、《祭法》、《祭義》、《祭統》、《經解》、《哀公問》、《仲尼燕居》、《孔子閒居》、《坊記》二十篇，凡九卷。宋諱避至「桓」字，當刊於北宋之末。然有全葉覆刊者，有中幅剜補數行者。其原刊各葉，筆意渾厚，饒有北宋典型。至補覆之葉，則稜角峭厲，確爲南宋無疑，固不能僅以避諱有無定之也。每葉紙背均有「張康」二字小印，當爲造紙者姓名。古色古香，堪稱珍祕。《禮記》鄭注愛日精廬有蜀大字本，天禄琳琅有余仁仲本，陽城張氏有撫州公使庫本，與此皆不同，今不知飄零何所矣。

黄丕烈跋　此殘宋本《禮記》鄭氏注五至八、十一至十九，共九卷，予得於任蔣橋顧月槎家。偶取《月令》與他本相對，注中「耒耕之上曲也」，「耕」皆誤爲「耜」，惟此不誤，乃知其佳。碌碌未及全校，恐破爛不完之物後人視爲廢紙，故先加裝潢，藏諸士禮居中，稍暇當校勘一過。宋本《禮記》惟故人顧抱冲小讀書堆有全本，《曾子問》中多「周人卒哭而致事」句，定爲太平興國本。又有殘本，先係顧懷芳物，曾從借來，校於惠松崖所校明刻鄭注本上。内《曲禮》「石惡」一條，足正諸本之誤，今歸于抱冲。此外未見有宋本也。書此以見殘編斷簡亦足珍惜云。嘉慶二年歲在丁巳孟冬月五日，黄丕烈書于士禮居。

又跋　丙子季夏，檢點群經及此。抱冲已於丁巳年作古，其所藏宋本《禮記》經注全者，係宋時撫州本，陽城張古餘守江寧，介抱冲從弟影寫付刊，外間頗多傳布。惜千里作《攷證》，未及將抱冲所歸顧懷芳家殘宋本、余家所藏殘宋本一取證耳。時長孫美鏐侍，因舉《禮記》諸宋本源流示之。復翁記。

右見卷十五末葉。

韓應陛題　嘉慶二年丁巳，由顧月槎家轉入士禮居黄氏。咸豐丁巳，又由汪轉入鄙人家。首尾六十年，所知者已閲四姓。其由此轉入他處，不知又在何年。古書流傳，非藏於已者之爲祕，而得者知其善而傳播之者之爲公。今後不乏藏書家，當不以予言爲不然也。戊午十月二十四日，應陛。

右刻於書櫝。

版式　半葉十行，行十六七字。小注雙行，行二十三字。左右雙闌，版心白口，單魚尾。書名題「禮記幾」，下記刻工姓名。

刻工姓名　可見者有吴亮、孫勉、徐定、王受、牛實、毛諒、徐高、宋俅、徐舉、徐彦、江通、董昕、陳迎、丁圭、丁珪、毛東、陳錫、梁濟、陳彦、陳洵、吕堅、余竑、王玠、徐諒、包正、包政、吴世榮、張世榮諸人。

宋諱　玄、弦、敬、警、驚、竟、殷、弘、匡、筐、恒、峘、貞、徵、讓、樹、桓等字闕筆。

藏印　長州顧仁效水東館收藏圖籍私印　汪士鐘讀書　趙宋本　墨樵裝潢

003－2　禮記鄭注殘本　一册

此爲附釋音、重言、重意《禮記》鄭氏注，存第十六《中庸》、第十九《大學》各一卷。書估無識，將卷首第一行書名剜去，僞作《大學》、《中庸》完本，可哂也。

版式　半葉八行，行十六字。小注雙行，字數同。横六公分弱，縱八公分弱。左右雙闌，版心白口，雙魚尾。書名題「記幾」。

刻工姓名　有賈、共、召、吴四單字。

宋諱　恒、禎、敦三字闕筆。

藏印　仁齋氏寶藏書畫記　覃谿鑑藏　思敬堂書畫印

004　京本點校附音重言重意互注禮記殘本　一册

存《郊特牲》、《内則》二篇。《郊特牲》篇中「薄社北牖」，「牖」不作「牖」。「埽地而祭」，「埽」不作「掃」。《内則》篇中「笄總衣紳」，「總」不作「緫」。「旨甘柔滑」不脱「柔」字。「不敢唾洟」，「洟」不作「咦」。「夾囟曰角」，「囟」不作「囪」。「以禮見問」，「見」不作「則」。此皆勝於時本之處，殘珪斷璧固可寶也。

版式　書本高十二公分弱，全葉廣十七公分。首行書名，次行篇名。又次陸氏《釋文》，雙行小字。又次低三格題「禮記」，隔八字題「鄭氏注」，讀音圈發，並加句讀。重言、重意互注，標題均黑地白文，附音以圈隔之。半葉十一行，行十九字。四周雙闌，版心細黑口，雙魚尾。書名題「已八」二字。左闌外有耳題篇名。

宋諱　恒、桓、慎三字闕筆。

005　禮記正義七十卷　四十册

往余校刊是書時，以惠定宇所校宋本與《考文》多有不合，定爲兩本，嘗以所見跋附卷末。按《考文》所據宋刊《禮記正義》藏日本足利學，至今猶存。余友張君菊生曾往展閲，歸後語余，確爲黄唐刊本。其與是本有不合者，爲原版、補版之别，即同一補版亦有先後之殊。其書法端凝、筆意渾厚者，當爲最初刊本。補刊較早者，字體雖尚方嚴，而鐫法已露稜角。再後則用筆纖弱，鋟刻粗率，與初版相較，截然不同。余詳加檢校，原刊之葉，版心均記刻工姓名，而記字數者甚少。補刊之葉則刻工姓名與字數互有完闕。因以所記刻工姓名區爲兩類，不能謂一無淆混，然大致當不誤也。阮文達《校勘記》謂是七十卷本，爲惠氏校汲古閣所據，先爲吴中吴泰來家所藏，後歸於曲阜孔氏，陳仲魚亦有是言。其後由孔氏入於意園盛氏，盛氏書多爲景樸孫所攫，卷内有「孔繼涵」及「小如庵」印記，其授受本末甚明，惟絶無「璜川書屋」印記。吴志忠《璜川吴氏經學叢書緣起》有云：「是時載酒問奇而來者，如惠松崖徵君輩，盡吴下知名士。」又云：「書籍之散逸，若北宋本《禮記》單疏，今歸曲阜孔氏。」然則惠跋所謂北宋本者，或即志忠所云之單疏，而非此經注合刻之《正義》。《禮記》單疏殘本近由涵芬樓覆印行世，余取與惠校對勘，亦有合有不合。惟僅存最後八卷，窺豹一斑，難概其全，豈此之八卷與吴氏所藏亦有原版、補版之别耶？姑識於此，以待後之讀者。

本書後序及銜名世所罕見，特録於左：

《六經疏義》自京監、蜀本皆省正文及注，又篇章散亂，覽者病焉。本司舊刊《易》、《書》、《周禮》，正經注疏萃見一書，便於披繹，他經獨闕。紹熙辛亥仲冬，唐備員司庾，遂取《毛詩》、《禮記》疏義，如前三經編彙，精加讐正，用鋟諸木，庶廣前人之所未備。乃若《春秋》一經，顧力未暇，姑以貽同志云。壬子秋八月，三山黄唐謹識。

進士　　傅　伯膺

進士　　陳　克己

應賢良方正直言極諫科　　莊　治

修職郎紹興府會稽縣主簿　高　似孫
修職郎監紹興府三江錢清曹娥鹽場管押袋鹽　李　日嚴
迪功郎充紹興府府學教授　陳　自强
文林郎前台州州學教授　張　澤
從事郎兩浙東路安撫司幹辦公事　留　駿

校正官
宣教郎兩浙東路提舉常平司幹辦公事　李　深
通直郎兩浙東路提舉茶鹽司幹辦公事　王　汾
朝請郎提舉兩浙東路常平茶鹽公事　黄　唐

版式　每卷首行題「禮記正義卷第幾」，獨第二十六卷作「禮記注疏」。次三兩行題「國子祭酒上護軍曲阜縣開國子臣孔穎達奉敕撰」。半葉八行，行十六字，間有少至十四字、多至二十一字者。小注雙行，行二十一二字，多或至二十六七字。卷首孔穎達序，半葉十二行，行二十字。左右雙闌，版心白口，單魚尾。書名題「禮記義幾」，有若干葉作「禮記正義」、「禮記幾」，惟第二十六卷前四葉作「禮疏」耳。卷二第十一二葉、卷三第二十葉、卷十九第十八葉、卷二十八第八葉、卷四十一第二十一葉、卷四十六第三葉均鈔配。又卷四十六第十三葉闕，誤以他葉配入。

刻工姓名　馬林、馬祖、馬松、馬祐、馬春、毛俊、毛端、葛昌、葛異、方伯祐、方堅、徐仁、徐宥、徐進、徐通、王佐、王允、王恭、王宗、王茂、王椿、王祐、王祐、王示、王壽、李憲、李師正、李涓、李彦、李仁、李光祖、李良、李倚、李信、李用、李忠、李成、周全、周泉、周彦、周珍、高彦、高政、高文、高異、許貴、許才、許詠、許富、陳彦、陳文、陳顯、陳真、陳又、施俊、施珍、蔣伸、蔣信、蔣暉、張昇、張樞、張暉、張榮、吴寶、吴宗、吴志、金彦、金昇、翁祥、翁祐、賈祐、賈祚、鄭復、鄭彬、宋瑜、宋琳、朱涣、朱周、顧永、顧澄、陶彦、包端、趙通、魏奇、應俊、陸訓、楊昌、濮宣、阮祐、章東、童志、余政、姜仲、嚴信、丁拱、孫新、劉昭、沈珍、求裕，又有宣、彬、宗、春四單字。以上見於原刊之葉。楊來、楊明、楊潤、徐困、徐珙、徐榮、徐良、徐泳、徐珣、茅化、茅文龍、朱文、朱子文、子文、朱輝、朱春、王全、王壽三、王六、王禧、王智、王涣、王桂、洪福、洪來、吴洪、吴祥、吴文昌、蔣榮、蔣佛老、陳琇、陳政、陳新、陳邦卿、陳万二、万二、陳思義、陳允升、鄭埜、鄭閏、何鎮、何垕、何慶、文昌、文玉、范華、范堅、李茂、李德英、李庚、李閏、葛辛、葛弗一、葛一、張珍、張佺、張阿狗、俞聲、俞榮、石山、石宔、占讓、占德潤、德潤、孫開一、孫春、孫斌、沈祥、沈貴、高諒、高宗二、任昌、金文榮、許忠、黄亨、毛文、章文、胡昶、趙遇春、丁銓、劉仁、艮富、錢裕、婁正、麦茂、曹榮、史伯恭、周鼎、繆珍、弓華、祝明、熊道瓊、董用、龐万五、永昌友、山用之、盛久、大用、可山，又有徐、韋、文、沈、杞、徐、山、趙、火、史、胡、柳、鎮、斗、費、姚、何、馬、系、秦、劉、錢、仲、圭、政、滕、楊、東、景、陳、褚、成、厖、俞、永、桂、蘇、國、才、麦、寧、貴、石、元、王、霍、壽、仁、金、陶、尢各單字。以上見於補刊之葉。

宋諱　玄、絃、弦、眩、鮌、縣、縣、敬、警、驚、竟、鏡、弘、殷、匡、筐、胤、炅、恒、禎、貞、偵、禎、徵、讓、署、樹、豎、頊、朂、桓、完、構、搆、媾、購、韝、雊、慎、蜃、惇、敦等字闕筆。

藏印　季振宜字詵兮號滄葦　季印振宜　滄葦　御史之章　北平孫氏　孔繼涵　誦孟[一]

[一]「誦孟」，疑當作「誧孟」。按，孔繼涵字誧孟。

006　春秋經傳集解三十卷　三十册

卷首杜序，序後爲《春秋總要》，題「鴻臚少卿李厚進」，此爲他本所未載。《總要》後爲《春秋紀年》，卷末又有杜氏後序。宋諱避至「敦」字，當刊於光宗之世。書法遒勁，紙墨俱精，可稱南宋佳槧。惜間有訛奪，僖九年《傳》「人之欲善，誰不如我」，「誰」誤作「雖」。又十五年《傳》「不如殺之，無聚慝焉」，脱「之」字。又二十二年《傳》「明恥教戰，求殺敵也」，

「恥」誤作「忒」。又二十三年《傳》「懷與安實敗名」，「與」誤作「其」。又二十五年《傳》「未有代德而有二王」，「代」誤作「伐」。又二十八年《傳》「我曲楚直，其衆素飽」，「我」誤作「爲」。宣十二年《傳》「命以軍帥，而卒以非夫」，上「以」誤作「有」。成十八年《傳》「季文子問師數於臧武仲」，脱「數」字。襄二年《傳》「鄭師侵宋」，「師」誤作「伯」。又九年《傳》「是故味爲鶉火，心爲大火」，「故」誤作「知」。又十年《傳》「爾車非禮也，遂弗使獻」，「弗使」誤作「使弗」。又二十七年《經》「冬十有二月乙亥朔，日有食之」，「亥」誤作「卯」。昭五年《傳》「享覜有璋」，「覜」誤作「頫」。瑜不掩瑕，微有憾耳。

版式　卷首首行題「春秋序」，第二、三行題「唐國子博士兼太子中允贈齊州刺史吴縣開國男陸德明釋文附」，第四行釋文小注。每卷首行題「春秋經傳集解某謚第幾」，無「公」字，有數卷「謚」下增上、下或上、中、下或元、二、三等字。次行低一格釋文，小注雙行。無釋文則直接「杜氏」或「杜氏注」、「盡幾年」，其間上下距離，疏密無定。卷末書名前後有經傳若干字、注若干字、音義若干字，凡三行。半葉八行，行十六字。小注雙行，行二十一字。四周雙闌，版心細黑口，單魚尾。書名署「左幾」、「秋幾」、「禾幾」、「火幾」，左闌外有耳題「某公幾年」，一葉兼跨二年者，則左右雙耳。

宋諱　玄、弦、驚、弘、匡、筐、恒、禎、楨、貞、徵、戍、桓、完、構、媾、慎、敦等字闕筆。

藏印　季印振宜　滄葦　御史之章　季振宜讀書　乾學　徐健菴　吴士讓印

007 纂圖互註春秋經傳集解三十卷　八册

是本前後序、《春秋紀年》並分卷，均與前書同。所增者有《春秋諸國地理圖》、《歷代列國世次》、《春秋名號歸一圖》、《諸侯興廢》、《春秋總例》、《春秋始終》。宋諱避至「敦」字。審其書法、鐫工，當比前書稍晚，然亦不出光宗之世。《春秋紀年》後有「龍山書院圖書之寶」木記一方。

版式　每卷首行題「纂圖互注春秋經傳集解某謚第幾」，無「公」字。次釋文，雙行小注。次「杜氏」、「盡幾年」等字，或聯遞直下，或分列三行。半葉十二行，行二十一至二十四字，小字二十五。但《名號歸一圖》以下四種則半葉減一行，字數亦參差無定。左右雙闌，版心細黑口，雙魚尾，上間記字數。書名題「春幾」、「秋記幾」、「火幾」、「左幾」。左有書耳，首某公年數，次卷數，次葉數。

宋諱　弦、匡、筐、恒、貞、讓、戌、頊、桓、構、慎、敦等字闕筆。

藏印　抱經樓

008　附釋音春秋左傳註疏殘本　十五册

卷首孔序自言：「爲之正義，凡三十六卷。」宋慶元中沈作賓與《集解》合刻，分卷猶仍其舊。自刊者以釋音附入，遂析爲六十卷。其後李元陽本、國子監本、汲古閣本、武英殿本皆從之出。阮文達撰《校勘記》稱，爲南宋雕版六十卷中最善之本，惟所見者其修補之版已至明末。是本全爲宋刻，序後有「建安劉叔剛父鋟梓」八字牌記，上有鼎形印二，分刊「桂軒」、「藏書」四字。下右爵形印一，刊「敬齋」二字。左琴形印一，刊「高山流水」四字。此爲建安坊本程式。文字略有漫漶，然點畫均可辨認，惜僅存前二十九卷。按岳珂《刊正九經三傳沿革例》云，唐石本、晉銅版本、舊新監本、蜀諸本與他善本止刊古註，若釋音則自爲一書，難檢尋而易差誤。建本、蜀中本則附音於註文之下。又云《左傳》僖二十三年「懷與安實敗名」，建本及諸俗本多作「懷其安」。又僖三十年「若不闕秦將焉取之」，諸本多無「若」字與「將」字，建上諸本則有之。是本正作「懷其安」，且有「若」字與「將」字。其他所指在此二十九卷中者，亦無違忤，是即爲岳氏所見之建本無疑。間有補刊之葉，審其筆法、鋟工，猶有宋人風格。獨卷二十五末葉字體不同，且版心有刻工「仁甫」二字。楊氏《楹書隅録》謂此書宋末有翻刻本，豈即此本耶？存之以待後考。

版式　卷一杜氏序。書名次行題「國子祭酒上護軍曲阜縣開國子臣孔穎達奉勑撰」，第四行題「國子博士兼太子中允贈齊州刺史吴縣開國男臣陸德明釋文」。以下各卷僅於次行題「杜氏注，孔穎達疏」。孔序半葉九行，行十五字。餘均十行，行十九字。註疏雙行，行二十三字，行皆頂格。經傳下載註，不標「註」字。正義上則冠一墨圍大「疏」字。左右雙闌，版心細黑口，雙魚尾，上間記字數。書名題「秋㐬幾」、「火㐬幾」、「秋幾」、「㐬幾」，左闌外書耳題「某公幾」。

宋諱　玄、炫、弘、殷、匡、筐、恒、禎、楨、貞、戍、勗、桓、垣、覯、慎、惇、敦、珽等字闕筆。

藏印　史氏家傳翰院收藏書畫圖章　毛褒之印　華伯氏　皇次子章　養正書屋珍藏　謙[一]牧堂書畫記　謙牧堂藏書記

[一]「謙」，原誤作「兼」，今據原印改。

009　春秋公羊經傳解詁十二卷　四册

《公羊註疏》傳者均二十八卷，此分十二卷，猶是唐石經之舊第。卷首漢司空掾任城樊何休序，序後有紹熙辛亥建安余仁仲刊版題識六行，略謂《公羊》、《穀梁》二書苦無善本，謹以家藏監本及江浙諸處官本參校，頗加釐正云云。《穀梁傳》今鐵琴銅劍樓有余氏刊本，卷末題名與余仁仲同任校勘者有劉子庚、陳幾、張甫、陳應行諸人，其刊校之審慎可知。是本數卷末葉有署「余仁仲比校訖」者，雖無助校之人，然題識既有「參校釐正」之語，則亦非苟且從事，可以斷言。岳氏相臺書塾刊正九經三傳，《公》、《穀》二書均取建余氏本，蓋非無因。此在宋季已稱佳槧，況今日乎？清季揚州問禮堂汪氏曾以是本摹刻行世，卷中有汪喜孫印記，此必即其祖本。沉霾百餘年，今幸復出，完善如故，不可謂非神物之護持。惜卷六及十二末各闕一葉。

版式　每卷首行書名，題「某公第幾」。次行低五格或七格題「何休學」。卷末分記經、註、音義三項字數。卷一後有「余氏刊于萬卷堂」，卷二「余仁仲刊于家塾」，卷四、七、八暨十一「仁仲比校訖」各一行。半葉十一行，行十九字，何休序十八字。小註雙行，行二十七字。左右雙闌，版心細黑口，雙魚尾。書名題「公羊幾」，上記大小字數，亦有不記者。

宋諱　玄、弦、弘、泓、殷、匡、恒、貞、徵、桓、完、慎等字闕筆。

藏印　季振宜印　季振宜讀書　滄葦　乾學　徐健菴　汪喜孫孟慈氏　伯雄祕笈　虛中印

010　春秋公羊疏殘本　一册

唐人撰《九經》正義，其始皆别自單行，至南宋初與經注合刻，而單疏之存於世者絶鮮。錢竹汀先生得見《儀禮》、《爾雅》，謂爲人世希有之物。三四年來異書迭出，《周易》、《尚書》、《毛詩》、《禮記》正義均已先後印行。《禮記》殘逸較多，《毛詩》僅缺七卷，《易》、《書》二經乃爲完帙。《春秋左氏傳》東瀛梵刹有古寫本，張氏《詒經堂經解》所收有《穀梁傳》殘本，余於上海涵芬樓見之。凡此皆單疏也。吾輩生古人後，乃獲見古人未見之書，寧非至幸！而尤爲幸中之幸者，則余竟得此僅存孤本之《公羊疏》也。按《公羊疏》《唐志》不載，《崇文總目》始著於録，謂「不著撰人名氏」，「或云徐彦」。董逌《廣川藏書志》亦云「世傳徐彦所作」。《四庫總目》據董氏説且定爲唐人。是本尚爲宋刻，存隱公三卷、桓公二卷、莊公三卷，總七卷，起隱公元年，訖莊公十二年「宋萬出奔陳」。卷首何休序解尚全存，卷二缺末葉、卷三缺前七葉、卷七缺第六及其後各葉，全書凡二十八卷，此僅存四分之一。阮文達撰《校勘記》，據何煌及惠定宇用宋刻校定之本。吴興嘉業堂劉氏依此覆刻，與阮氏《校勘記》讐對，頗有異同，則此爲何、惠兩氏所未見，雖爲殘帙，亦書林瓌寶已。

版式　半葉十五行，行自二十二至三十三字不等。每卷首行題「春秋公羊疏卷第幾」，隔數字又題「某公幾」，次行題「起幾年訖幾年」。左右雙闌，版心白口，單魚尾。書名題「公羊幾」，上記字數，下記刻工姓名。

刻工姓名　陳鎮、吴沛、鄭春、宋琚、朱光、李仲余丑、張堅、徐儀、童遇、曹鼎、王禧、王介、王恭、王智、陳良、李祥、張富郲、良臣、天錫、劭夫、永昌、仲明。又有林、錢、劉、朱、沈、陳、馬、何、佘、秦、滕、升、禮、祥、仁、杞、建、景各單字。

宋諱　敬、殷、恒、貞、桓、完等字闕筆。

011　春秋名號歸一圖二卷春秋二十國年表一卷春秋圖説不分卷　三册

《名號歸一圖》，蜀馮繼先撰。《年表》無撰人。陳氏《解題》、馬氏《通考》均著録。其初各自單行，岳珂梟刊《三傳》始併刻於後，復加校訂，詳見所著《相臺書塾刊正九經三傳沿革例》。其後刊《春秋經傳集解》者多沿之。《四庫提要》於《名號歸一圖》引《崇文總目》「官謚名字裒附初名之左」之言，謂「繼先舊本爲旁行斜上，如表譜之體，故以圖爲名」云云。是本所載名號均直行平列，非復繼先原稿，惟謂此與李燾所見舊本不同，爲珂所削改，則其説似未可信。阮仲猷種德堂所刊《春秋經傳集解》附刊此書。按阮書刊於孝宗淳熙三年，岳氏生於十年，則相臺刊正以前早已有改竄之本。《沿革例》稱《年表》「諸國君卒與立皆書，惟魯闕」，此並不闕，佘頗疑岳氏據以刊正者别爲一本，惜其書今不可得見耳。《圖説》一册，前有杜氏序、《春秋諸國地理圖》、《春秋一百二十四國爵姓諸國地理》、《周王族諸氏魯齊晉衛宋楚陳蔡鄭吴曹莒虞號諸國公族諸氏諸侯興廢》、《春秋總例》、《春秋始終》諸篇，又《春秋三家傳授圖》及《傳授次序》。此僅存第二葉，疑前有缺。以上諸種皆《春秋經傳集解》所附刊者，惟阮文達所見淳熙本衹有《名號歸一圖》。又宋刻潛府劉氏本、阮仲猷本均附刊，視此亦互有增減，原無總目，無可比核，故散佚亦較易也。

版式　半葉十一行，行十八九字。左右雙闌，版心細黑口，雙魚尾，上間記字數。

宋諱　弦、弘、泓、匡、筐、恒、貞、讓、項、戍等字闕筆。

藏印　均僞造，不録。

012 春秋五禮例宗殘本　五册

宋吴興張大亨撰。陳氏《解題》、《宋史·藝文志》均十卷。大亨蓋不滿於杜預之《釋例》及陸淳所集之《啖趙春秋纂例》，乃依經本文，通其乖舛，取春秋事蹟，以吉、凶、軍、賓、嘉五禮分類統貫，撰爲是書，以刊前人之誤。卷一吉禮，爲王正、即位(立附)、郊望、宗廟(視朔附)、雩；卷二凶禮上，爲王喪葬、内喪葬、外喪葬；卷三凶禮下，爲弑殺葬、災變；卷四軍禮一，爲伐救，附以附侵；卷五軍禮二，爲圍次、戰敗、克殺、取入、滅亡、遷潰、追戍、乞師、平成、軍賦、雜事附；卷六軍禮三，爲執(以降逃附)、放奔、入歸、納叛、盜，已上四門並附;卷七軍禮四,爲蒐狩、城(毁附)、興築(毁附);卷八賓禮上,爲朝、聘、來、會、盟,胥命附;卷九賓禮下,爲遇、如至;卷十嘉禮,爲昏、歸賑、享、肆(眚附)。《四庫》著録謂諸家寫本均佚軍禮三卷。是爲宋刻,闕卷四軍禮一至卷六軍禮三,與《提要》所言正同。按諸家藏目,獨明《文淵閣書目》地字號第三廚下記一部一册完全,然不記卷數,且其書今亦不存。邵氏《四庫簡明目録標注》是書下注「昭文張氏有舊抄本十卷」,然《愛日精廬藏書志》書名下亦注「闕第四、五、六卷」,據此則世間已無完帙,且是刻實爲其祖本矣。

按是書久無刊本,惟吾粤伍氏刻入《粤雅堂叢書》,譚玉生先生爲之校訂,不言其所自出,疑所據必爲傳録之本。取與是本對勘,僅畢一卷而譌脱者已有二十字,想彼時必未獲覯是本也。今先附表於後,暇日當續成之。

卷	葉	行	宋本	伍本
序	一	前五	而又摘數端	「摘」誤「止」
		前八	謂之要例	「要」誤「妄」
		後三	因其人之美惡以推聖人之心	「人」字下脱「之」字,「以」字上衍「而」字
目	一	前八	外喪葬	三字脱
		後六	克獲取入	脱「入」字

二	前四	城毀附	「毀」誤「墮」
一五	前六	則四時於是取正焉	脫「則」字
	前十一	三代之時不同	「三」字上衍「然而」二字
六	前七	則周失班也	「周」誤「同」
	前八	然彼不敢變亂	「彼」誤「後」
	後四	隱立之是非當自其身見之	「隱」字上衍「然」字、「當」字上衍「又」字
八	前六	康王既受圭飲齊	「飲」誤「斂」
十二	前七	故始虞之祝	「虞」誤「虔」
	後十	夫禘本其所自出	「夫」誤「大」
十三	後六	六年秋九月大雩	脫「秋」字
十四	後六	則災固害穀矣	「固」誤「因」
		而民容有不罹其害者	「容」誤「春」

版式　半葉十一行，行十九或二十字不等。左右雙闌，版心白口，單魚尾。書名題「春秋例宗幾」，下記刻工姓名。

刻工姓名　可辨者有丁珪、毛諫、朱明、徐杲、徐宗、黄常、陳洵、徐高諸人。

宋諱 眩、敬、匡、恒、徵、桓、完等字闕筆。

藏印 乾學 徐健菴 周春 松靄 松靄藏書 太原喬松年收藏圖書 松年 鶴儕 御史中丞小司馬章 陳寶儉珍藏印 泉生 敬軒 醞舫

013 春秋傳三十卷 十册

著書齋 宸翰 澹遠堂 子孫世昌

宋胡安國撰。《四庫》著録。《提要》引《玉海》載紹興五年四月詔徽猷閣待制胡安國經筵舊臣，令以所著《春秋傳》纂述成書進入。十年三月，書成上之，詔獎諭，除寶文閣直學士，賜銀幣。是安國此《傳》久已屬稿，自奉敕撰進，又覆訂五年而後成也。按本傳，高宗令纂修所著《春秋傳》在紹興五年，《進書表》則署紹興六年十二月。表文稱「昨奉聖旨纂修所著《春秋傳》，候書成進入」。續奉聖旨令疾速投進」。若奉敕纂修在五年，至十年而後奏進，殊失「疾速」之義，成書之期自當從《表》以紹興六年爲合，《玉海》之言似未可信。按是本光宗嫌諱「惇」、「敦」、「憝」數字均不避，是必刊於孝宗之世。卷首原有安國自序，《述綱領》、《明類例》、《謹始例》、《敘傳授》四篇，《論名諱劄子》及《進書表》，此僅存《謹始例》之半及《敘傳授》一篇，餘均佚。

版式　首行題「春秋傳卷第幾」，次行低四格「某公上、中、下」。首卷第二、三行題「左朝散郎充徽猷閣待制提舉江州太平觀賜紫金魚袋臣胡安國奉聖旨纂修」，餘卷不載。半葉十四行，行二十六字。四周雙闌，版心白口，雙魚尾。書名題「胡春秋卷幾」、「胡春秋幾」、「春秋傳幾」、「春秋卷幾」、「春秋幾」、「春幾」。葉號下記字數及刻工姓名。

刻工姓名　有馬正、宋圭、宋林三人，餘爲升、琳、元、圭、林、宋各單字。

宋諱　玄、弦、殷、弘、泓、匡、胤、恒、禎、貞、懲、徵、讓、桓、慎等字闕筆。

014　九經正文八種　八册

宋巾箱本。存者《周易》、《尚書》、《毛詩》、《禮記》、《周禮》、《孝經》、《論語》、《孟子》八種。尚有《春秋左氏傳》，今已佚。密行細字，間有經文作雙行夾注者，必初刻訛脱，後經校正剜補者也。《天禄琳琅續目》九經俱全，未記行款，但云「音義皆附上方」。拜經樓吴氏藏本行款與此本同，其書後歸八千卷樓丁氏，丁氏《志》稱「上格標載音義」，則與天禄本正同。余嘗見其殘刻，正文版式與此無異，而字體板滯，絶無宋槧神采。且是本雙行併刻之字彼亦併刻，墨丁改爲空格，是必以此本上木而别於上闌增入音義，昔人指爲明靖江王府翻刻，以是證之，其説可信。季滄葦《書目》開卷首列是書，亦僅存八種，無《左氏傳》，注云「小版」。是本各册均鈐「季振宜讀書」小印，必即是書無疑。計《周易》二十二葉、《尚書》二十七葉、《毛詩》四十七葉、《禮記》九十三葉、《周禮》五十五葉、《孝經》三葉、《論語》分上下卷十七葉、《孟子》三十六葉。宋諱避至「惇」字，當爲光宗時刊本。盧抱經《書吴葵里所藏宋本白虎通後》云：「《九經》小字本，吾見南宋本已不如北宋本，明之錫山秦氏本又不如南宋本，今之翻秦本者，更不及焉。」所謂「北宋本」者，頗似指此本。所謂「南宋本」者，疑即明代覆刻、加注音義之本。然盧氏讀破萬卷，所見異書必多於吾輩，且未指明各本行款，余何敢謂其必無？姑懸以待訪可也。

版式　半葉二十一行，行二十七字。四周雙闌，版心細黑口，雙魚尾，上間記字數。書名題「易」、「書」、「詩」、「寺」、「記」、「禮」、「孝」、「侖」、「孟」等字，下記刻工姓名。

刻工姓名　有翁敬、蔡全、子敬、元德諸人，餘爲成、德、進、万、子、元、章、才、敬、公、熊、晟、忠、全、翁各單字。有若干葉記「刊换某某版」，檢所换之葉均爲元德、元章、劉才、子万四人之版。元德爲當時刻工之一，其他三人亦皆名列單字之輩，何以版甫刻成便即更换，殊爲可異。

宋諱　玄、弦、泫、殷、匡、筐、恒、峘、禎、貞、楨、赬、偵、徵、讓、豎、桓、完、垸、構、遘、媾、冓、慎、惇、敦等字闕筆。

藏印　王叔季振宜讀書　紀氏

015 孟子注疏解經殘本 二册

是疏爲後人僞托，世不之重。此爲浙東所刻，尚是最初刊本，與余所藏黄唐刊本《禮記正義》行款相合，刻工姓名同者亦多。《禮記》刻於紹熙二年，成於三年，此避「擴」、「廓」等字，必爲寧宗繼位以後所刻。然余嘗見沈作賓所刊《春秋正義》，刻工亦有相同者，則不能定其爲誰氏所刻矣。惜僅存卷三、四，上下俱全。

版式　卷之首行題「孟子注疏解卷第幾上下」，次行「公孫丑章句上下」、「孫奭疏」，三行低二格「趙氏注」，此唯卷第三上爲然，餘三卷均列第二行「章句」下。半葉八行，行十六字。小注雙行，行二十二字。左右雙闌，版心白口，單魚尾。書名題「孟子注疏幾上、幾下」，下記刻工姓名。

刻工姓名　許貴、許成之、徐仁、顧祐、毛俊、丁之才、許詠、李彦、吴宥、張亨、楊昌、宋瑜、沈思忠、金濳、洪坦、李信、許文、李林明。又有毛、鄭、詠、仁數單字。

宋諱　此二卷中玄、懸、匡、讓、戍、桓、慎、敦、擴、廓等字闕筆。

016　論語集注十卷孟子集注十四卷　十二册

朱子撰。原爲《四書》,《大學》、《中庸》已散佚。此僅存《論》、《孟》二種,《論語》十卷、《孟子》十四卷。《四庫》著録《孟子》七卷,所據爲通行本,故不同。是本字句與通行本異者,《論語》如《述而》「與其進也」節,未據錯簡改。《鄉黨》「没堦趨翼如也」,「趨」下無「進」字,與陸氏注合。「入大廟」,「大」不作「太」,與唐石經合。《子路》「冉子退朝」,「子」不作「有」。《陽貨》「惟上知與下愚不移」,「惟」不作「唯」。「鍾鼓云乎哉」,「鍾」不作「鐘」。《孟子·梁惠王上》「吾惛不能進於是矣」,「惛」不作「惽」。《梁惠王下》「今之樂猶古之樂也」,「猶」不作「由」。「古公亶甫」,「甫」不作「父」。此三字均與宋石經合。《公孫丑上》「思以一豪挫於人」,「豪」不作「毫」。「則塞於天地之間」,「於」不作「乎」。《公孫丑下》「吾聞之君子不以天下儉其親」,「之」下無「也」字。《滕文公上》「其命惟新」,「惟」不作「維」。「井地不鈞」,「鈞」不作「均」。此二字亦與宋石經合。《滕文公下》「有攸不惟臣」,「惟」不作「爲」。「此率禽獸而食人也」,「率」下不脱「禽」字。《離婁上》「事在易而求之難」,「之」不作「諸」。《告子上》「則其小者弗能奪也」,「弗」不作「不」。《盡心上》「見且由不得亟」,「由」不作「猶」。「無不知愛其親者」,「者」不作「也」。「足以無飢矣」,「足」不作「可」。《盡心下》「亦不殞厥問」，「殞」不作「隕」。「來者不距」，「距」不作「拒」。「萬子曰一鄉皆稱原人焉」，「子」不作「章」。凡此皆與諸舊本相合。其注中文字與時本異同尤多，不能盡舉。宋諱「敦」、「廓」等字均不避，是必刻於孝宗之世。按《朱子年譜》：光宗紹熙元年庚戌，「刊四經四子書於郡」。是年四月，文公抵漳州新任。書刻於漳郡，必在四月以後，時光宗嗣位已踰一年，功令煌煌，御名不容不避，故知此決非刻於漳郡之本。又《年譜》：「淳熙四年丁酉夏六月，《論孟集注》、《或問》成。」四子書人所必讀，文公名滿天下，每成一書，人人樂爲鋟梓，故書肆有竊刊《或問》者，文公請於縣官追索其版。又《己酉後語録》：「《論語集注》蓋某十年前本，爲朋友傳去，鄉人遂不告而刊。及知覺，則已分裂四出而不可收矣」云云。是必書成之後爲他人所竊刊，與《集註》、《或問》事同一例，或即在所云己酉十年之前，故不避光宗之諱。即以此爲是書之最初刊本，無不可也。卷首有《讀論語孟子法》。兩書各有序説。

版式　每卷首題「論語卷第幾」，下二格「朱熹集注」，次行低二格篇名第幾，又次行低半字小注，爲本篇大旨或章數。正文每章首行上加空圈，次行頂格，讀音注本節下，注低一格。引他家注各以圈別之。《孟子》同。惟次行篇名下題「章句上下」。半葉七行，行十二字。小注雙行，行十六字。左右雙闌，版心細黑口，雙魚尾。《論語》偶記字數。書名題「論語巳幾」、「論語幾」、「侖吾巳幾」、「侖吾幾」、「侖巳幾」、「侖幾」、「吾巳幾」、「吾幾」、「巳吾幾」、「孟子巳幾」、「孟巳幾」、「孟幾」、「子巳幾」、「子幾」。

宋諱　匡、恒、徵、讓、桓、構、搆、彀、慎等字闕筆。

藏印　歸有光印　南陽居士　百柳塘主人　麐見亭讀過　嫏嬛妙境

017　大廣益會玉篇殘本　一册

首大中祥符六年牒，次顧野王序，次進書啓，次刊書人自撰總目偏旁篆書之法，次總目。正文存卷一至玉部止。

趙攜叔跋　右宋《玉篇》殘本，凡二十八葉。起卷首，迄玉部之半止。序之前有大中祥符六年牒，部目之前有總目偏旁篆書法，爲各本所無。其緣起有「予於摠目必引篆書冠之」語，乃刻書者自加，非本有也。且其所作篆文大都鄉壁虚造，乖謬之至，甚者則「墓」之作「墓」，「囟」之作「囟」，「卒」之作「卒」，「录」之作「录」，直不知文字者所爲。他如「兆」作「兆」，「巽」作「巽」，「凹」作「囧」，「由」作「田」，「莧」作「莧」，「鼠」作

「鼠」、「朿」作「朿」，皆屬妄作。其餘筆畫小變而失旨者不勝糾，此篆目不足信也。《玉篇》分部次序原本《説文》，附益滋多，間有移易，然其旨尚不大悖前人。此本自示部以下次第傎倒，大率視字數多寡任意排類，以便俗工之寫樣，更無足取。且如二部「亘」字，各本皆同，此獨作「亙」。「恒」之古文「亙」，此又作「亙」。豈惟「二」、「匚」不分，抑亦不成字體。玉部「故君子貴之也」，此本作「君子貢之也」，顯係誤字。「璿」下引「卷山之寶」，「卷山」，《穆傳》作「舂山」，各本作「舂山」，「舂」、「春」形近，「卷」則遠矣。「珉」下或作「敃」，各本作「玟」，《廣韻》「珉」下亦云「或作瑉、玟」，與《玉篇》同。自以「玟」字爲正，「民」、「文」聲相近也。「敃」从「攴」，《説文》訓「彊也」，不當叚借，亦屬誤字。凡此數誤，展卷立辨，不足以貽誤來學。此確爲當時俗刻，子偲之言有見也。同治己巳[一]客杭州，湘文觀察出示此本，並命校讀一過，因叕數語以正其失，不敢爲皮傅景響之譚也。會稽趙之謙。

陸存齋跋　湘文觀察出示宋刻《玉篇》殘本，有文氏「玉蘭堂」、「竹塢」兩印，項氏「萬卷堂」印、徐健庵兩印，曾經衡山、文肅、篤壽、健庵收藏者。余以所藏元刊及曹刻互校，示部以下之序次各有不同。「偏旁篆法」兩本皆無，惟牒文則同。張刻無牒，想所據本偶遺之耳。南宋浙、閩坊刻最爲風行，閩刻往往于書之前後别爲題識，序述刊刻原委，其末則曰「博雅君子幸毋忽諸」，乃書估惡札，蜀、浙本則無此種語。此書字體與余所見宋季三山蔡氏所刊《内簡尺牘》、《陸狀元通鑑》相同，證以篆法前題語，其爲宋季閩中坊刻無疑也。書中「恒」字缺末筆，「敬」、「禛」、「慎」、「瑗」皆不闕。或者疑非宋刻，不知廟諱或闕或否，官書已不能畫一，周益公曾言之，況坊刻乎？不必因此致疑也。宋本流傳日少，小學書尤不易得，譬之殘珪斷璧，彌足珍耳。光緒三年中秋前一日，㲄翁陸心源識。

版式　半葉十一行，行十九字。小字雙行，行二十五字。「偏旁篆書法」半葉八行。左右雙闌，版心雙魚尾。書名題「玉幾」。

宋諱　匡、恒、珽、慎四字闕筆。

藏印　江左　玉蘭堂　竹塢　項氏萬卷堂圖籍印　萬卷堂圖籍章　子長　少谿主人　紫玉軒　季振宜藏書　振宜之印　滄葦　乾學　徐健菴　徐氏仁卿

〔二〕「己巳」，原誤爲「乙巳」，今改。

018　集古文韻殘本　一册

此即《四庫》著録宋夏竦所撰之《古文四聲韻》也。晁《志》曰《古文四聲》，《宋史・藝文志》曰《重校古文四聲韻》，全祖望《鮚埼亭集》又稱《古文篆韻》，其題詞謂「晉陵許端夫序指爲紹興乙丑浮屠寶達重刊」。是本僅存上聲，凡五十五部，中缺十姥、十一薺、十二蟹、十三駭四部，即麌部九亦不全。此無卷首，許序不可見。以書法、鐫工考之，當猶是紹興寶達覆本。中有四葉又爲後人補刻，所用紙料均宋人公私簡牘，有記「開禧元年」者，均爲當時官場酬應文字。署名者有朝奉大夫行户部員外郎吴獵、朝散郎權知黄州軍州事王可大、從事郎黄州州學教授吕□□、從政郎黄州録事參軍江誠之、迪功郎黄岡縣尉巡捉私茶鹽礬銅錢私鑄鐵錢兼催綱陸于程、武略郎添差淮南西路准備將領張□、訓武郎黄州兵馬都監兼在城巡檢符雱、秉義郎新添差黄州兵馬監押趙善凱、學諭章準、學生直學徐灝、報恩光孝禪寺住持傳法僧智傑，頗可考見當時簡牘體裁。惜多被割裂，不獲窺其全豹耳。

版式　部首題「某部幾」，黑地白文。其下每一正文外加黑圍，注音切。再下爲古文，每一字均注所從出。半葉八行，四周單闌，版心魚尾，單雙不等。書名題「上聲」二字，上記字數，分甲若干、大若干、小若干，下爲刻工姓名。

刻工姓名　祇有李皋、潘憲二人及全、彬、辛數單字。

宋諱　僅見朗、豎二字，均不避。

藏印　汪印士鐘　閬源真賞　莫友芝圖書印　莫友芝　郘亭長

019　韻補五卷　五册

宋吴棫撰。乾道四年其友徐蕆序而刊之。首蕆序，次引用書目，末附棫自記數行。陳氏《解題》稱其詳博，惟於聲韻相近之字，亦譏其改叶爲贅。《四庫》著録，《提要》頗加抨擊，然仍許其有「篳路藍縷之功」，但其言韻部互通，「顛倒錯亂」。以是本按之，則有不符，疑所據之本已爲後來校刊者所竄亂。兹尚爲天水舊槧，比明人刊本差勝一籌。余别見一宋刻，版式相同，取以對勘，是本五支「禍」字下脱去化、磙、懷、壞、和、諧、湝、孩、尤、訧、肬、怠、胎、易、蛇、猷、悠十七字，約當一葉之數。然前後葉號實相銜接，亦無剜改痕蹟，殊不可解。

版式　半葉十行，小註雙行，行二十四字左右。雙闌，版心細黑口，雙魚尾，上記大小字數。書名題「韻補某聲」。

刻工姓名　僅謝子芳一人。

宋諱　匡、筐、恒、桓、洹、構、搆等字闕筆。

藏印　甲　菉竹堂藏書　毛晉之印　毛氏子晉　汲古主人　毛扆之印　斧季

史部

020 史記集解一百三十卷 四十册

《隋書·經籍志》："「史記八十卷，宋南中郎外兵參軍裴駰注。」新舊《唐志》則曰「裴駰集解」，卷數同。是爲南宋初年刊本，析爲一百三十卷，晁、陳二《志》所載卷數已與此合，原書舊第不可復見。卷首有目録，亦非原式，然《隋志》所載已有目録一卷，則相沿久矣。宋黄善夫三家注本卷首補《三皇本紀》，《老莊列傳》移置《伯夷》之前。此不收《三皇本紀》，老莊猶與申韓合傳，未失舊觀，不可謂非較善之本。黄蕘圃《百宋一廛賦注》："「蜀大字本《史記集解》一百三十卷，每半葉九行，每行大十六字、小廿字，所缺舊抄補足。」張月霄《愛日精廬藏書志》亦有蜀大字本《史記》殘本，所記行款與此全同，是則此本必刻於蜀中矣。然《建元以來王子侯者表》、《曆書》、《李斯列傳》、《樊酈滕灌列傳》、《匈奴列傳》、《滑稽列傳》，其末葉均有「左迪功郎充無爲軍軍學教授潘旦校對、右承直郎充淮南路轉運司幹辦公事石蒙正監雕」二行。曰「無爲軍」，曰「淮南路」，均不在蜀境之内。今「眉山七史」宋刊卷葉猶有存者，其每行字數爲十八，與此之十六字亦有不同。余非敢謂前人爲誤，特未得其左證，不能無所懷疑耳。是本字體渾厚端凝，避宋諱較嚴者，余認爲最初刊本。卷末有校對、監雕銜名二行者，均在其中。其後來補刊之葉亦分數類，有書法勁瘦、時露鋒稜者，猶是宋代所刊；而用筆圓活、饒有姿態者，恐已漸入元世；又有僅存字形、全無筆意者，則必用原版覆刻。故有同一刻工姓名而刀法迥異者，中有陳壽、趙明二人所刊之葉可爲證也。《項羽本紀》、《陳杞世家》、《蘇秦列傳》中各羼入《索隱》一葉，是必原本殘闕，故以補配，然前後文字却相銜接，可云巧合。是書舊藏太倉王敬美、常熟毛子晉、奏叔家。敬美名世懋，爲弇州弟；子晉爲汲古閣主人；奏叔名表，子晉次子。印記纍纍，昔賢手澤至堪珍賞，惜爲妄人用朱筆句讀，時見舛誤，是可憎耳。

版式　半葉九行，行十六字，間有增減一二字者，然絶少。小注雙行，行二十或二十一字。左右雙闌，原刊者版心多白口、單魚尾，補刊者多細黑口、雙魚尾。書名題「史帝紀幾」、「史紀幾」、「本紀幾」、「史表幾」、「某書幾」，亦有不題「書」字者，「史世家幾」、「史記列傳幾」、「史傳幾」、「列傳幾」。其下記刻工姓名。上不記字數者爲原刊之葉，後來補刊者則多記字數。

刻工姓名　戴祐、王華、屈旻、朱明、袁俊、何通、王澤、周永、盧鎰、李彦、李恂、丘甸、仇永、袁佾、羅成、吴佐、王祐、翟榮、楊安、陳彦、韓仔、趙明、魏俊、楊謹、宋寔、顧玿、王景、彭祥、曹砥、陳德、陳用、顧真、楊垓、施光、魏正、葉青、吴迪、葉石、張宗、章旼、張翼、俞尚、劉章、劉璋、李秀、葉才、林選、陳伸、陳震、陳權、孫彦、汪靖、張真、王全、吴焕、吴伸、謝興、王壽、楊明、陳壽、楊道、楊守道、仲良、仲鑒良、華再興、閔孝中、戚聰旺、王先文，以上見原刊諸葉。其見於補刊者，爲汪彦、仁木、徐明、雇恭、李章、孫春、凌宗、吴中、李成、金祖、陳彬、石昌、曹鼎、德裕、倪昌、徐俊、石山、張成、陳政、孫斌、孫賓、盛之、正父、王正、平山、壽之、錢成、曹中、曹興、許成、沈元、茂之、周鼎、文昌、陶士中、士中、詹仲亨、詹仲、羊青之、楊青之、青之、楊景仁、季文左、吴仲明、吴仲、朱大存、任子敬、高昱祖、丁松年、龎汝升、王汝霖、趙德明、施澤之諸人。又有趙明、陳壽二人，亦見於原刊諸葉中。全姓名外，又有用、何、謝、射、討、匀、寸、詹、占、金、朩、山、倪、正、弓、徐、應、童、錢、政、楊、施、羊、褚、仁、文、葉、吉、可、石、杭、壽、才、公、張、茅、李、吴、圭、之、予、六、明、焕、章、因、可、東、本、方、周、虞、君、汪、玉、八各單字。

宋諱　玄、弦、絃、眩、炫、縣、懸、敬、警、驚、竟、境、弘、泓、殷、慇、匡、恒、禎、貞、徵、癥、讓、署、竪、豎、樹、戍、頊、昫、桓、垣、洹、完、浣、貆、丸、搆、媾、購、覯、豰、瞉、慎等字闕筆。以上見原刊諸葉。其見於補刊者，僅有玄、眩、舷、弘、殷、敬、匡、筐、恒、徵、樹、戍、項、桓、搆、媾、覯等字。

藏印　南京禮部公書之□　王印世懋　王敬美父　敬美甫　郎邪王敬美氏收藏圖書　損齋居士　古奉常氏　毛鳳苞印　子晉氏　毛晉秘匧　汲古閣　汲古閣世寶
毛表之印　毛表私印　毛表　毛表印信　毛表藏書　毛表鑒定　臣表　隱湖毛表圖書　毛表奏叔　毛氏奏叔　奏叔氏　奏叔　毛奏叔收藏記　毛氏藏書子孫永寶　毛姓祕翫
審定真蹟　在在處處有神物護持　鍇　集賢里人　華笑廎藏

021　史記集解附索隱正義殘本　二册

此爲《史記集解》附《索隱》、《正義》三注合刻本，即明嘉靖震澤王氏覆本之所自出。舊藏日本妙覺寺及淺野源氏、島田氏。淺野源氏曰五萬卷樓，島田氏曰雙桂堂，皆東國藏書家也。卷首有「黄善夫刊於家塾之敬室」木記，見《經籍訪古志》。原書不全，清末有鄂人田氏購得之，攜以歸國。不久散出，余友張菊生得六十餘卷以歸涵芬樓，余所得者僅此《平準書》、《刺客傳》二卷而已。

版式　半葉十行，行十八字。小注雙行，行二十三字。左右雙闌，版心細黑口，雙魚尾。書名前卷題「史記準書幾」、「史準書幾」、「史準幾」、「史書幾」、「準書幾」、「史記幾」，後卷題「史記列傳幾」、「史列傳幾」、「記列傳幾」。左闌外有耳題篇名，上間記字數。

宋諱　僅二「讓」字闕筆。

022－1　漢書一百二十卷〔二〕　八十册

此宋白鷺洲書院覆建安蔡琪刊本也。首《新注漢書敘例》，次景祐刊誤本先儒注解名姓爵里，次參校諸本及注末入諸儒辨論，後有「甲申歲刊于白鷺洲書院」十字牌記。按白鷺洲書院爲宋淳熙間知吉州江萬里所建，又南宋有二甲申，一爲孝宗隆興二年，一爲寧宗嘉定十七年，書院建於淳熙，所紀甲申必在寧宗之世。且是本「廓」字多闕筆，是刊於嘉定無疑。莫郘亭嘗獲覩殘本於沈均初許，謂「是書初刊於南宋末，畢工於元至正間，其卷末記甲子可考」云云。是本各卷末每有剜補一二行者，是殊可疑，然未目覩，不敢臆斷。且寧宗之殁至宋亡又五十七年，入元至至正又六十餘年，豈是書剞劂經百餘年而後成？似無是理。莫氏云云，或爲元代補刊之歲月，姑誌於此，以待後考。余先得宋刊殘本一册，行款全同，鐫工遠出是本之上，兼有足正其譌誤者。書經翻刻，必有譌字，余故定是爲覆建安蔡琪刊本，其説詳見下文。全書完整，惟列傳四十八至五十一以明覆本補配。

版式　每卷首行小題在上、大題在下，次行題「漢護軍班固撰」，三行題「唐正議大夫行祕書少監琅琊縣開國子顔師古集註」。卷末有「右將監本杭本越本及三劉宋祁諸本參校，其有異同並附於古注之下」云云二行，又有「正文若干字、注文若干字」一行或二行。半葉八行，行十六至十九字不等。小注雙行，行二十一字。四周雙闌，左闌外書耳記篇名。版心細黑口，雙魚尾，上記大小字數，亦有在中下段者，下記刻工姓名。書名上題「前」或「西紀表志傳幾」，下題「漢書幾」或「漢幾」、「書幾」，殊不畫一。字作行草。

刻工姓名　鍾華、吴昇、彭雲、彭云、蔡弼、李圭、劉亮、宋俊、黎元、李允、龍得雲、龍雲、侯東、劉俊、張仁、胡辛甫、胡辛、李景漢、江雲、陳正、戴立、劉子先、李垚父、劉子宗、劉宗、周幼敏、段尺、劉南熙、劉季明、劉季發、劉介叔、劉寬、喻楫、喻申、宋國英、陽壽、張仲、李杰、喻杞、周宗文、曹丙文、王季、李慶翁、胡定、劉才叔、宋瑞、蔡泰卿、劉仲、肖聲、蔡万、江佐、曾玉、鄧煒、曾震、陳明、文玉、曾春、文年、沈榮、余旺、陳茂、鄧明、黄永、劉光、江漢、中華、曾振、王真、丙文、鄭壽可、肖森、余全，又有庚、昇、杰、蔡、圭、成、真、焳、龍、李、仁、申、俊、正、杞、允、雲、立、垚、元、段、張、定、叔、楫、壽、應、興、趙、明、國、中、仲、万、曾、翁、宋、寬、佐、漢、永、弼、茂、江、沈、煒、震、年、葉、達、玉、晉、旺、春、光、振、方、榮、瑞、華、劉、胡、甘、先、敬、才、尺、走、用、可、森、亮各單字。

宋諱　玄、弦、泫、弘、殷、匡、筐、洭、恒、絙、禎、貞、郎、楨、湞、徵、戍、桓、完、構、冓、遘、購、慎、惇、敦、廓字闕筆。

藏印　浙右項篤壽子長藏書　汪士鐘藏　汪印振勳　楳泉　湘陰郭氏調元藏書籍　遼西郡圖書印

〔一〕「一百二十卷」，《藏園群書經眼録》《中國古籍善本書目》均作「一百卷」。

022－2　漢書殘本　一册

存《景十三王傳》一卷，缺第一葉及第二葉前半葉。行款與前本同，惟字體勁秀，神采焕發，爲前本之所不逮。第十一葉前八行「故膠西小國」句，前本誤「膠」爲「謬」；第二十一葉前五行「陽成昭信侍視甚謹」句，前本誤「侍」爲「時」；又前六行「得褏中刀」句，前本誤「褏」爲「哀」。即此可證此爲原本。又卷末「景十三王傳第二十三」九字在後第七行，正文、注文字數在後第八行，前本均在後八行，此亦爲兩本異同之處。察其字體、鐫工，確有建陽風範，雖未見卷首，然可決爲蔡琪純父刊本也。

版式　與前本同。惟全卷只有二葉記大小字數，無一刻工姓名。版心書名題「前傳二十三漢書五十三」。

宋諱　本卷内僅一「貞」字闕筆。

023－1　後漢書一百二十卷　八十册

帝后紀十卷、列傳八十卷，范曄撰；志三十卷，司馬彪撰，劉昭注補。其先各自爲書，宋乾興時，判國子監孫奭始奏以劉昭注司馬《志》補范《書》之闕，於是始併合刊行。是本帝后紀十卷下題「後漢書一」至「十」，列傳八十卷下題「後漢書十一」至「九十」，前後本相銜接。志三十卷則僅題「後漢書志第幾」，而無小題、大題之分。此猶是兩書原式，編目者乃必以志廁入紀、傳之間，泥矣。吴興劉氏據此覆刻，與班書並行，且定是爲嘉定戊辰蔡琪純父一經堂刊本。以余觀之，疑有未碻。是本刻工姓名與前書大都相同，書法鐫工絲毫無别，蓋亦白鷺洲書院覆刻，而其所從出則固蔡氏一經堂本也。書中間有譌字，此亦覆刻之證。又剜改空格有若干處猶微存墨丁餘痕，間亦有因原文漫漶而爲之者，此蓋書估懼人輕視，故爲此以泯其迹，而不知轉失其真，此則致可惜耳。

版式　每卷首行題「紀、傳第幾」，下題「范曄」二字，再下題「後漢書幾」。次行題「唐章懷太子賢註」。志題「後漢書志第幾」，下題「劉昭注補」。半葉八行，行十六至二十字不等。小註雙行，行二十一字。四周雙闌，左闌外書耳記篇名。版心細黑口，雙魚尾，上記大小字數，下記刻工姓名。書名題「後紀志傳幾」，「後」或作「后」。其下間題「漢書幾」或「漢幾」「書幾」，不及前書之備。題字均作行草，亦甚錯雜。

刻工姓名　彭云、陳明、宋俊、李圭、吴昇、李允、曾春、鄧煒、劉良、徐進、宋鏗、鍾敬、戴和文、應定發、趙祥，又有良、和、諒、曾、甘、季、庚、進、俊、云、允、定、宋、立、江、于、中、成、鏗、榮、春、劉、仲、元、條、興、瑞、明、永、圭、煒、敬、晉、應、段、方、仁、趙、口、亮、万、祥、雲、杰、受、壽、肖、才、吴、黎、茂、郁、陳、存、玉、孑、余各單字。

宋諱　玄、朗、弘、匡、洭、恇、恒、禎、偵、湞、貞、徵、署、戍、朂、桓、搆、購、慎、惇、敦等字闕筆。

藏印　浙右項篤壽子長藏書　項印篤壽　少谿主人　汪士鐘藏　汪厚齋藏書　汪印振勳　振勳私印　楳泉父　楳泉　汪三吴下　遼西郡圖書印　笠澤金氏安素堂書印

023－2 後漢書殘本　一册

范《書》劉昭注，附劉攽〔一〕《刊誤》。南宋建安有二刊本，一嘉定蔡琪純父所刻，半葉八行，行十六字；一慶元劉之問元起所刻，即此本也。均見黄蕘圃《百宋一廛賦注》。劉氏刊本目録後有「刊於家塾之敬室」之木記，黄善夫刊《史記》序後木記亦有此語，不知二家何以雷同。李木齋謂非劉即黄所刊，殆由於此。存《方術傳》第七十二下一卷，大題八十二。

版式　半葉十行，行十八至二十字。小注雙行，行二十四字。四周雙闌，亦有僅刻左右雙闌者。版心細黑口，雙魚尾。書名上題「後傳幾」，下題「漢書幾卷」。

宋諱　玄、朗、徵、桓、慎五字闕筆。

〔一〕劉攽，爲劉敞兄，原誤作「邠」，今改。

024　三國志殘本　七册

宋刻《三國志》最罕見、最古者爲北宋末衢州本，今藏涵芬樓，僅存《魏志》。又有南宋建陽本，海源閣楊氏有之，亦不全，今不知流落何所。此小字本，余得之松江韓氏，爲愛日精廬張氏故物，存《魏志》七至九、又二十五至三十。審其字體，似爲蜀中所刻。宋諱避至「構」字，張氏指爲北宋刊本，殆未確也。

韓應陛題　殘宋本《三國志》七册，存《魏志》七至九、二十五至三十，凡九卷。每册鈐汪士鐘、徐渭仁印。按常熟張氏《藏書志》載此，稱係北宋刊本。所存《魏志》各卷如數外，更有《蜀志》九至十五，《吴志》四、五、十二至十五各卷，今不知尚存否也。嘗得明南監本，爲何義門校者，内據北宋本校，與此本正同，知《藏書志》所稱不謬。惟何所據校各卷，出張氏所記外者頗多，而張所收《蜀志》多至七卷，何乃無一字校入？豈何所據者另一本歟？所得何校本係他人度本，非手校也。庚申三月晦日記，韓應陛。

又題　咸豐己未秋，得此書於書友蔣恕齋。

版式　每卷書名小題在上，爲「某某傳」。大題在下，爲「某書國志幾」。半葉十三行，行二十五字。小注雙行，字數同。左右雙闌，版心白口，單魚尾。書名題「魏書幾」、「魏傳幾」、「魏幾」、「志幾」、「鬼傳幾」、「鬼幾」、「委幾」，下記刻工姓名。

刻工姓名　存者僅夏芝、蘇□、和一、召一、内一及張、李兩單字。

宋諱　玄、弦、眩、朗、敬、警、驚、竟、境、弘、殷、匡、恒、貞、偵、徵、讓、樹、桓、構、搆等字闕筆。

藏印　汪士鐘讀書　徐渭仁　曾爲徐紫珊所藏　應陛審定宋本　應陛審定　應陛手記印　應陛　趙宋本

025－1　隋書八十五卷　三十册

卷首、總目，帝紀五卷，列傳五十卷，題魏徵名。志三十卷，題長孫無忌名。是書宋刊流傳絶少，世傳江安傅氏有北宋本、常熟瞿氏有南宋本，但皆殘闕。元刊祇有瑞州路本，其行款與此皆不同。是本書法含婀娜於剛健，已開松雪先聲，然宋諱避至二十餘字，當爲宋季所刊。余嘗以涵芬樓景印百衲本略加讎對，其《天文志》十六「天和五年正月乙巳」節有「兩珥連接」，「兩珥」二字不誤「慧相」。「占曰『兵大起』」，「兵大」二字不誤「大兵」。「是冬齊將斛律明月寇邊」，「是冬」二字不誤「時北」。「自龍門渡河，攻拔其新築五城」，「河攻」二字不誤「汾水」。又《李崇傳》「突厥意欲降之，遣使謂崇曰：『若來降者，封爲特勤。』」「勤」未誤「勒」，猶存舊文。惟《西突厥傳》「其國立鞅素特勤之子」，「特勤」已誤「特勒」。又《禮儀志》六「皇后衣十二等」節，「鳪衣」二字凡七見，均已改爲「悁衣」，無一作「鳪」者，此則未免瑕瑜互見矣。《天文志》十五以十行本配入，此外亦略有殘闕或誤配他葉者，尚當訪補，俾成完璧。

版式　半葉九行，行二十字，少或十九，多至二十二。小注雙行，字數同。卷首小題在上，大題在下者僅五卷，餘均變易舊式。左右雙闌，版心細黑口，補版較粗，雙魚尾。書名大都題「隋書卷幾」，下列「紀志傳幾」。原版記字數，上下無定，兼記刻工姓名，左闌外書耳記篇名，補版均無之。

刻工姓名　有張仁甫、張仁、韋祥甫、李祥夫、祥夫、文彬、信中、以實、秀夫、蘭可、少安、冲可、庭桂、山玉、桂堂、正夫、如文諸人。其單字可辨者有仁、長、文、京、友、忠、王、秀、蘭、劉、胡、英、潘、番、寧、占、永、信、賢、中、韋、务、義、义、以、李、實、珍、蔣、仲、方、桂、泉、真、普、著、古、正、囙、生、祥、本、如、信、月等字。

宋諱　玄、朗、弘、殷、匡、筐、恇、洭、頍、恒、峘、禎、貞、楨、徵、樹、戍、勗、桓、洹、構、媾、購、搆、冓、遘、慎、惇、敦等字闕筆。

藏印　吳江徐氏記事　徐伯衡父　顧行之印　馬印玉堂　笏齋

025－2　隋書殘本　一册

此爲宋刊《隋書》，僅存志第十九《食貨》、第二十《刑法》二卷。

版式　小題在上，大題在下。次題「太尉揚州都督監修國史上柱國趙國公臣長孫無忌奉敕撰」。半葉十行，行十九字。左右雙闌，版心細黑口，雙魚尾。書名題「隋書幾」或「志幾」，下記字數。左闌外題篇名。

宋諱　僅見玄、殷、弘、恒、徵、樹、勗、構、敦等字闕筆。

026　唐書二百二十五卷　一百册

曾公亮《進書表》，刊修官歐陽脩、宋祁，編修官范鎮、王疇、宋敏求、呂夏卿、劉羲叟等共加删定，成書二百二十五卷。本書卷末附刊六行：「《唐書》凡二百二十六按：「六」字疑誤。

篇，總二百五十卷。二十一帝本紀一十篇一十卷，十三志五十篇五十六卷，三表十五篇二十二卷，列傳一百五十篇一百六十卷，録二卷。」蓋兼子卷而言，且增目録也。陳振孫《書録解題》謂紀、傳各著宋公名銜，然今刊本列宋名銜者僅列傳，是本志第十七上、第二十上各列宋名銜，疑係寫刻之訛。然余見一宋刊小字本，志第十二亦列宋名銜，未知何因。繆藝風舊藏建安魏仲立刊本，其志目謂「是南宋閩本，英宗以上諱闕維謹，以下不避。從北宋本出」云云。余曾獲展閱，每半葉十行，每行十九字，版式與此悉同，每葉起迄文字亦無差別。是本諱字已避至光宗，或據魏本校補翻雕。本紀第一首葉版心有「己巳冬德謙刊」六字，按南宋有三己巳，一爲高宗紹興十九年，次爲寧宗嘉定二年，三爲度宗咸淳五年。是本書法鐫工已有南宋晚年風氣，至早當爲第二己巳，然何以寧宗諱字及嫌諱無一闕筆，殊不可解。全卷補刊者凡十四卷，且有補至宣德刊者。又諸表各卷闕葉尤多，然宋刊初印尚踰半數。如斯巨帙亦不易得，故仍收之以備插架。

版式　曾公亮《進書表》半葉九行，行十七字，餘均十行，行十九字。卷首小題在上、大題在下，次三行題撰人名銜。左右雙闌，版心白口，雙魚尾，上記大小字數，下記刻工姓名。書名題「紀、志、表、傳幾」，詳略不一。補版闊黑口，無字數及刻工姓名。

刻工姓名　王君粹、程元、范興、徐文、國賓、德謙、愛之、英玉、茂卿、子明、君美、華甫、德成、清甫、汝善、子文、秀實，又有天、粹、君、謙、劉、仲、弓、可、希、德、壽、甫、清、正、崔、祥、榮、遠、伯、山、茂、祐、文、仇、用、邑、静、埜、亨、曾、汝、玄、興、成、三、子、應、美、華、英、王、志、明、善、江、秀、卿、賓、中、淨各單字。

宋諱　玄、弦、鉉、玹、眩、炫、鮌、朗、敬、儆、璥、警、驚、境、鏡、獍、弘、殷、溵、匡、筐、恇、胤、炅、頸、侹、珽、恒、禎、貞、徵、懲、讓、署、樹、澍、戌、桓、垣、烜、完、構、媾、購、遘、慎、惇、敦、憝、燉等字闕筆。

藏印　穎川陳廷訓圖書　璜川吳氏收藏圖書　三餘齋圖書印

027　京本增修五代史詳節十卷　二册

此爲《十七史詳節》之一，《四庫》入《存目》，題「宋吕祖謙編」。《提要》稱其「隨時節鈔，不必盡出精要」，故有人疑爲坊肆託名之作。余嘗於友人許見一宋刻，全部是史乃題《東萊校正五代史詳節》，此無「東萊」之名，而代以「京本增修」四字。既曰「增修」，則必比初出之本爲詳，惜未從友人許借出一證其異同也。卷首有陳師錫序，序後爲《五代世系圖》及《分據地理圖》。坊肆鏤印，未及精校，故多譌字。

版式　半葉十三行，行二十一字。四周雙闌，版心細黑口，雙魚尾。書名題「五代史幾」、「五代幾」、「代幾」。每卷篇名均加黑蓋子，史論同。行間遇國號、廟號、年號，均黑地白文，間有用括弧或圓圍者。眉端標注重要辭句。左闌外有耳，記紀、傳篇名。

宋諱　玄、匡、貞、讓、戍、朂、桓等字闕筆。

028 資治通鑑殘本　一册

存第二百七十卷，闕首葉。

版式　半葉十一行，行十九字。左右雙闌，版心白口，雙魚尾。書名題「監幾」。

宋諱　僅「匡」字闕筆。

029 資治通鑑綱目五十九卷　五十九册

卷首朱子自序，作於宋乾道壬辰。次目録。均抄配。又補配六卷，卷四十六爲一本，卷四十七至五十一又爲一本，然均宋刊也。余嘗見涵芬樓所藏殘本，版刻相同。有嘉定己卯陳孔碩後跋，謂此爲真西山守温陵時所刊。别有一跋，撰者朱子門人李方子，所紀年月亦爲嘉定己卯。文中有言：「其間蓋有晚歲稍欲更定，以趨詳密，而力有未暇焉者。」又云：「歲在庚午，方子始獲傳此書於嗣子寺正君，而服膺焉。試吏南來，負以與俱，會建安真侯德秀惠臨此邦，暇日取而讀之。」又云：「復求寺正君新校之本參定而鋟諸木。」據此，則朱子成書以後，此爲第一刻矣。莫郘亭謂豐順丁氏所得季振宜、郁泰峰故物爲乾道壬辰刊，似未碻也。方子跋又云：「著書之凡例，立言之異同，又附列于其後。」是本未見凡例。余獲見明本有咸淳乙丑金華王柏後序，亦云李果齋有是語而未見是書，然則宋末已不存，豈刊而已佚耶？或真氏刊版時有此意而未及行也？是本第九卷刻工姓名多至五十四人，無一與他卷同者，且版心魚尾上每葉以《千字文》爲次，大都不記字數，而書法鐫工又與他卷一無區别，涵芬樓藏本亦同，未審何因。陳氏後跋，他本罕見，借録附後，庶得考見刊版顛末。

附録陳孔碩跋

右《資治通鑑綱目》、《提要》各五十九卷，蓋朱文公先生祖司馬公之成書，而斷以《春秋》之法。提其要以爲綱，則《春秋》之經也；疏其緒以爲目，則《春秋》之三《傳》也。特微有删潤而已。如四皓定太子事，司馬公以一時之疑而削去之。又如置漢昭烈於藩臣而帝曹魏、書吕武稱制事而忘其宗，皆因舊史之失，與《春秋》之法不合。前輩鉅儒固嘗辨明而論著之，其大義明甚，先生皆竊取其説而附見於傳注之下，使後世得詳焉，皆羽翼《通鑑》

而補其所未及，蓋有功於司馬氏之書也。昔汲冢之書出於西晉，然所書三代以還及諸國事多與經傳古史異，則知魯史之初未經孔子之手，其得諸訃告、傳聞之訛，而又變亂於奸臣賊子之所諱者，蓋亦不少矣。孔子自歷諸國，得諸史氏而參稽之，訂以事實而加筆削焉，然後《春秋》始備。太史公父子變編年爲紀傳，非得已也。蓋録上下數千載之事，散闊遺佚，其事不可得而編，其事不可得而比，故不得用《春秋》之法。後世史氏可以繫年而不復用，遂至紀事無統，條貫繁紊，歷數千年而不知改，此《通鑑》之所爲作也。自元符以來，姦臣得志，黨禍一起，至以御製序爲非神皇所作，此書堙厄，又不知其幾何年。中興以來，始蒙表出，由是此書始得登經幃以備乙覽，而其書益光。朱文公生於紹興之初，首紬繹而條理之，然則此書之廢興，夫豈偶然？其述作之艱，亦豈一人之力哉！使孔子、司馬公復生，亦將以爲是助我者矣。温陵守真侯得是書而校讎之，刊于郡齋，使知《春秋》而爲史學者有考焉。刊成，屬孔碩書其後。荒墜晚學，豈敢與於斯文，辭不獲命，竊誦所聞如此。

嘉定己卯仲夏，後學陳孔碩謹書。

版式　半葉八行，行十七字。小注雙行，字數同。左右雙闌，上闌外記干支，遇「甲」字、「子」字均黑地白文。版心雙魚尾，上記字數，下記刻工姓名。書名題「資治通鑑綱目卷幾」。卷九一册版心上記《千字文》，每葉一字，其記字數者僅有數葉。

卷四十六補配本。半葉八行，行十五字。小注雙行，行二十二字左右。雙闌，上闌外記干支。版心白口，短闌上記字數，下記刻工姓名。書名題「通鑑綱目幾」。

卷四十七至五十一補配本。半葉十行，行二十二字。正文大字跨行，行十四至十六字不等。小注雙行，行二十二字。四周雙闌，左闌外書耳題「某帝」，上闌外記干支。版心細黑口，雙魚尾，上記字數，下記刻工姓名，其不記姓名者則移記字數於下。書名題「目幾」。

刻工姓名　王中、李渙、潘亮、潘太、李洽、李合、李千、曾立、蔡義、蔡乂、王友、丁万、黄光、周明、李養、高宣、明乂、蘇定、陳溜、陳智、王定、張才、葉永、余才、吴中、劉興、虞丙、虞文、虞全、蔡正、范庚、李元、蔡寅、蔡申、鄭文、江文、劉中、共友、余万、熊仁、蔡中、魏全、何文、劉遂、李文、蔡仲、鄧洽、周全、周文、葉定、葉茂、葉友、吴仁、吴圭、蔡甫、李建、吴申、徐万、陳先、孟文。以下專見於卷九一册者，凡五十四人，其姓名爲丁松年、馬〔一〕祖、毛祖、沈珍、王渙、吴春、曹鼎、顧建、蔡邠、蔣容、詹世榮、陳彬、徐珙、凌宗、童遇、金祖、金嵩、金榮、吕信、吴志、楊潤、楊榮、蔣榮、陳壽、王進、陳伸、石昌、毛端、顧永、王汝霖、宋琚、徐義露、李仲、龐和柔、龐汝升、方中、方信、錢宗、朱玩、陳良、張升、宋通、劉昭、王壽、求裕、吴祐、王恭、章忠、王定、陳浩、陳潤、沈忠、孫〔二〕日新、何澤。又見於各卷者，尚有才、渙、妙、洽、文、奐、中、成、亮、千、太、明、佑、万、恭、立、宣、友、合、光、乂、諒、應、定、養、旻、包、尤、元、寅、昊、丙、永、余、潛、范、申、劉、蘇、章、京、仁、遂、右、仲、茂、建、全、先、圭、朱、鄧各單字。

卷四十六補配本，爲曾宣、子明、彭慶、陳英、景年五人，又益、宣、曾、涇、英、固、年各單字。

卷四十七至五十一補配本，爲余老、元吉、王秀、文王、爲卬、子權六人，又土、秀、陳、興、吉、王、玉、立、元、正各單字。

宋諱　玄、朗、敬、儆、警、驚、殷、匡、筐、恇、胤、恒、峘、禎、楨、偵、貞、徵、讓、樹、戍、勗、桓、峘、完、構、購、慎、敦、廓等字闕筆。

卷四十六補配本，闕筆者有玄、殷、恒、貞、徵、讓、署、洹、峘、完、構、慎等字。

卷四十七至五十一補配本，闕筆者有玄、朗、匡、恇、恒、貞、徵、讓、署、豎、勗、桓、完、構、遘、慎、敦等字。

藏印　碧山學士藏書　又卷四十七至五十一補配本：海曲馬氏　欣遇艸堂之章　趙次公印　舊山樓書藏

〔一〕「馬」，原誤作「馮」，今據《中華再造善本》影印宋刻本《資治通鑑綱目》改。

〔二〕「孫」，原誤作「陳」，今據《中華再造善本》影印宋刻本《資治通鑑綱目》改。

030 通鑑紀事本末殘本 四册

陳氏《解題》曰：「袁樞機仲撰。樞自大學官分教嚴陵爲此書，楊誠齋爲之序。」序作于淳熙元年。《玉海》曰：「淳熙三年十一月二十四日，參政龔茂良言『袁樞編《通鑑紀事》有裨治道，或取以賜東宮，增益見聞』。詔嚴州摹印十部，仍先以卿本上之。至寶祐五年，趙與篙以嚴陵本字小且訛，易爲大字，出私錢重刊於湖州。」是此刻實爲袁書成後第一刊本。此僅存十二、十三、十七、十九，凡四卷。前二卷爲松江韓氏舊物，後二卷則繆藝風弆藏也。版印參差不一，證以章大醇序「是書刊于淳熙乙未，修于端平甲午，重修于淳祐丙午」，其間必有端平、淳祐補版矣。

韓應陛題　蘇州汪氏藏《通鑑紀事本末》，標題上下亦有飛龍與徐氏印，此書十二、十三兩卷即由彼書散出者。而汪書十二、十三兩卷已用同版後印蓋張氏圖記者補入。書首有章大醇序，云「是書刊於淳熙乙未，修於端平甲午，重修於淳祐丙午」。序後有列銜二行：「胡自得掌工，章士元董局。」汪本原版三十卷，後印本補者若干卷，鈔補者六卷。咸豐戊午十一月見之，價昂持去。此二卷予得之滂喜園黄氏。應陛。

又題　按汪本鈔補六卷，後印本補者二十一卷，原印十五卷，前云三十卷者誤也。後印本補者，每卷前印「柏山張氏省軒恒用印」九字，後印「豫園主人」四字。其本遇有「太上御名」字者，或改作「構」字，蓋又係元時修版、元時所印者也。冬至前二日記，應陛。

版式　半葉十三行，行二十四至三十字不等。左右雙闌，版心白口，雙魚尾。書名題「通鑑第幾」、「通鑑幾」、「監幾」。上記字數，亦有記於葉號下者，下記刻工姓名。

刻工姓名　有馬正、阮卞、方忠、徐宥、金敦、宋琳、童泳、方茂、葉松、宋鼎、宋昌、劉元、陳才、李元、江漢、楊暹、張暉、吴寶、毛杞、江浩、芦洪、芦適、方堅、余斌、方申、方先、楊泳、方淳、方虫諸人，又有蔣、范、翁、宋、方、毛、江、芦、吴、卞、厚、公、文、淳、正、同、元、通、榮、粢、先、友、虫、永各單字。

宋諱　玄、弦、朗、眺、警、驚、弘、泓、殷、慇、匡、恇、胤、恒、貞、偵、徵、讓、署、樹、豎、戍、朂、桓、絙、慎、敦等字闕筆，「構」字多注「太上御名」。然「搆」、「購」二字亦僅缺筆。

藏印　吴江徐氏記事　應陛手記印　應陛審定宋本　繆荃孫藏　雲輪閣　雲自在堪　蓺風後人

031　古史六十卷　十六册

宋蘇轍撰。卷首作者自序，末附短跋，題紹聖二年，蓋成書之歲也。《四庫》著録雖於其書有微辭，然亦稱其去取不苟，可與遷書相參考。至謂書中附注爲「其子遜之所作，舊本不載其名」云云，後跋中明有「季子遜侍，紬繹往牒，知予去取之意，舉爲之注，後世可考」之語，館臣殆未見此跋也。宋諱避至孝宗止，猶是南宋初年槧本。然版印不精，且多殘闕，俗手寫補，譌字疊出，中有描畫處，尤失真相。余初得是書時曾以示鄰蘇老人，乃許爲紹聖原本，殆以余愛好古籍，有志弆藏，故作詼詞，曲示其誘掖獎勸之意耶？

版式　半葉十一行，行十八字，有多至二十七字者。小注雙行，字數略同。左右雙闌，版心白口，雙魚尾，上間記字數，下記刻工姓名。書名題「古史本紀幾」、「世家幾」、「某世家幾」、「列傳幾」。本紀七卷，世家一至九卷，列傳一至十四卷、十五至二十五卷，葉次均排長號，餘仍隨卷起迄。另以《千字文》編次，每葉一字，起「天地玄黄」，迄「禪主云亭」下句之「雁」字。

刻工姓名　王定、王壽、王涣、王進、王明、王政、王恭、王汝霖、毛祖、毛端、方信、方至、方中、何澤、何澄、何進、吴中、吴志、吴祐、吴春、沈珍、沈茂、沈忠、沈定、朱玩、朱祖、宋琚、宋通、金榮、金嵩、金祖、徐珙、徐義、張亨、張昇、陳潤、陳晃、陳彬、陳伸、陳良、陳浩、陳壽、馬祖、馬松、楊榮、楊潤、蔣容、蔣榮、顧達、顧澄、雇永、丁之才、丁松年、龐知柔、龐汝升、龐知泰、孫春、孫日新、石昌、吕信、李仲、余政、章忠、曹鼎、錢宗、凌宗、蔡邠、童遇、董澄、鄭春、項仁、求裕、劉昭、詹世榮。

宋諱　玄、弦、眩、敬、警、驚、弘、殷、匡、恒、貞、徵、讓、頊、桓、完、構、媾、購、慎等字闕筆。

藏印　竹垞藏本　甲　王印鼎定安丞　夷陵王氏寶宋閣收藏之印

032　新雕重校戰國策三十三卷　六册

此即《四庫》著録宋姚宏校正之漢高誘注本也。黄蕘圃得宋槧本，定爲梁溪高氏所刊，影寫精刻，題曰「剡川姚氏本」，錢竹汀序謂「行款點畫，壹仍其舊」。其中烏焉魚豕審知譌踳者，别爲《札記》綴于卷末，而不肯移易隻字」云云。取與是本對勘，絲毫無異。黄氏自稱師法乎存古闕疑，不欲苟取文從字順，誠刊書者之正軌也。宋諱避至高宗，故錢、黄二氏定爲紹興刊本。卷首暨卷第一前六葉，又序録第五、六葉均抄配。劉向序「惇篤之行」句係出補寫，黄氏據以覆刻，原書當不如是。《四庫提要》謂「卷卷題高誘名，殆傳寫所增，以贋古書」，且指揚州刊本仍題誘名爲沿誤，因加「姚宏校正續注」數字，更於原注已佚之卷削去誘名，不知此適失姚氏原本之舊，名爲復古，實自暴其武斷。顧千里跋是本剜修處未能盡善，舉第六卷第四葉首三行例之，謂當以抄本爲正。按剜修之葉尚有第三卷第五葉後十一行、第七卷第五葉後七行至十一行、第十八卷第一葉後一行至五行，第二十九卷第三葉後九行至十一行，其下半行且原缺補寫，又序録第一葉後二行至八行，不知與顧氏所見之抄本異同何若。此在黄氏刊本中不易辨認，故特揭載於此，以待檢考。

黄丕烈跋　高注《戰國策》行世者，惟雅雨堂本。此外曾見小讀書堆所藏影宋鈔本。若宋刻，僅載諸《讀書敏求記》中，云是購於絳雲樓者。然絳雲所藏有梁溪安氏本、梁溪高氏本，未知所購果何本也。既聞海内藏書家尚有兩宋本，一在桐鄉金雲莊家，一在歙汪秀峯家，余渴欲一見爲幸。去冬，鮑淥〔二〕飲來蘇，以金本介袁綬階示余，訂觀於鈕非石寓樓，遂議交易，以白鏹八十金得之。此本楮墨精好，殆所謂梁溪高氏本歟？屬澗薲取影宋鈔本參校，識是勝於鈔本，澗薲已詳跋之矣。余謂古書流傳不可不詳其原委，姚弘所注補者非一本，見於吴正傳之言。正傳云：「予見姚注凡二本：其一冠以目録、劉序，而置曾序於卷末；其一冠以曾序而劉序次之。蓋先劉序者元本也，先曾序者重校本也。」今觀此本字畫，定爲紹興初刻。影鈔者當是重刻本，故行款略爲改竄。宋刻本每葉廿二行，行廿字。影宋鈔本每葉廿行，行廿字。而字句亦微有不同。序録一篇，此本在卷末李文叔等書後四條之前，姚宏題語又隔一行而附於後。影鈔本則曾序居卷首，而李跋等仍在後，姚宏題語不隔一行。其非一本可知。蓋影鈔之本或即梁溪安氏本，遜而居乙者耶？至於此本之疑爲絳雲所藏，別無確證，惟首册缺目録四葉、一卷一至六葉、末册序後五、六葉，當是藏書者圖章題記，淺人撕去之故，豈不可歎！特未識汪本又何如耳，俟徐訪之。汪秀峯與錢聽默最友善，嘗謂錢曰：「吾有宋刻高注《戰國策》，有人需此，當以美妾易之。」今聞作古，未知書在何處。嘉慶歲在己未二月望日，檢書至此，爰題數語，以誌顛末。迴憶去冬得書之時在臘月望日，雨雪載塗，肩輿出金閶門，與渌[二]飲、綬階、非石盤桓茶話，以爲消寒計者，已兩閱月矣。非石有詩贈余，當倩渠録於此册，以誌一時韻事云。棘人黄丕烈識。

又跋　昔余赴禮部試入都，於收舊攤買得宋板《戰國策》牙籤二，未知誰氏物。書去而籤存，殊令人繫思也。攜歸棄置篋中久矣，今得此書，不啻籤爲之兆。爰屬澗薲影摹於册，俾得附麗長存云。蕘圃。

又題詩　忽覩奇書至，來從五硯樓。此書耳熟已久，雲莊有親程念鞠留以書目一紙，需直五百金，一并售去，此書與焉。冬間鮑丈來蘇，云獨買此書須待歲莫。及季冬中浣，果由袁綬階處攜來，始得見之。歲闌驚客去，得書之日，綬階先有札來，云：「鮑丈急欲歸去，如不成議，即還之。」余因出城面晤。金盡動余愁。鮑丈前晤時曾説五十金，既綬階札中有「非百金斷不可」之説。時余因往購宋本《咸淳臨安志》，摒擋殆盡。攜六十金而去，餘就非石處暫貸之。祕册誰先購，此書爲郡中毛榕坪購得，雲莊其親也，豪奪而去。澗薲爲余言。餘函待續收。書目一紙，有元吴草廬《春秋纂言》、高注《戰國策》、大字元本《唐律疏議》廿四本、《王摩詰集》二本、宋板《孟浩然集》五本、宋本《韋驤集》、宋本《林之奇集》、

《元祕史》，今《戰國策》既爲余得，而韋、林兩集余亦見過，當訪其全。所藏吾許借，余有影宋鈔孫之翰《唐史論斷》，雲莊曾託念鞠來借校，余惜書癖復萌，拒之。後以鈔本託校，又因補録文繁，未及竣事。雲莊遂有嫌，屬鮑丈以此書來蘇，可歸袁勿歸黄。好作浙東游。澗薲與雲莊友善，去秋見書目，屬念鞠取示各樣本，未之許。擬買舟往訪之。　二月二十六日，積雨悶人，非石著屐見訪，出書索非石詩，因題于首。余復用此詩韻，續補前跋所未盡之意，率成一首。適綬階亦來，在書塾與方米聚談，遂録於後，仍請非石、綬階、方米諸君正之。蕘圃。

鈕樹玉題詩　雨雪廉纖至，同心聚一樓。不嫌蔬食薄，忘却旅人愁。宋本今纔見，牙籤昔已收。延津欣會合，歲暮足優游。　爲蕘圃二兄志題新得宋本《戰國策》跋尾後，洞庭山人鈕樹玉拜稿。

袁廷檮題詩　書付無雙士，圖歸五硯樓。良朋多作合，卒歲亦無愁。不惜餅金擲，惟欣祕笈收。今來觀跋尾，題句勝清游。重「無」字，以「可消」易「亦無」。　己未仲春，訪蕘圃二兄於士禮居，重觀所得宋本《戰國策》，次非石題句韻請正。去臘，君得此書由余，而余得南田畫册由君，故詩中及之。漁隱主人袁廷檮拜稿。

夏文燾題詩　琅函來有自，跋認絳雲樓。君祇藏書樂，人都卒歲愁。聚真緣所好，美亦定勝收。今日重開卷，同觀集舊游。　方米居士夏文燾草。

顧廣圻題詩　人間真本在，勝借目耕樓。我獲銘心賞，君擔交臂愁。兼金誇未抵，雙璧擬都收。請捩桐鄉柁，相期換歙游。　應蕘圃命繼和，澗薲顧廣圻稿。

右見卷首。

黄丕烈跋　此書爲毛榕坪故物，余與榕坪雖居在同城，蹤跡不甚密，故未及細問其原委。前月杪，榕坪偕陽湖孫淵如觀察訪余，因暢敘兩日。晤言及此，榕坪謂余曰：「余得此書於□□馮秋隺家，其先世有名黙者，爲顯宦，從他省得來。」榕坪從秋隺手易歸，卷中所鈐「馮氏秋隺」即其印也，爰誌其書之來歷如此。至卷中「澤存堂藏書印」，不知何人。康熙時有張姓名士俊者，曾翻雕宋本《玉篇》、《廣韻》于澤存堂，豈其人歟？夏五月端午後三日，丕烈識。

右見第一册末。

顧廣圻跋　是書雅雨堂刊行者，頗有改易，賴此始見其真，不僅古香馣馤爲可寶也。惟剜修處未能盡善，如第六卷第四葉首三行與小讀書堆所藏鈔本不同，鄙意以爲初槧當如鈔本，附録於後，以俟蕘圃論定之。己未二月，顧廣圻書。

楚怒秦合。最爲楚王曰：「魏王遇於境楚使者，是以鯉與之遇也。弊邑之於與遇善之，故齊不合也。」楚王因不罪景鯉而德周、秦。秦使周最解説楚王與魏遇之意，故不罪景鯉，弟德周與秦也。

右見卷末。

版式　卷首首行「新雕重校戰國策目録」，目後接劉向序。每卷首行「戰國策卷第幾」，次行「國名幾」，隔若干格爲「高誘注」三字。卷末首行「重校戰國策序録」，一曾子固序，二李文叔《書戰國策後》，三王覺《題戰國策》，四孫元忠《書閣本戰國策後》，又孫元忠記劉原父語，五紹興丙寅姚弘伯聲後跋。半葉十一行，行二十字。小注雙行，字數同。左右雙闌，版心白口，單魚尾。書名題「戰國策幾」，下記刻工姓名。

刻工姓名　蘇興、余永、許明、陳錫、徐茂、王珍、徐亮、毛昌、徐杲、高旼、毛諒、余坦、徐高、洪先、朱靖、朱明、孫中、徐林、俞侁、李秀、李碩、張祥、朱静、徐章、吴彦、李棠、李彦、梁文友、陳明俊。

宋諱　弦、昡、敬、儆、驚、竟、境、鏡、弘、殷、匡、恒、貞、偵、徵、樹、戍、桓、完、構、媾、搆等字闕筆。

藏印　馮氏秋崔　百宋一廛　宋本　黄印丕烈　蕘圃　汪印士鐘　閬源真賞　澤存堂藏書印

〔一〕、〔二〕「淥」，原誤作「緑」，今改。

033　五朝名臣言行録十卷三朝名臣言行録十四卷　二十册

宋朱子撰。自序謂「國朝名臣言行之迹，多有補於世教」，又謂「掇取其要，聚爲此録，以便記覽。尚恨書籍不備，多所遺闕」云云。「五朝」謂太祖、太宗、真宗、仁宗、英宗，所録凡五十五人。「三朝」謂神宗、哲宗、徽宗，所録凡四十二人。是本宋諱避至高宗止，蓋爲成書後第一刊本。卷首自序，次總目。兩《録》分列，卷若干人，人各一章，自爲起迄。全部書法，多宗平原、率更，神采焕發。鎸印至此，可稱能手，真宋槧本中之上駟也。按「八朝」之名，僅陳振孫《直齋書録解題》及陳均《皇朝編年備要》引用書目有之，自李士英《續輯四朝書》出，刊者併爲一編，而朱書單行之本遂微。故趙希弁《郡齋讀書志附録》祇有「十二朝」之名，而無「八朝」之名。今行世者亦惟此合刊之本。道光初年，洪瑩嘗取宋刻李衡校正本覆刊之，其前後兩集即朱子所纂之二十四卷。取與是本對勘，其所删削不知凡幾，僅僅最前兩卷，前集第一計三千四百餘字，後集第一計八千五百餘字。校勘表附後。至短詞單字之遺落者，尤不可以數計。而編次之顛倒，文字之譌奪，猶其餘事。吾不知李衡所謂校正者，何以謬妄至此。使非是本具存，讀者能無爲考亭疑乎？是本《三朝録》中原闕四葉，卷一之一第十七葉，洪本可補一百三十七字。卷八之二第二十六葉，僅可補六十四字。卷十一之一第十九葉，僅可補三十六字。至卷十三之一第十葉，且無一字可補。洪氏刻本顧千里覆校後記所指脱誤爲數甚夥，當時僅据别本校正，麻沙雕本已難得若此，況此爲初刻原本乎？又《四庫總目》謂「劉安世氣節凛然，爭光日月，《盡言集》、《元城語録》今日尚傳，當日不容不見，乃不登一字」云云。按，是本采《元城語録》者凡三節，一安世到南方斷酒，一言金陵有三不足，一言金陵亦非常人。前一節洪本無之，後二節則有而不全。四庫館臣乃作是語者，豈朱子及李士英原編本均未之見，而所見者更出麻沙本下耶？滋可異已。

前録卷一校勘表：

卷	葉	行	宋本	洪瑩覆宋本
一之一	一	前三	小傳一百九十字	只二十二字
	四	前三	「又王沂公筆録云」小注全節一百四十一字	無
		前七	「又程氏遺書云」小注全節二十七字	無
		前九	「太祖初登極」至「吾兒未更事也」四十三字	無
	五	後八	「上迎謂之」至「勿爲後悔」六十九字	無
	六	後九	「又晉公談録云」小注全節六十三字	無

	八	前三	「普叩頭辭」至「當使之勿測」二十二字	無
		前七	「又記聞云」小注全節一百三十字	無
	九	後五	「盧多遜貶朱崖」全節九十八字	無
一之二	一	前三	小傳二百十三字	只二十四字
		後八	「王事周」全節七十字	無
	二	前三	「使吴越」全節一百四字	無
		前十	「充晉州兵馬都監」全節一百二十六字	無
		後八	「太祖始在潛躍」全節一百二十一字	無
	三	前五	「又記聞云」小注全節七十六字	移作正文
		前八	「詔劉光義」至「副部署」十五字	無
		前九	「始破三會」至「取遂州」十五字	無
	四	前七	「又掇遺曰」小注全節八十八字	移作正文
		前九	「又記聞曰」小注全節七十二字	移作正文
		後一	「晉公談録曰」至「太祖尤器遇之」小注三百二十七字	移作正文
		後九	「又潛謂曰」至「豈非餘慶乎」小注六十九字	無

	五	前二	「王與太祖密論天下事」全節二十九字	無
		後三	「曹彬事太祖」至「將終全其城」三十二字	無
	六	後三	「有一卒負籠下」至「罔敢蹉跌」三十字	無
		後五	「既升舟」至「皆設不動」二十字	無
		後十	「倉廩府庫」至「王一不問」十七字	無
	七	後二	「金陵之陷」全節四十三字	無
		後十	「涑水記聞云」小注全節三十三字	移作正文
	八	前七	「王和氣接物」全節一百七十三字	無
		後八	「曹侍中」至「未嘗妄斬人」十七字	無
	九	前四	「曹武惠王」至「無與爲比」十六字	無
		後八	「爲藩帥」至「士論歎伏」一百四十七字	無
	十一	前六	「聖功仁德」至「近世無比」二十四字	無
一之三	一	前三	小傳一百四字	只十七字
	二	前九	「世宗在揚州」全節八十一字	無
	三	前八	「太祖就龍墀」至「群臣相賀」三十字	無

		後三	「又龍川別志云」至「因具陳之」小注二百二十五字	無
	四	前一	「范魯公嘉謀偉量時稱名相」十一字	無
		前七	「除拜號令」至「止於禁中親批」二十五字	無
一之四	一	前三	小傳一百三十二字	只二十五字
		後二	「趙普自樞密使」全節一百七十三字	無
	三	後七	「太祖亦稱儀」至「有操尚耳」三十九字	無
一之五	一	前三	小傳八十五字	只十三字
		後一	「昉步行日十數里」至「乃買驢而去」三十字	無
		後五	「行至長安」至「三十日而後行」二十六字	無
	三	前三	「至道元年燈夕」全節九十七字	無
		前十	「公温和無城府」全節九十四字	無
一之六	一	前三	小傳一百二字	只十六字
	三	前一	「罷朝」至「悔不窮問」十二字	無
		前五	「呂文穆公」至「尤所眷遇」十六字	無
		前十	「蓋寡好」至「所難也」十五字	無

一之七	四	後三	「公質厚寬簡」全節五十七字	無
	一	前三	小傳一百十七字	只十六字
	二	前三	「又聞見録云」小注全節八十四字	移作正文
		後十	「公姿儀碩大」全節一百五字	無

後録卷一校勘表：

卷	葉	行	宋本	洪瑩覆宋本
一之一	一	前三	小傳三百三十九字	只二十九字
	二	前六	「公自幼而孤」全節五十二字	無
		後五	「禁中須索金帛」至「公請蠲之」一百三十四字	無
	三	後八	「王巖叟編別録云」小注全節一百四十九字	無
	四	前二	「時災異數見」全節一百五十九字	無
	五	後六	「侍御史袁素」至「詔從之」一百三十三字	無
	六	前八	「詔禁中支費」至「内侍省施行」四十三字	無
		後七	「知審刑院」全節六十一字	無
	七	後二	「士大夫多避西行」至「卿其爲朕往」四十五字	無

	後八	「檄諸郡完城郭」至「邊臣皆勸」五十八字	無
八	前三	「振麄勇」至「守邊才」十三字	無
	前九	「又奏罷率馬令」至「辨大事」二十六字	無
	後六	「承平久」至「以歲月平之」三十三字	無
九	前一	「曰軍事雖可」至「亦不當遽」十七字	無
十	前二	「安撫使」至「以實奏」十一字	無
	前十	「又家傳云」小注全節三十九字	無
十一	前六	「丞相范公純仁」至「四路招討」三十七字	無
	後九	「公與范公」至「明年春」六十八字	無
十二	前八	「時邊事雖欲講解」全節八十三字	無
十三	前二	「又別録云」小注全節三十五字	無
	前四	「公既至關陝」至「陞黜之」二百八十四字	無
十四	前十	「又强至所編遺事云」小注全節六十三字	無
	後五	「陛下即位來」至「今日陡如此」十八字	無
十五	前六	「富鄭公安撫河北」全節八十二字	無

后二 「前此陝西帥鄭公戩」全節一百二十八字 無

十六 前五 「公自揚徙鄆」至「如父母」三十七字 只存「徙鎮定」三字，餘無

前八 「當明公鎬」至「將爲亂」三十八字 無

後五 「京師發龍猛卒」至「孰聞公平日語見」八十六字 無

十七 宋本原闕一葉

洪瑩覆宋本有「歲大歉爲法賑之活飢人七百萬鄰城旁路刺取其法視中山隱然爲雄鎮聲動虜中行狀」三十五字

又有「定卒惡米陳下執籌不請公時爲帥聞之馳入倉群卒約十餘人皆持米前訴公曰米乃如此餘人皆退後出懷中米一裹曰琦亦請此朝廷置此米一㪷約八鐶内地不售一百今雖陳下售猶不失四鐶適皆自汝扇摇命盡戮十卒於前公凝然不動一軍股慄遺事」一百二字

十八 前一 「潘美爲帥」至「以焚屍爲恥」一百六十七字 無

	後二	「除樞密使」全節一百五十六字	無
十九	前二	「溪洞蠻彭仕義」全節一百三十七字	無
	後七	「又編中書機要」至「頗如其説」七十五字	無
二十	前二	「公推廣上之仁德」全節六十五字	無
廿二	後二	「又遺事云」小注全節二百七十三字	移作正文
廿六	後八	「若以輕重比之」至「何啻太山遂定」二十九字	無
廿七	前一	「英宗初在藩邸」至「請慈聖垂簾」八十二字	無
	後八	「太后曰得諸君知此」至「中外莫不知也」三十六字	無
廿八	後三	「昔上在潁邸」至「大計始定」五十四字	無
	後七	「仁宗靈駕」全節一百二十二字	無
廿九	後四	「英宗即位」至「同聽政有」十七字	無
三十	前五	「公爲宰相十年」至「朝廷多故」十九字	無
	後三	「其忠勇如此」至「公之力也」四十七字	無
	後七	「孫和甫」全節一百一字	無
卅二	前三	「公素知陝西」全節一百十四字	無

	後一	「夏賊叩大順城」全節一百五十七字	無
卅三	前一	「初英宗卧疾」至「皆書於紙」七十六字	無
	後二	「公召御藥」至「是晚鎖院」三十三字	無
	後六	「初英宗既許建儲」至「無可奈何」五十七字	無
卅四	前一	「英宗初晏駕」全節五十一字	無
	後二	「又聞見録云」小注全節六十五字	移作正文
	後四	「又家傳云」小注全節三十八字	無
	後六	「一日中書進呈罷」至「公惶恐謝」一百二十八字	無
卅五	後四	「公爲英宗山陵使」至「判永興軍」九十四字	無
	後九	「家傳曰」小注全節一百四十五字	無
卅六	前三	「方行夏人誘保安軍守將」至「力沮壞之」三百二十二字	無
卅七	前三	「又遺事云」至「豈暇自顧進退之分未幾」小注二百十五字	無
	後二	「遂之相後移雍」至「由此分矣」小注三十八字	無
	後七	「又遺事云」小注全節一百十二字	移作正文
	後十	「又聞見録云」小注全節一百六十三字	移作正文

四一　前九　「又行狀云」小注全節三十六字　移作正文
　　　前十　「又聞見録云」小注全節一百六十四字　移作正文
四二　前一　「公因語華相在北門頗姑息三軍」十三字　無
　　　前七　「公曰汝爲禁兵」至「安可如此」十八字　無
　　　後五　「人人畫像事之」至「比狄梁公」二十三字　無
四三　前四　「及公去魏」至「卒不可」二十字　無
　　　前七　「又澠水燕談云」小注全節五十七字　無
　　　前九　「熙寧八年」全節二百二十五字　無
四四　前三　「又聞見録云」小注全節一千二百四字　移作正文又闕「去神宗許之」至「乞終喪制」一百六十二字
四五　後四　「公器量過人」全節二百六字　無
四六　前七　「公氣貌嚴重」至「極恭而温」十九字　無
　　　後二　「爲人敬服」至「無所不容」十四字　無

四七 後七 「別録云」小注全節四十一字 無

前四 「公爲陝西招討時」全節五十字 無

前八 「公言在政府時」全節三十二字 無

前十 「公言琦待罪中書」全節三十五字 無

後三 「慶曆中」全節一百十一字 無

後九 「又遺事云」小注全節六十七字 移作正文

四八 前七 「上句言」至「作解之事」十三字 無

後五 「公爲詩」至「皆此類也」十八字 無

四九 前二 「又遺事云」至「方可成務」小注二十八字 移作正文

「如琦孤忠」至「多有成耳」小注十六字 無

前六 「公曰昔與希文」全節二十五字 無

後二 「公因説康定以來事」全節十八字 無

後五 「公每聞新執政」至「放下則難」十九字 無

後七 「凡人語及」全節四十四字 無

後十 「公爲丞相」全節二十四字 無

五十　前二　「歐陽永叔在政府」全節四十四字　無
前八　「又遺事云」小注全節五十二字　無
後一　「公謂小人」全節七十字　無
後六　「公語小人害君子」全節二十七字　無
後八　「公以恩及人」全節八十八字　無
五一　前九　「禁卒有私逃數日」全節七十四字　無
後四　「公性至仁」全節二十一字　無
後六　「仁宗朝李都尉」全節八十三字　無
五二　後九　「平時家居」至「其自守如此」二百四字　無
五三　後三　「多有未嘗識者」至「皆此類也」七十五字　無
後十　「公初罷相」至「嘗援己也」一百三字　無
五四　前八　「公喜用知名士」全節一百十字　無
後四　「又遺事云」小注全節一百三十九字　無
後八　「又家傳曰」小注全節四十六字　無
後九　「又遺事云」小注全節一百四十八字　無

五五	前三	「又家傳曰」小注全節四十四字	無
	後二	「既阻其一」至「同簽書之號」五十五字	無
五七	前四	「公謂挺然忠義」全節七十三字	無
	前九	「公言富公」全節三十八字	無
	後三	「問晦叔」至「迺是平日」十二字	無
	後五	「孔嗣宗任河北」全節七十七字	無
五八	前六	「終不語及它事」至「在廷評自處」二十六字	無
	前九	「李清臣平日」全節七十字	無
五九	後一	「公言歐曾」全節四十七字	無
六一	後二	「公重恩義」全節二百二十六字	無
六二	前六	「又聞見録云」小注全節六十字	無
	前八	「至於圖畫」至「一無所好」十四字	無
	後二	「韓魏公在相府時」全節六十六字	無
六四	前一	「王巖叟編魏公別録」全節三百十一字	無
六五	前二	「晁子闔題」全節二百十六字	無

版式　每卷首行書名，卷第幾之幾，第二章首行無書名，僅題卷數之幾。次行低四格官謚姓名。三行低二格本人小傳。每節正文頂格，次行以下均低一格，末記所引書名。半葉十行，行十七字。小注雙行，低一格，行二十字。四周雙闌，版心白口，雙魚尾。無書名，僅題「卷幾之幾」，下記刻工姓名，其上記字數者僅《三朝》十四卷。

刻工姓名　周俊、吴拱、周通、劉永、詹文、劉升、江陵、葉新、陳閏、余闡、李立、李辛、謝四、萬十四、李盛、楊郴、吴先、張洪、周升、周時、劉光、杜明、上官信、余山、柯文、高安道、蔡元、陳中、江忠、蔡中、蕭韶、余仁。

宋諱　玄、眩、敬、警、驚、匡、胤、耿、貞、偵、徵、讓、曙、署、樹、戍、勗、旭、煦、桓、垣、完、紈、購、勾、瑗、援、偉等字闕筆，「構」、「慎」二字注「御名」，「瑋」字注「御舊名」。又「慎」、「瑋」二字亦間有闕筆者。

藏印　陳氏家藏子孫永寶　以誠私印　君明孫子鑒賞

034　漢雋十卷　八册

宋括蒼林鉞撰。《四庫》入《存目》，「鉞」作「越」，蓋沿元代袁桷重刻之訛。書凡十卷，卷五篇，《直齋書録解題》作十五篇者，亦筆誤也。卷首林氏自序，撰於紹興壬午。魏汝功守滁陽刊版後序，作於淳熙戊戌。前後相距十七年。天禄琳琅藏是書二部，《書目》所載均爲蔣鶚象山刊本。除林、魏二序外，有楊王休序，附記工價及刊校人姓名，其年爲淳熙癸卯，後於是本者五載。《續古逸叢書》有景印本，楊序及工價、刊校人姓名均已不存，審其印記，即天禄乙本。行款與是本相同，而刻工姓名各異，故知此爲滁州第一刊本，而象山本則取是覆刻也。

版式　每卷首行題書名、卷第幾，第二、三行本卷總目低二字，第四行篇名低四字。半葉九行，小注雙行，行三十字，每大字一當小字二。版心無書名，僅記卷數，葉排長號，凡一百六十五葉，序目在外。

刻工姓名　可辨者僅孫濟、陳真、施瑞、陳文、王進、王縉、孫湛、方迪、洪説、洪悦、孫善、朱芾等十二人，餘俱毁損。

宋諱　殷、驚、匡、筐、恒、絙、貞、桓、慎等字闕筆。

藏印

愚公　季振宜藏書　楊以增字益之又字至堂晚號冬樵行一[一]　關西節度系關西　臣紹和印　楊紹和讀過　紹和筑嵒[二]　彥合珍玩　彥合珍存　東昌楊氏海原閣藏書記

宋存書室　海原閣　秘閣校理　瀛海僊班

〔一〕「一」，原作「者」，據《中華再造善本》影印宋淳熙十年象山縣學刻《漢雋》鈐印改。

〔二〕「筑嵒」，原作「�」，今據《中華再造善本》影印宋淳熙十年象山縣學刻《漢雋》鈐印改。

035　通鑑總類殘本　一册

宋沈樞撰。《四庫提要》稱「嘉定中鋟版，潮陽樓鑰爲之序」。此爲宋刻，殆即潮陽刊本。存第四卷，内分太后、皇后、外戚三門。

版式　半葉十一行，行二十三、四字。左右雙闌，版心細黑口，單魚尾，其闕者爲補刊之葉。書名題「通鑑總類幾」，葉號上題某某門。

刻工姓名　芦昰及可、番、元、付、夫五單字。

宋諱　僅「匡」字闕筆。

036　輿地廣記殘本　一册

宋歐陽忞撰。晁《志》謂「並無其人，特假名以行其書」。陳氏《解題》則云「忞爲文忠族孫，行名皆連心字」。《宋史·藝文志》亦題忞名。《四庫總目》謂宜從振孫之説，自無可疑。此爲宋刊殘本，全書三十八卷，存者起卷十八第四葉，訖卷三十八第五葉。卷十八末葉有「嘉泰甲子郡守譙令憲重修、淳祐庚戌郡守朱申重修」二行。餘有五卷，僅記「朱申重修」一行。卷中「桓」字均不闕筆，蓋其初版必爲靖康以前所刊。所存二十一卷，凡二百三十一葉。其記明重刊者，庚戌一百六十九葉，己卯三葉，餘皆不記，然字亦有肥瘦完泐之别，蓋有甲子所修者雜於中矣。是本舊爲季滄葦所藏，蕘圃謂在彼時即已移易卷第，賴抄本訂正重裝。每卷首尾剜補之字皆蕘圃所爲，並非書估作僞原迹。卷中譌字補版較多，初版亦間有之，均經朱筆訂正，惟未知出於誰氏之手。

顧千里題　殘宋槧本歐陽忞《輿地廣記》，起十八卷四葉，盡三十八卷五葉，大較存廿一卷。季滄葦藏，有圖記。先從兄抱冲收得。維時周漪塘家先有是書鈔本，脱落譌錯，殆不可讀，曾借去就所存者校正，深以爲精。於後外間復有從周借傳者。其題目此殘宋槧則曰「重修本」，蓋緣第十九卷尾云「嘉泰甲子郡守譙令憲重修、淳祐庚戌郡守朱申重修」，第十八、廿三、廿九、卅一、卅五卷尾皆云「淳祐庚戌郡守朱申重修」故也。夫譙令憲、朱申皆自稱郡守而不署其郡，然則果何郡耶？以予論之，二人者皆廬陵郡守也。忞書之版，何以在廬陵？以忞其郡人也。是書撰於北宋政和中，由嘉泰四年甲子上數之，相距凡八十餘年。而開雕歲月未有明文也。下數淳祐十年庚戌，首尾四十七年耳。兩次重修皆郡守主其事，故前後二人並列焉。補葉雖漸多，初版終未全泯，固可寶也。此外又有朱竹垞藏本，曾在浙人韓姓家。所缺卷葉互爲不同，而俱缺者則尚有之也。不寧惟是，以此本相決，朱本乃另一翻版。何以言之？細勘廿一卷内無一葉之同，即版心記數、工匠姓名，無不皆然，故曰另一版也。字形相近之譌，往往沿襲重修本，而且加多焉，故曰翻也。翻者非他也，翻重修本而已矣。周漪塘家鈔本正出於彼。其印本甚糢糊，宜鈔本之脱落譌錯矣。今年病暑，餘暇借先從兄遺書來讀一過，知其原委，因即題此於首，庶將來有得見之者據吾所言以覈其實焉。又竹垞藏本聞汪君閬源近已買得，擬他日借來再勘之。嘉慶庚辰六月望後一日，元和顧廣圻千里甫記於楓江僦舍。

黄蕘圃跋　此殘宋本歐陽忞《輿地廣記》，自第十八卷起至第三十八卷止，爲余亡友顧抱冲藏書也。初，抱冲得諸華陽橋顧聽玉家，余未及借讀，適爲周香嚴攜去。香嚴告余曰：「此本與家藏抄本行款同，故得以知其移易卷第之迹。而抄本似又從别本宋刻傳録，不及殘本之精。」余識其言不忘。既而抱冲作古，從其家借出，見其根題曰：「宋本《輿地廣記》廿一卷，以元、亨、利、貞爲次。于兩浙路上一册有『宋本』圖記一，有『季振宜藏書』圖記一，知《延令宋版書目》有《輿地廣記》廿一卷即此本也。」蓋是本移易卷第在滄葦收藏時已然，幸有抄本可證，得以復其舊觀。爰命工重爲改裝，自十八卷後悉排編無誤。十八卷缺前三葉，三十八卷缺後幾葉，皆向來如是，闕疑可也。册數分四爲五，皆以每路之可分者爲定。書根字迹未敢滅去，俾《延令目》中所云有可考焉爾。嘉慶庚申歲春二月，黄丕烈書於士禮居。

李木齋跋　宋槧《輿地廣記》海内有二本，一朱竹垞藏，抄補前二卷，跋載《曝書亭集》，後由乍浦韓氏售歸黄蕘圃。一季滄葦藏，缺前十七卷，見《延令書目》，後歸顧抱冲，即此本也。蕘圃既借校季本，又購得朱本，遂付景刊。乃因校勘札記大受澗薲攻擊，遂成此書一段公案。其後兩本皆歸汪閬源，以汪之富豪，此書並未重刻，而士禮居本流播人間，蕘圃之功固不可掩矣。兩本同爲宋刊，刻印必有先後，顧朱本無年月可考，而此本既有「嘉泰甲子」、「淳祐庚戌」重修年月，第二十四卷又有「乙卯補刊」之葉，已覺信而有徵。且書中「桓」字不缺筆，原刻必在靖康以前。又刊刻之地，澗薲指爲廬陵，固亦近是。按李心傳《道命録》有淳祐十一年新安朱申序，結銜題「朝散大夫知江州軍兼管内勸農營田事」，此書「郡守」是其前官，以此證之，鋟版必不出江南列郡之内，可斷言也。書雖殘帙，淳祐距今七百年，宋刻已無第三本，矧其書爲北宋地志，考訂沿革極有條理，竹垞謂在《太平寰宇記》上，不尤可寶耶？丙辰上巳獲觀於雲合樓，主人屬題如右。盛鐸。

版式　半葉十三行，行二十四字。左右雙闌，版心白口，雙魚尾。上記字數及補刊年分，書名題「地幾」，下記刻工姓名。

刻工姓名　可辨者庚戌刊葉有謝賢、吴斌、劉宣三人及宗、吴、宩、益、楷、宣、奇、信、章各單字，餘爲翁定、天祚二人及趙、徐、方、清、礼、霖、況各單字，獨己卯補刊三葉無之。

宋諱　泫、朗、敬、擎、殷、洭、貞、湞、戌等字均闕筆。

藏印　宋本　季振宜讀書　蕘圃　汪印士鐘　閬源真賞　丁日昌字静持號禹笙　莫友芝圖書記

037　新編方輿勝覽七十卷　十六册

建安祝穆和父編。穆自序題嘉熙己亥，宋諱避理宗嫌名，是刊成於南宋季年。所收爲浙西、浙東、福建、江東、江西、湖南、湖北、京西、廣東、廣西、淮東、淮西、成都府、夔州、潼川府、利州東西，凡十七路，蓋僅半壁江山矣。每篇先列建置沿革，次爲事要。事要分類標於卷首目録前者，有郡名、風俗、形勝、土産、山川、學館、堂院、樓閣、亭榭、井泉、館驛、橋梁、佛寺、道觀、古蹟、名宦、人物、題詠等名。《四庫提要》譏其「名爲地志，實則類書」，吕午序則稱其「辭簡而暢，事備而核」。各州風物見於古今詩歌、記序之佳者，率全篇登入。其事實有可拈出者，則纂輯爲儷語，附於各州之末。信乎其爲勝覽也」云云。即祝氏本意，亦祗爲裨益四六之作而發，循名核實，固不誣也。錢牧齋《跋王右丞集・送梓州李使君詩》「山中一半雨，樹杪百重泉」不作「一夜雨」，稱爲至佳。是本卷六十二潼川府題詠引此詩，亦作「一半雨」，則錢氏之言又可得一左證。卷首原有吕午序、祝穆自序、咸淳二年福建轉運使司禁止麻沙書坊翻版榜文、分卷目録卷末穆子洙跋，惜均佚去。又間有闕葉爛版，不無疵纇。

版式　半葉十四行，行二十三字。首行題「新編方輿勝覽卷之幾」，次行題「建安祝穆和父編」，又次路名或府軍名，均大字跨行。又次建置沿革及事要，其標題及人、地名亦均作跨行大字。左右雙闌，版心細黑口，雙魚尾。書名題「方幾」。葉號陰陽文雜出。左闌外有書耳，題府州軍名。

宋諱　朗、匡、筐、洭、頸、禎、貞、楨、湞、偵、赬、戍、桓、完、構、慎、惇、敦、筠等字闕筆。

藏印　明〔一〕正統一祀瓶城子藏于惜陰齋云　顧氏元輔　逋〔二〕石　莫友芝圖書印

〔一〕「明」，李紅英《寒雲藏書題跋輯釋》作「時」。

〔二〕「逋」，李紅英《寒雲藏書題跋輯釋》作「補」。

038　四明續志十卷　六册

宋梅應發、劉錫同編。編者序：「《續志》之作，所以志大使丞相履齋先生吴公三年治鄞民政邊防、士習軍食、興革補廢、大綱小紀」云云。《四庫》著録，《提要》譏其「因一人而別修一郡之志，名爲『輿圖』，實則家傳，於著作之體殊乖」，所論甚允。雖吴公治鄞頗有政績，然全書紀述專集於一人之身，謂其不出於諛頌，誰其信之？宋代地志存者寥寥，雖宋諱字均不避，然固可定爲宋槧宋印，因收存之，以備瀏覽。

版式　半葉十行，行十八字。小注雙行，字數同。左右雙闌，版心白口，單魚尾。書名題「續志幾」，上間記字數，下記刻工姓名。

刻工姓名　有王閏、任廷、洪莘、徐廣、任友、任慶、李暹、王聞、徐堅、王祐、王文、顧楷諸人，又有源、茂、又、坦、春、正、蔡各單字。

藏印　舊學史氏　壽松堂書畫記　抱經樓　復〔一〕隱書印

〔一〕「復」，原誤作「後」，今據《中華再造善本》影印宋刻本《容齋續筆》鈐印改。

039　咸淳臨安志殘本　十一册

宋《臨安志》先後三修，始於乾道周淙撰，十五卷，今存三卷；繼之者淳祐施諤撰，原卷數不詳，存者僅六卷；最後爲咸淳潛説友撰，一百卷。昔朱竹垞從海鹽胡氏、常熟毛氏得宋刻八十卷、鈔本十三卷。其後又得刻本三卷，易去鈔本。展轉歸於士禮居黄氏。又鈔補六十五、六十六兩卷，由蘇州汪氏、上海郁氏而入於皕宋樓陸氏，今已流出海外。鮑以文從平湖高氏得宋刻二十二册，中間節次闕失而盡於八十一卷。其先爲崑山徐氏、泰興季氏所藏，鮑氏得之，復撤换誤鈔施《志》六卷，又補鈔若干卷，合宋刻二十卷、鈔本七十五卷。旋歸拜經樓吴氏，又入於八千卷樓丁氏，今藏江南盋山圖書館。此爲泰興季氏別一藏本，原存宋刻六十八卷、鈔本二十七卷。先歸百文敏家，繼入於海源閣楊氏。《楹書隅録》誌其原委甚詳。庚午秋，山東群盜蠭起，擾及聊城，楊氏弆藏盡被劫掠，捆載入市，流轉於青、齊、燕、趙之間。余訪求有年，近僅得此殘本，存宋刻卷二十二、卷二十三、卷二十九至三十二、卷六十、卷六十五至六十八、卷七十至七十四、卷八十至八十三，凡二十卷，鈔本卷六十一至六十三，凡三卷。聞傳沅叔所得卷數相埒，鈔、刻各半，尚有五十餘卷，今不知飄墮何所矣。清代最忌「胡」、「虜」諸字，卷中多被剜削。全書鐫印絶精，留此瘢垢，殊堪惋惜！

版式　半葉十行，行二十字。小注雙行，字數同。左右雙闌，版心白口，單魚尾。書名題「咸淳臨安志卷幾」，上記字數，下記刻工姓名。

刻工姓名　有尤明、吴文焕、陳松、潘必昌、陳日升、郭世昌、蔡光大、韓玉、王春、盛允中、陳茂、陳政、曹必貴、王垚、謝垚、張中、真卿、德達諸人，又有馬、詹、毛、趙、范、孫、尤、吴、蔡、韓、梁、陳、謝、張、曹、久、沅、元、升、達、永、右、正、文、成、有、必、卿、昌各單字。

宋諱　「軒轅」二字注「暗諱」，「玄」字注「聖祖諱」，「筐」、「署」、「樹」、「旭」、「構」、「勻」諸字注「廟諱」，「啓」字注「御舊名」，「旋」、「璇」二字注「御名」。其爲字不成者，僅見一「完」字。

藏印　季滄葦圖書印　珊瑚閣珍藏印　寶　宋存書室

040　通典殘本　一册

存卷一百六至一百十，凡五卷。全書九門，此列第四，專述禮。

版式　每卷首行題「通典卷第幾」，空二格「禮幾」，又空一格小字注「纂類」、「序例」及「大唐開元禮」。次行低二格，本卷子目。三行低四格，篇目。半葉十五行，行二十六、七字。小注雙行，行三十四至四十字不等。左右雙闌，版心白口，單魚尾。上間記字數。無書名，此題「第二十二册」。葉排長號，然每卷又各有葉號。下記刻工姓名。

刻工姓名　原版可辨者王政、朱池、朱祥、朱言、朱桃、沈□並毛、陳兩單字。補版有淩宗、王璡、楊潤、楊榮、何澄、陳彬、李成、何澤、世榮、北陳、毛興祖、沈思恭諸人。

宋諱　玄、敬、警、殷、恒數字闕筆，仁宗以下皆不避。

藏印　箕齋藏書

041　西漢會要殘本　一册

宋徐天麟撰。《四庫總目》本書七十卷，「嘉定四年具表進之於朝」。是本卷首書名，次行題「從事郎前撫州州學教授臣徐天麟上進」，蓋爲成書後最初刊本。存卷十三至十九，吉禮二卷，嘉禮三卷，賓禮、軍禮合一卷，凶禮一卷。

版式　半葉十一行，行二十字。小注雙行，字數同。左右雙闌，版心白口，雙魚尾。上記大小字數，下記刻工姓名。書名題「西漢會要卷幾」、「西漢會要幾」、「西漢幾」。

刻工姓名　范云、余岩、呂奇、余孝、葉渙、范志、應祥、連于，又有葉、堅、圭、王、丙、吳、周、魯、仁、呂、傳各單字。

宋諱　「匡衡」作「康衡」，「齊桓」作「齊威」。

藏印　晉府書畫之印　敬德堂圖書印　子子孫孫永寶用

042　東漢會要殘本　一册

撰人同前卷。首作者自序，闕前半葉。次目録四十卷。次寶慶二年奏進表，結銜改題「奉議郎武學博士」。存卷一至卷三、帝系二卷、吉禮一卷。

版式　同前書。惟版心有細黑口，書名題「東漢會要卷幾」、「東漢會要幾」。

刻工姓名　余嵩、胡朋、吴元、吴圭、陳元、劉洪、葉文、莊奉、余武、陳至、翁正、丁和、劉右、劉永、劉生、共文、余秀，又有何、文、孫數單字。

宋諱　「桓」作「亘」，「玄」作「玄」。

藏印　敬〔一〕德堂圖書印　子子孫孫永寶用

〔一〕「敬」，原誤作「晉」，今據原印改。

子部

043 纂圖互註荀子二十卷 十册

此爲建陽坊肆應時帖括之書。是書而外，群經有《周易》、《毛詩》、《禮記》、《春秋經傳集解》，諸子有《老子》、《莊子》、《揚子法言》，卷首有「圖説」，注中有「互註」及「重言重意」等標題，各書行款大抵相同。是本前有楊倞序，次劉向後序，次欵器圖、天子大路圖、龍旗九斿圖，次篇目。皕宋樓陸氏有是書，《儀顧堂續跋》歷舉其勝於宋監本者凡三十有一條。是本除《非相篇》註「形法」誤「刑法」、「二十四篇」「篇」誤「卷」外，餘均一一相合，是亦可爲宋本之乙矣。全書初版精印，什之二爲配葉補版。

版式 每卷首行題「纂圖互註荀子卷第幾」，獨卷一次行題「唐大理評事楊倞注」。半葉十一行，行二十一至二十三字。小注雙行，行二十五字。左右雙闌，版心細黑口，雙魚尾。書名題「荀幾」。左闌外有耳，記篇名，間記卷數、葉數。

宋諱 匡、眶、筐、恒、貞、徵、樹、搆、慎、敦等字闕筆。

044　音點大字荀子句解十卷　二册

無撰人名氏。卷首有景定改元石盧龔士卨序。諸家書目均不載，獨明《文淵閣書目》卷七洪字號第一廚有「荀子龔士卨解一部二册」，又「荀子句解一部三册」，均注「闕」字，蓋即是書。中多删節，有削去全節者，其棄取並無準的，注亦敷衍成文，無甚精義。上欄兼注字音，疑係當時坊肆取便淺人誦覽之作。《閣目》尚有《老子龔士卨句解》一部、《莊子句解》一部，均闕。是書龔序與《老》、《莊》二子及《揚子法言》、《文中子》並舉，殆皆爲龔氏所自撰。然《老》、《莊》及此書外，餘二子且不存其名，殆一時餖飣而成，不爲世重，故多至散佚也。

版式　半葉十行，行大小均二十字。左右雙闌，版心細黑口，雙魚尾。書名題「荀幾」。左闌外有耳，記篇名。

宋諱　縣、懸、貞、徵、樹、豎、桓、完、慎、敦、廓等字均以墨圍爲記，不闕筆。又避「崩」字，却甚罕見。

藏印　季振宜藏書

045 袁氏世範三卷附集事詩鑒不分卷 四册

陳氏《解題》、馬氏《通考》均三卷，題「樂清令三衢袁采君載撰」，列入雜家類。《宋史·藝文志》同。《四庫全書》改入儒家類，由《永樂大典》輯出。是本卷首有劉鎮序及作者題詞，卷末有跋，題「紹熙改元長至三衢梧坡袁采書于徽州婺源琴堂」，大意謂「師儒語録，議論精微，不易開悟。小説、詩話特賢於己，無裨名教。因取夫婦之所與知能行者語諸世俗，使田夫野老、幽閨婦女皆曉然於心目間，庶幾息爭省刑，俗還醇厚」云云。其書初目爲「俗訓」，其友鄭景元擬稱「家範」，而「世範」之名則同官劉鎮强爲改定者也。《説郛》、《眉公祕笈》、《唐宋叢書》均經采刊，然多所删節。沈節甫《由醇録》所收者三卷，當爲全書，然甚罕見。此爲宋刻本，卷一睦親，凡六十四條；卷二處世，凡六十八條；卷三治家，凡七十四條。全書避宋諱極略，蓋專爲訓蒙通俗而作，故不拘拘於功令也。後附《集事詩鑒》，作者爲方昕景明，履貫不詳。前後序跋自稱「莆陽吏隱」，所言皆家庭相處之道，略有旁及。凡三十條，每條前引一故事，後綴七言絶句一首。序首書名題「增廣世範詩事」，與序中所稱不符，蓋附刻者所臆定。是書不見著録，惟盧文弨《宋史藝文志補》有之，亦僅見之本矣。舊爲吴中袁表、袁褧昆弟所藏，其後散出。洎清乾隆之世，復爲其後裔廷檮所得，鮑氏《知不足齋叢書》即據是本覆刻。不知何時又入於松江韓氏，余前歲得此，聞即韓氏子姓所沽者。取鮑本對勘，行款既改，亦間有訛字。卷三第一百八十八、一百八十九、一百九十、一百九十二、一百九十三諸條，皆言田産分析之事，中有「閞書」、「印閞」等字，殆即今之憑契。《爾雅·釋宫》「閞謂之椷」，其字義與此絶不相涉。余見宋刻各書，「闗」字多有作「閞」者，然是本第一百九十五條「凡田産有交闗達□條者」句，又不作「閞」。鮑本遇「閞」字均改刻「鬮」字，字書此字从「鬥」不从「門」，音讀如「鳩」，訓爲「鬪」，取義亦可通。然「鬮書」之名至今猶存，田産之分析，彼此授受均有闗涉，似「闗」字之義爲長。

版式　全書條數三卷統計，每隔十條於第一行首旁著圓圍，以黑地白字誌之，亦有隔數十條始一見者。每句加點，讀音圈發，闌上標列條目，緊要詞句旁施墨擲。半葉十一行，行二十字。《集事詩鑒》行數同，每行減一字。左右雙闌，版心白口，雙魚尾。書名《世範》題「世幾」，《集事》僅題一「詩」字。

宋諱　謝玄、房玄齡兩「玄」字均改作「元」，又「驚」字「文」旁闕末筆。

藏印　袁表印　袁褧之印　袁衡之印　臣衡　宋京西提刑十七世孫袁惟聃字壽祺　惟聃之印　壽年　袁勳〔一〕袓和　袁家故當有人　休復堂印　春穀艸堂

春穀　訪雪齋印　子子孫孫永保之

〔一〕「勳」，原誤作「動」，今據《中華再造善本》影印宋刻本《袁氏世範》鈐印改。

046 麗澤論説集録殘本 六册

宋吕祖謙撰。全書十卷，一、二《易説》，三《詩説拾遺》，四《周禮説》，五《禮記説》，六《論語説》，七《孟子説》，八《史説》，九、十《雜説》。或稱門人集録，或稱門人所記。目後有祖謙從子喬年題記，謂「伯父講説所及而門人記録之」，又謂「先君嘗所裒輯，今仍据舊録，頗附益比次之，不敢輒有删改」。是此書雜録者祖謙門人，蒐輯者其弟祖儉，補綴次第者其從子喬年也。此爲宋刻，間有後來補版，墨印不精，恐已在元、明之世。存前四卷，第五卷補寫，餘均佚。

版式　半葉十行，行二十字。左右雙闌，版心白口，雙魚尾，上記字數。書名題「集録幾」。其上下黑口者，皆補刊之葉。

刻工姓名　初刊者韋裕、丁亮、李信、吴志、羅裕、吕扶、楊先、羅榮、周文、姚彦、周份，後刊者韓公德、韓公輔、張仲辰、張彦忠、李思賢、李思義、丁明、李彬、周才。

宋諱　筐、恒、貞、讓、擴等字闕筆。

藏印　光輪　南陽講習堂　郭東莊生　曾在蔣辛齋處　重光　辛齋　沈印廷芳　椒園　楊紹和讀過　東郡宋存書室珍臧　儲端華重　潘麐

047　武經龜鑑殘本　一册

陳氏《解題》是書二十卷，爲「保平軍節度使王彦撰。隆興御製序。其書以《孫子》十三篇爲主，而用歷代事證之」。又《玉海》「兵法類」亦云：「王彦上。自『始計』至『用間』。隆興二年五月辛丑御製序。乾道三年二月十六日賜將帥。」其書至明猶存，見焦竑《國史經籍志》。又陳第《世善堂書目》有《武家龜鑑》，其撰人姓名、卷數均合，或書名偶誤耳。是爲宋刻殘本，起卷一第十四葉，訖卷二第一葉，不及全書什之一。是本孫子語首見者爲「主孰有道」，僅存事證一節，有十四行。次「將孰有能」四節，次「天地孰得」三節，次「法令孰行」九節，次「士卒孰練」五節，次「將聽吾計，用之必勝，留之」二節，次「將不聽吾計，用之必敗，去之」四節。卷二「始計」，首引孫子語曰「勢者，因利而制權也」，事證三節，最後一節僅存一行。《宋史》彦本傳稱其「喜讀韜略」，又稱其「累破堅敵，威振河朔。晚奪兵柄，使之治郡，用違其材」云云，是彦實爲南宋名將，故孝宗親序其書，復摹印以賜將帥。乃其書不傳，僅僅存此十餘葉，惜哉！

版式　卷二首行題書名卷第幾，次行低一格題篇名，爲「始計」二字，三行低二格爲所引《孫子》語，四行低三格爲歷代事證。半葉十二行，行二十二字。左右雙闌，版心白口，單魚尾。書名題「龜鑑幾」，下記刻工姓名。

刻工姓名　存者僅李詢、蔣暉、李文、李俊、李憲、李焕六人。

宋諱　敬、驚二字闕筆。

048 傷寒明理論三卷方論一卷 二册

是書《四庫》著録，附《傷寒論注》十卷後。《提要》稱金成無己所自撰，發明機説，又云「無己聊攝人，生於宋嘉祐、治平間。後聊攝地入於金，遂爲金人。至海陵王正隆丙子，年九十餘尚存」。又歷引嚴器之序、張孝忠跋，敘述顛末，語焉甚詳。阮文達乃認爲《四庫》未收，其《呈進提要》且定爲嚴器之所著，殊失檢矣。錢遵王藏四卷本，見《讀書敏求記》。但首尾斷爛，故開禧改元之張孝忠跋誤以爲序，且佚其名。是本前二卷刊本，卷首錦屏山嚴器之序，但署「壬戌八月」，無年號。後一卷及《方論》據景定辛酉建安慶有書堂刊本抄配，末有開禧改元五月歷陽張孝忠跋。然余以爲此二本者，一刊於北，一刊於南，實不相配。何以言之？余嘗見明嘉靖覆本成無己《注解傷寒論》，卷首洛陽嚴器之序，亦但署「甲子中秋」，無年號。前序稱「錦屏山」，此稱「洛陽山」，今屬河南省宜陽縣，在洛陽西南境。序稱「業醫五十餘年，《解》后成，公出其書以相眎」。又張孝忠跋「成公生於嘉祐、治平之間」。依此推算，其生後第一甲子爲元豐七年，才二十餘歲，著成是書必爲第二甲子，當紹興十四年。維時洛陽亦已淪陷，嚴爲成公序所著二書，均不署年號，蓋身爲遺民，猶有故國之思。按《愛日精廬藏書志》影寫金刊本《傷寒論注解》，大定壬辰王鼎後序中有「《明理論》一編，十五年前已爲邢臺好事者鏤版，流傳於世」云云。金大定壬辰前十五年爲正隆二年，即宋紹興二十七年之丁丑，上距嚴序本書之壬戌爲十五年，度必於是時刊成。且前二卷中遇宋諱無一避者，亦可爲邢臺所刊之一證。是當爲第一刊本。至開禧改元，其年爲乙丑，後邢臺鏤版四十八年。張孝忠跋謂其書自北而南，於襄陽訪得後四卷，刊於郴山，是當爲第二刊本。又後五十七年，爲景定辛酉，慶有書堂覆刻，是當爲第三刊本。且前二卷書法、鐫工與建安刊本絶不相類，余故謂兩不相配也。猶不止此，《四庫》稱無己所作《明理論》凡五十篇，阮文達進書《提要》亦云「取寒證分爲五十門」，然金刻嚴器之序「始於發熱，終於勞復，凡五十篇」，句中「勞復」二字及「五」字均剜改。又目録中第三卷一行及十四篇之目全係割裂補寫，余因疑邢臺初刊之本原分四卷，不止五十篇，後附《方論》不刊卷第，觀是本抄補《傷寒明理方論》首行下並無「第四」二字，是亦可證。意者景定覆刻之時，第三卷先已遺佚，遂以《方論》湊成四卷，以實孝忠後跋之言。四庫館臣及文達所見均爲闕佚已後之覆本，書估據是抄配，察與刊本原目不符，故割棄重寫，以泯其迹也。

版式 半葉十行，行二十字。左右雙闌，版心白口，雙魚尾。書名題「明理幾」，上記字數，下記刻工姓名。

刻工姓名 可辨者有王三、王五二人及石、政、諒數單字。

藏印 怡府世寶 安樂堂藏書印 李氏瞿研圖書印記〔一〕 宛陵李之郇藏書印 宣城石室 江山劉履芬彥清父收得 江城如畫樓

〔一〕 該印章《中華再造善本》影印宋刻本《傷寒明理論》作：宣城李氏瞿硎石室圖書印記。

049 傷寒要旨二卷 二册

《宋史·藝文志》「李檉《傷寒要旨》一卷」，《直齋書録解題》則稱二卷。是本宋刻宋印，《藥方》卷末有「右《傷寒要旨》一卷、《藥方》一卷，乾道辛卯歲刊于姑孰郡齋」題記二行，似當以二卷爲足本。然原書前後並未分卷，《宋志》或據版式爲言，不能謂其所見必不全也。題記以《要旨》列前，《藥方》列後，則似《藥方》必刊於《要旨》之次，而類證亦當居前，且刻書題記多刊於首尾，從無刊於卷中者。陳氏《解題》乃謂「列方於前而類證於後」，亦可異也。是本《要旨》缺第三葉陰面至第九葉陽面，又第十三葉及第四十一葉陰面。

《藥方》缺第一、二、三葉及第四葉陽面。檢諸家書目，惟連江陳氏世善堂有之，他家無著録者，故黄氏誇爲奇物。蕘圃跋稱同時刊行者尚有《洪氏集驗方》，黄氏兼而有之，自詡罕祕。《集驗方》今藏鐵琴銅劍樓，是書則歸余插架。百餘年來，幾經浩劫，而此兩書均獲存於天壤間，不可謂非藝林幸事。《集驗方》由黄氏覆刻，已獲流通，而此則孤本廑存。不特原書，即沈子禄續補之編，亦不易得。黄氏有知，其能無默爲呵護乎？

黄蕘圃跋　此書偶從書友得之，初不過重其爲宋刻，而未知其爲何人所著。因見《直齋書録解題》有「《傷寒要旨》二卷，李檉撰。列方於前而類證於後，皆不外仲景」，知此是李檉所著也。外間無别本刊行，故人多不識。似此精妙宋刻，人皆目爲明版，惟余則確然信之，以白金三兩餘購得。卷中明明有「乾道辛卯歲刻于姑孰郡齋」字樣，後人以南宋孝宗朝乾道七年鐫版釋之，可云有識。不知何人妄説，以爲即非宋版，亦是明朝初年書，作疑信參半語，可云無識。目録後有跋云「崇禎甲申元宵，蝶庵孫道兄見惠。向置亂卷中，庚戌端節後，雨如瀑布，檢出裝好」云云。但有圖章而無墨書姓名，圖章又糊塗莫辨，未知其爲誰何矣。今余檢出裝好，適在癸亥端節，竟日雨如瀑布，何情景恰相似耶？想見讀書人不事他事，日以破紙爲性命，作消遣光陰之計，古人與余亦同此寂寞爾。黄丕烈。

又跋　此書爲乾道辛卯刻于姑孰郡齋，其爲宋版固無疑義。而卷中惟避「丸」作

「圓」，外此若「驚」、若「玄」，未有避者，宜外人之疑爲明刊也。頃五柳主人從都中寄余宋版《洪氏集驗方》，余開卷見其行款字様與此相類，閱後「刻之姑孰」及「乾道庚寅」云云，知一時刊刻，故版式相同。迨出此相證，見每葉記刻工姓名，有黄憲、毛用等人，乃知二書同出二工之手，庚、辛兩年先後付雕也。然二書顯晦有同有不同者：此書載諸《直齋書録解題》而《洪氏集驗方》不載，《洪氏集驗方》載諸《延令季氏宋版書目》而此書不傳，豈非顯晦各異耶？兹何幸，余之並藏兩書耶！且是書失傳已久，雖殘編斷簡，猶得收而寶之，所見亦可謂罕祕矣，因再跋數語於卷末。甲子冬十一月望前三日，蕘翁。

又跋　此書不傳于世久矣，故各家書目罕載之。後從坊間插架見有《傷寒要旨》籤，急取視之。其標題曰「傷寒要旨方」，次行云「當塗李檉與幾編輯，吳會沈子禄承之校正續補」，知已非李書之舊矣。即所載諸方敘次略同，而分量法製、輕重多寡彼此互異，益徵此殘宋本之可貴也。《要旨》一卷，沈所未載，更爲絶無僅有之書，安得不視爲奇物耶？丁卯孟夏，復翁。

版式　半葉九行，行十六字。左右雙闌，版心白口，單魚尾。書名一册題「要旨」，一册增一「方」字。《藥方》、目録連正文葉號銜接，下記刻工姓名。

刻工姓名　存者僅黄憲、毛用、劉青、劉全四人。

宋諱　眩、弦、驚等字均不避，惟「丸」字易作「圓」。

藏印　黄印丕烈　蕘翁　復翁　士禮居　讀未見書齋收藏　汪印士鐘　閬源真賞　吴下汪三　平陽叔子　振勳私印　某泉父　眉泉

紳之　韓應陛鑒藏宋元名鈔名校各善本于讀有用書齋印記

050　本草衍義二十卷　五册

宋通直郎差充收買藥材所辨驗藥材寇宗奭編。晁《志》作《本草廣義》，謂宗奭「以《本草》二部著撰之人，或執用己私，失於商榷，并考諸家之説，參之事實，覈其情理，證其脱誤，以成此書」。全書二十卷，陳氏《解題》作十卷，或有分合之異。卷首總目，前三卷序例，後十七卷均論藥品。余嘗於友人許見一宋刻，版式相同，卷末有「右《證類本草》，計版一千六百二十有二。歲月婁更，版字漫滮者十之七八，觀者難之。鳩工刊補，今後成全書矣。時慶元乙卯秋八月癸丑識」四行，又有校刊銜名段杲等五人，與日本《經籍訪古志》所載楓山祕府藏本正同。是書僅一百六十二版，蓋與《證類本草》同刊而併計之也。《訪古志》稱卷首載政和六年十二月廿八日付寇宗奭劄子，又云「宣和元年□月本宅鏤版印造，姪宣教郎知解州解縣丞寇約校勘」。是本所存版式特長者，其字體猶有北宋風格，疑是原刊之葉。

版式　每卷目連正文。半葉十一行，行二十一字。左右雙闌，版心白口，雙魚尾。書名題「衍義幾」，上記字數，下記刻工姓名。

刻工姓名　原刊各葉有蔡建、鄧壽、鄧敬、蕭受、范明遠、高興世六人。餘爲補版，有李圭、劉光、□康、王季、宋俊、段尺、王貞、陳茂、張仁、宋瑞、蔡泰、鄧煒、翁年、蔡万、黄田、陳明、劉應、江漢、任興、張仲、彭雲、彭云、馮壽諸人。又有光、鄭、宋、玉、胡、仁、圭、甲、茂、肖、煒、林、允、万、江、壽、永、晉、國、蔡、劉、仲各單字。

宋諱　「玄」字注「犯聖祖諱，改『元』」，「胤」字注「犯廟諱，改『嗣』」，「薯」字正文「犯英廟諱，下一字曰『蕷』」。構、慎二字亦闕筆，獨「敦」字爲光宗嫌諱，未避，與弦、驚、丸、完諸字同。

051　景祐乾象新書殘本　六册

《書録解題》曰：「司天春官正楊惟德等撰。以歷代占書及春秋至五代諸史采摭撰集。元年七月書成，賜名，仍御製序。」其序見王應麟《玉海》。時司撰集者楊惟德外，尚有春官正王立，翰林天文李自立、何湛，又總工程者爲内侍任承亮、鄧保信、皇甫繼和、周惟德數人。書凡三十卷，第一曰天占，第二曰地占，第三、四曰太陽占，第五、六曰太陰占，第七曰周天星座去極入宿度，第八曰晷景晝夜刻中星七曜行數分野，第九至十三曰歲星占、曰熒惑占、曰填星占、曰太白占、曰辰星占，第十四、十五曰紫微垣占、曰太微垣占、曰天市垣占，第十六至二十二曰角亢氐房四宿占、曰心尾箕斗四宿占、曰牛女虚危四宿占、曰室壁奎婁四宿占、曰胃昴畢觜四宿占、曰參井鬼柳四宿占、曰星張翼軫四宿占，第二十三至二十六曰東雜座占、曰北雜座占、曰西雜座占、曰南雜座占，第二十七曰五星總占，第二十八曰慧星孛星占，第二十九曰瑞星妖星客星占，第三十曰流星占。是書沉薶已久，前清中葉，虞山張蓉鏡得宋鈔本十二卷，此僅存卷五、六，卷十二、十三，卷十六、十七、十八、十九，卷二十七、二十八，皆張氏舊藏，有印記可證。據錢天樹跋，尚闕第三、四兩卷，然已有全書三分之一，誠希世之珍矣。册尾有印版銜名一葉，在卷五者第一行「元豐元年十二月□□日學生臣秦孝先書」，第二行「校定將仕郎守司天監主簿充翰林天文同測驗渾儀臣趙靖」，第三行「校定將仕郎守司天靈臺郎充翰林天文同測驗渾儀賜緋臣董惟正」，第四行「校定文林郎守司天監主簿同知算造臣周日新」，第五行「校定文林郎守司天監主簿同管勾測驗渾儀臣于太古」，第六行「校定文林郎守司天監主簿充翰林天文同測驗渾儀臣王應」，第七行「校定承務郎守司天監丞管勾書籍臣王太明」，第八行「校定儒林郎守司天監丞充曆算主簿兼同知算造臣楊得言」，第九行「校定朝奉郎檢校尚書庫部員外郎守殿中丞兼司天中官正權同管勾司天監公事兼同提點曆書護軍賜紫金魚袋臣周淙」，第十行「校定通直郎守司天中官正權判司天監兼提點曆書騎都尉賜紫金魚袋臣丁洵」，以下越二行爲「樞密直學士朝散大夫尚書右司郎中兼侍讀知通進銀臺司兼門下封駮事兼專切提舉進奏院判太常寺兼禮儀事知審官東院事提舉司天監公事詳定郊廟奉祠禮文護軍新安郡開國侯食邑一千一百户賜紫金魚袋臣陳襄」，分占二行。其第十二、第十六、第十七、第十九各卷，寫官爲「楷書臣蘇宗亮」，第二十七卷爲「書庫官臣徐欽鄰」，餘十人銜名皆同。書成於仁宗景祐元年，越四十四年爲神宗元豐元年，始付謄寫。其後恐未必刊行，故其書幾致湮没全部。書法遒勁，的爲宋人手筆。惟第十三卷爲後人補鈔，除此卷外每卷前後均有「类訖」二字朱印。「类」即「類」字，有比對之義，蓋當日校定諸人所鈐也。

錢夢廬跋　芙川先生所藏北宋内府抄殘本《景祐乾象新書》十二卷，客歲郵寄第三至第六四卷，又第十八卷及第廿七、廿八兩卷，已得寓目一過，綴以數語歸之。今年夏復承寄眎第十二、十三兩卷，幸得焚香展誦片刻。其第十三卷是明人抄補，後缺「辰星與他星相犯占」一條尾數字，又「流星犯辰星占」一條全缺。此兩卷中引用書籍，與前所見七卷内大同小異。尚有第十六、十七、十九三卷未得寓目，芙川倘能一併借觀，當再爲詳跋之。

因是寶重之物，不敢隔宿借留，即日寄還，悤悤記此，以志眼福。道光十五年乙未六月佛誕日，錢天樹。

版式　卷首題「景祐乾象新書某某占卷第幾」，次本卷總目，目連正文，卷末書名同。半葉八行，行十九至二十三字。四周單闌，版心題「乾象幾」。

宋諱　玄、弦、敬、驚、竟、境、弘、殷、胤、恒、貞、徵、戍等字闕筆，皆神宗以前廟諱也。

藏印　鄧印文原　虞山張蓉鏡印　蓉鏡藏　蓉鏡珍藏　味經　稽[一]璜曾觀　陳鑾曾觀

〔一〕「稽」，疑當作「嵇」。

052　古三墳書三卷　一册

晁氏《讀書志》云：「皇朝張商英天覺得之於比陽民家。」又云：「按：《七略》不載《三墳》，《隋志》亦無之，世皆以爲天覺僞撰。」其書七卷。陳氏《解題》云：「元豐中，毛漸正仲奉使京西，得之唐州民舍。其辭詭誕不經，蓋僞書也。」其書一卷。《四庫》著録，入《存目》，其書亦一卷，謂「周秦以來經傳子史從無一引其説者，蓋北宋人所爲」，又云「宋元以來自鄭樵外，無一人信之者」。是本獨分爲三卷，南宋初年刊於婺州，卷末有紹興十七年三衢沈斐刊書跋四行，錢遵王《讀書敏求記》所收之本與是正同。首有毛漸正仲序，卷排長號。《山墳》第一，凡八葉；《氣墳》第二，凡五葉；《形墳》第三，凡五葉。末有後敘七行，無著人名氏。是書入明有數刊本，均併爲一卷，且佚後敘。僅萬曆賈三近刊本、程榮《漢魏叢書》本尚存三行有奇。其傳均易正文爲注，是又僞中之僞矣。卷二末有「甫里陸氏家傳珍玩陸惪惪學」篆書一行，卷三末又有「大德戊戌中秋後二日處梅陸元通置」一行，其下又有「至大庚戌人日子德懋觀□侍旁」小字二行。沈斐跋後又有跋文四行，曰：「《古三墳書》聞其名而未見其書，因得之於書肆中，後人觀覽宜珍惜哉。□□戊申二月旦日書於進[二]學齋。」所記年號雖已漫滅，然亦非近人手筆。其下均各鈐有印記。書雖贋造，印本却佳，因留置之，以充祕玩。

版式　半葉十行，行十八字。左右雙闌，版心白口，單魚尾。書名題「墳」字或「古」字。次葉號，次字數，次刻工姓名。

刻工姓名　可辨者有張玘、林升、宋杲、沈原、陳林數人。

宋諱　桓、購、搆三字闕筆。

藏印　元處　用和陸　陸氏　惪　葉氏進學　武陵　顧印　九峰　雲間僧　雁湖陶　陶印　江左

通梅　惪　丞　文房　丞　齋藏書記　世家　汝修　三泖之間　善學海　闇圖書　勝叔甫　珍藏印　日發　陶生

陶印　祝胤　長　學齋　山陽朱　朱氏　景
祝胤　私印　公　居士　氏珍賞　珍藏　錫氏
圖書

〔一〕「進」，原誤作「近」，今據《中華再造善本》影印宋刻本《古三墳書》改。

053　嘯堂集古録二卷　四册

宋王俅撰。《四庫》著録，《提要》稱「是編録古尊、彝、敦、卣之屬，自商迄漢，凡數百種。摹其款識，各以今文釋之」。然頗譏其「真贋雜糅」，舉夏禹一印及滕公墓銘爲證。滕公墓銘十七字，純爲道家符籙之體，其爲僞造尤可一望而知，王氏録此，濫矣。卷首有李邴漢老序。書凡二卷，鐫印絶精，在宋槧中堪稱上乘。卷末有元人書宋人跋，又元人跋，各一通。書摹松雪，的係元人手蹟。北平、儀真在百餘年前已嘖嘖稱道不置，況留貽以至今日耶！

宋曾機跋　武王戒、書、鑑、矛等銘凡十有四，規警備至，成書具在，乃知古人一械一物必有款識，非特文字刻畫之爲諒也。吕、劉相嬗，日趍便簡，器用淪圮，更千百載。如嶧山火泐、石鼓泥蟠，何可勝紀？先正歐陽文忠先生始集名碑遺篆而録之，葢精力斯盡，而所著無幾。元祐以後，地不愛寶，頹堤廢墓，堙鼎臧敦，所觸呈露，由是「考古」、「博古」之書生焉。蓋盈編鱗秩，而包羅莫究。王君子份《嘯堂集古》最爲後出，然而奇文名蹟，自商迄秦，纍纍凡數百章，尤爲精夥。初不曉其前晦而今見，意者天地之氣運必有與立於此，否則中原故物將有不得揖讓其間之歎者，此尤君子之所深感也。余因得其鋟版，試摘所藏邵康節《秦權篆銘》校之，豪髮不舛，益信子份裒類之不妄。敬書於後，且掇古人所爲觸物存戒之意以拜之，庶幾不徒字畫之泥而古意之未亡也。淳熙丙申六月既望，廬陵曾機伯虞謹跋。

右跋爲元人所書。

干文傳題　景春沈君居樂圃坊，與余同里閈，且嘗同游可村賀先生之門。一日過景春所居，出《嘯堂集古録》見示。嘗試觀之，由秦以前三代之器若敦、槃、尊、彝、鼎、鐘、甬、權之屬，無所不有。每列一器，必摹其款識，而以楷書辨之。刻畫甚精，殆不類刊本。讀之者文從字順，如游商周之庭而寓目焉，可謂奇矣。坐客皆啧啧稱歎。余謂景春平生寡嗜慾，唯酷好收書。有别業在閶門西，去城僅數里，景春昔嘗居之，人有挾書求售者至，必勞來之、飲食之，酬之善賈，於是奇書多歸沈氏，《集古録》其一也。昔人有以千金市馬者，得駿骨予五百金，逾年而千里馬至者三。今景春嗜書與昔之嗜馬者何以異哉？吴中多好古博雅君子，將見載酒殽、問奇字者踵門而來，景春不寂寞矣。客曰：「然，請書之。」元統改元十一月廿又六日，吴郡干文傳題。

翁覃谿題　嘉慶辛酉之春，得見王厚之《鐘鼎款識》，趙承旨題籤者。是冬，復得見此而題之，多幸多幸。

又題　猶記王厚之物，是其值百金。今又多元人一幅，何啻倍之。

又題　此淳熙曾伯虞序，亦元人所書，並後元統跋，皆古澤可愛，亦何減款識之珍耶！辛酉十二月，方綱識。

又題　王子弁《嘯堂集古録》，宋槧原本，後有元人手書，藝林至寶也。安邑宋芝山得之，寄求題識。辛酉冬十二月廿有四日，北平翁方綱。

又題　是日適檢篋中影宋寫本，以海寧陳仲魚手校諸條核對，信爲真宋槧無疑。又以兒子樹培手拓家藏鐘鼎文一册同展翫，正不謂今有愧於古也。今日適爲四兒樹崐娶婦，文字之祥照我几研，深幸深幸！方綱試寒碧研書。

阮元題　是册今亦歸余，且摹刻之。

右題寫於覃谿題詞「王厚之鐘鼎」云云之側。

又題　此二册乃宋刊本，二跋乃元人墨蹟，致可寶也。嘉慶八年，曲阜顔衡齋以此贈元，收入琅嬛仙館，與宋王復齋《鐘鼎款識》共藏之。阮元識。

版式　上列原器及本文，下爲釋文。左右雙闌，版心白口，單魚尾。書名僅題一「古」字，兩卷各五十葉，葉排長號，並不分卷。

宋諱　「桓」字闕筆，「玄」字釋作「元」。

藏印　謙牧堂藏書記　謙[一]牧堂書畫記　是本曾藏宋葆淳家　翁方綱　覃溪　覃谿審定　蘇齋　蘇齋墨緣　寶蘇室　阮元印　阮元私印　阮伯元藏鐘鼎文字　臣元奉敕審釋內府金石文字　揚州阮氏琅嬛僊館藏書印　琅嬛僊館　文選樓　積古齋印　東壁圖書　屏衛森畫戟燕寢凝清香　吳廷　吳廷之印　吳文桂私印　江邨　甘泉岑氏懼盈齋珍藏印　德翁　隴西癸巳人碩

〔一〕「謙」，原誤作「兼」，今據原印改。

054　百川學海四種　一册

《百川學海》輯刊者宋左圭。圭字禹錫，自稱古鄮山人。有刻書自序，題其歲紀爲昭陽作噩，昔人定爲南宋度宗九年。書凡十集，集七八種至十餘種不等。舊以爲叢書之祖，其實，前乎彼者尚有《儒學警悟》也。此爲宋刊殘本，存四種。

《國老談苑》二卷　陳氏《解題》及《宋史·藝文志》均題《國老閒談》，夷門君玉撰，不著姓。《四庫總目》亦云「王字爲後人所增」，仁和邵氏《簡明目録標注》亦云「明人妄改、妄增」。此爲宋刻，已著「王」字，其上兼有「隱叟」二字。

《王文正筆録》一卷　陳氏《解題》題「《王沂公筆録》，丞相沂公青社王曾孝先撰。記開國以來雜事，凡三十六條」。《宋志》「傳記類」則稱《王曾筆録》。

《丁晉公談苑》　晁氏《讀書志》「雜史」、「小説」二類均題「《晉公談録》，丁謂撰」，不知何人記其所談。此書「得之於洪州潘延之家。延之，晉公甥也，疑延之所爲」。《宋志》入「傳記類」，《四庫總目》入「小説家類」存目，均稱《談録》。

《欒城遺言》一卷　蘇轍之孫、蘇遲之子蘇籀撰。籀方年幼時，侍其祖於潁昌，録其所聞可追記者，以示子孫，故曰《遺言》。《説郛》所收僅節録若干，此爲完本。

版式　半葉十二行，行二十字。語涉帝室均空格。左右雙闌，版心細黑口，雙魚尾，上記字數。《丁晉公談苑》中，版心下有一「立」字者，疑是刻工之名。

宋諱　僅見一「敦」字闕筆。

藏印　古吳王氏　江左　季振宜印　御史振宜之印　滄葦　顧千里經眼記　鞠情松操

055 事類賦三十卷 十册

宋吴淑撰並注。卷首有淑《進注事類賦狀》，自稱「凡讖緯之書及謝承《後漢書》、張璠《漢記》、《續漢書》、《帝系譜》、徐整《長曆》、《玄中記》、《物理論》之類，皆今所遺逸，而著述之家相承爲用，不忍棄去，亦復存之。前所進二十卷，加以注解，卷秩差大，今廣爲三十卷」云云。卷十九、卷三十後各有「右迪功郎特差監潭州南嶽廟邊惇德校勘」一行。卷末又有紹興丙寅邊氏刊書序與校勘銜名，相隔一行。序後又有「左儒林郎紹興府觀察推官□□□〔二〕主管文字陳綬校勘、左從政郎充浙東提舉茶鹽司幹辦公事沈山校勘、右從政郎充浙東提舉茶鹽司幹辦公事李端民校勘」三行。是書有元明刻本，行款不同，且邊序移置卷首，校勘銜名又佚去沈山一人，蓋已失邊本之舊。即《天禄琳琅續編》存一宋刻，雖未失沈山銜名，而後序移置卷端，疑亦非邊氏原刊矣。是本宋諱避至高宗嫌名，筆意鐫工猶存北宋遺意，的是紹興初年刊本。其中宋刻存者卷一至五、卷十一至十三、卷二十至末，凡十九卷，餘均補抄。其出自汲古閣毛氏者，卷六至十，卷十七至十九，凡八卷。出自士禮居黄氏者，卷十四至十六，凡三卷。蕘圃復據錢遵王藏傳録宋本，句梳字櫛，親加點勘。間有欠葉殘句，亦一一爲之補完，期於盡復宋本面目。蓋以是爲罕見之書，不肯苟焉從事也。先後爲常熟毛奏叔、泰興季滄葦所藏，繼歸士禮居，又入於藝芸精舍汪氏。卷第十一第一、二葉前後半葉誤爲黏合，卷二十九第六葉錯入卷二十六第七、八葉間，蕘圃均親筆記注。原未改裝，今尚如舊。歷百餘年，前賢手澤猶新。名家弆藏，堪稱珍祕。

黄蕘圃跋　余姻家袁氏五硯樓有舊鈔《事類賦》，爲錢遵王藏本，已詫爲祕本。去年有書友攜郡中故家書來，内有宋刻補鈔，仍有缺卷之《事類賦》。取對錢本，方知錢本實照宋本也。擬收之，惜索直昂，還之。今春偶一憶及，竊謂古書難得，且兩本相得益彰，非錢本無以補宋刻之闕，亦非宋本無以正錢本之誤，今幸而遇之，倘不幸而失之，非余之咎而誰咎耶？因復購之，喜而書此，並以告世之藏書者當爲古書作合計也。嘉慶癸酉花朝，復翁識。

右見卷末。

又跋　癸酉春三月初七日，校錢遵王舊藏鈔本。時冒雨泛舟，挈次孫美銘往亡兒墓，俾修祭掃，兼欲葺治頹垣，故冒雨行也。舟中無事，從葑溪至横塘適畢此卷。春帆細雨，新燕掠波，頗饒野趣。

右見卷第七末。

又跋　校未終卷，已抵西跨塘。乘雨豁登岸，使美銘祭墓畢，歸舟午飯，又畢此卷。

時遠山糢糊，微雨蒙蘢，蓬窗筆硯都潤。

右見卷第八末。

又跋　薄暮抵家，晚飯後燒燭校畢此卷。是書七、八、九卷三卷已前尚有鈔補者，尚未先校也。復翁。

右見卷第九末。

又跋　補葉從錢遵王藏鈔本校。

右見卷第五末。

又跋　三月初八日，補校卷五末葉並此卷。此《江賦》中「温嶠燃犀」句，注中仍引《晉書》作「燬犀」，是也。近因校刊宋本《輿地廣記》引用「燬犀」，覆檢《晉書》，並旁考他書舊本，無作「燃犀」者。附記。

右見卷第六末。

又跋　三月初八晚校畢。時簷溜涔涔，淫雨爲患，春花可危矣。

右見卷第十末。

又跋　此卷昨晚校起，神倦輟筆。今晨又以酬應出門，午後歸始校畢。三月九日，雨窗。

右見卷第十七末。

又跋　燒燭至定更，始畢此卷。

右見卷第十八末。

又跋　三月初十日，雨歇，天稍放晴。晨，有客來，清談片刻，客去，手校此卷，時纔日中也。

毛氏鈔補缺卷，未必全據宋刻。若錢藏鈔本，審其筆意，似爲有明嘉靖時抄，則較舊矣。且以宋刻存卷證諸錢藏鈔本，雖行款未必全合，而大段相同，可見其鈔之照宋傳録，特非影宋耳。兹鈔業有毛氏圖記，可見其鈔補之出于毛氏，未便竟輟而去之。且錢藏鈔本究降于宋刻一等，傳録不無脱誤，故但以錢本手校其異於毛鈔上，遇錢本之灼見其誤者不復録出。惟原闕十四、十五、十六，當據錢本足之，願俟異日。其餘散缺零葉，錢本有者亦當補入。三月初十日，校毛鈔補卷訖，因記。

右均見卷第十九末。

又跋　癸酉冬，從錢遵王藏鈔本手補破損處，文義易明者置之。

右見卷第五末。

又跋　是書所以必收之故，具詳得時跋語中。兹屆歲闌，適鈔補十四、五、六卷成，因復繙閱一過，遇紙損字壞處，悉手爲填補。竊歎購書之難，難乎其好，尤難乎其力也。所缺三卷，恐俗手鈔補反損是書古色古香，故倩名手寫之。文則從錢本，行款、體則摹宋刻形像，可謂精緻矣。然書止四十葉，字二萬四千五百十六，價五千三百九十四，紙直、裝工不在其數，旁人視之，不且驚駭乎！余之敢爲此者，非有力也，好也。歲事日逼，而余猶勤勤於手爲填補者，恐倩工又費多錢耳。今而後讀此書者，苟非遇全宋刻，可云無遺憾矣。宋廛一翁。

右見卷首。

又跋　錢遵王藏舊鈔本，既不無訛謬，鈔胥又多筆誤，因用朱筆抹出，仍令墨筆補正之。復翁校訖記。

余家古書裝潢，皆出工人錢瑞正手，性甚迂緩，如取歸裝成，動輒半年，故戲以「錢半岩」呼之。余延至家裝書，由老屋以至遷居再遷居，幾二十餘年矣。近日聲價甚高，余亦力絀，未能如向日邀之之勤。且有子可繼其業，故鮮動手焉。因此浸淫摴蒱，夜以繼日，得疾臥床，來令其子索未了之工值。此書胚胎，一江工人爲之，而舊時墨幾，非老於裝古書者無有也，遂令錢工子足之。嘉慶甲戌二月花朝前三日，復翁裝成記。時去得此書時卻一年矣。

錢遵王藏舊鈔本，力不能兼蓄，物主又急需變賣，因慫恿一友人嗜古者得之，且可據宋刻以正鈔本之誤，則錢本不又成一宋本乎？又記。

友人者，張君訒庵也。不事舉業，專心購書。近與余熟，亦喜購古籍矣。得錢鈔本後，果借余宋刻校錢鈔本一過，是世間又多一宋本矣。復翁。

右均見卷第十六末。

又跋　錢遵王藏鈔本，後歸張訒庵。訒菴復借余宋刻校鈔本，因再核余所校錢鈔者，尚有脱校幾條，手爲籤出，謹粘于上方，以誌余過，以紀友善。四月十九，復翁。

右見卷第五末。

版式　每卷首行題「事類賦卷第幾」，次行「勃海吴淑撰奉勅注」，次本卷部目及子目。半葉八行，行大字十六至十八。小字雙行，行二十五至二十七不等。左右雙闌，版心白口，單魚尾。書名題「事幾」，下記刻工姓名。

刻工姓名　存卷中可辨者有梁濟、雇忠、洪茂、徐杲、包正、王珍、丁珪、毛諒、許明、陳錫、施藴、徐政、余竑、徐高、徐昇、明仲、朱琰、孫免、孫勉、阮于、婁僅諸人。

宋諱　玄、絃、弦、泫、衒、旅、蚿、鉉、縣、懸、朗、朓、眺、敬、警、驚、竟、境、鏡、弘、泓、殷、慇、匡、筐、胤、恒、禎、貞、楨、徵、懲、讓、曙、署、樹、澍、竪、桓、頊、旭、勗、煦、桓、丸、紈、完、筦、構、搆、遘、觳、雊、姤等字闕筆，又「軒」、「轅」二字連用者亦避。

藏印　毛表之印　東吳毛表　毛表　臣表　毛奏叔氏　毛奏叔　奏叔氏　奏叔　海虞毛表奏叔圖書記　虞山毛表奏叔家圖書　古虞毛氏奏叔圖書記　中吳毛奏叔收藏書畫印　季振宜印　滄葦　御史之章　蕘圃手校　求古居　汪士鐘藏　崔氏永春堂記　叔鄭後裔　蔣印元堉　萬欽

〔一〕□□□，按《藏園群書經眼録》著録天禄琳琅舊藏宋刻本作「兼本司」三字。

056　册府元龜殘本　二册

此爲蜀中刊本。存卷二百八十六至二百九十五，凡十卷，均宗室部。其子目十有二，曰品第、曰忠諫、曰圖興復、曰立功、曰禮士、曰薦賢、曰儉約、曰抑損、曰好尚、曰退讓、曰專政、曰復爵。所見宋諱避至神宗嫌名，當爲北宋刊本。鐵琴銅劍樓瞿氏有殘本五卷，其《藏書志》定爲祥符書成最初刊本，却似未確。皕宋樓陸氏收藏宋刻四百七十一卷，今俱流出海外。國内存者才百餘卷，此十卷爲諸家所無，亦足珍已。

版式　首行題「册府元龜卷第幾」，次行低二格「宗室部第幾」，三行低四格子目第幾。半葉十四行，行二十四字。左右雙闌，版心白口，單魚尾。書名題「册府幾」、「册幾」、

「府幾」。

宋諱　玄、炫、詃、弦、衒、朗、朓、敬、警、驚、儆、竟、弘、殷、恇、貞、楨、戌等字闕筆。

藏印　國子監崇文閣官書〔一〕　借讀者必須愛護損壞闕失典掌者不得收受〔二〕　晉府書畫之印　敬悳堂圖書印　晉府圖書　子子孫孫永寶用

〔一〕、〔二〕　按，此二印實爲同一印，當録作：國子監崇文閣官書　借讀書必須愛護損壞闕失典掌者不得收受。

057　太學分門增廣聖賢事實、漢唐事實殘本　三册

無撰人名氏。《宋史·藝文志》「類事類」有《帝王事實》十卷、《聖賢事實》十卷、《漢唐事實》十五卷，注云「並不知作者」，疑即此書。惟此首冠「太學分門增廣」數字，未知原作如此，抑後人有所增益？是本前一種存二卷，卷一爲力牧、羲和、四岳、后稷、契、皋陶、垂、伯益、后夔、龍、元凱，卷二爲傳法、仲虺、微子、箕子、伯夷、伊尹、周公。後一種亦存二卷，但均不全。卷五僅宣帝一人，卷七有明帝、章帝、和帝、元帝四人。人各一篇，采其生平行事及後人評隲見於經史諸子者，分類臚列，各以二字標題於上，其下並注所從出之書。有互見者，則云見某某。俗體簡書，觸目皆是，蓋坊賈射利之作，專以備場屋懷挾用者。巾

箱小本，字細如髮，確存宋槧風致。書雖無用，亦可翫也。

版式　半葉十行，行十六、七字。四周雙闌，版心細黑口，雙魚尾，上間記字數。書名題「聖賢幾」、「漢唐幾」。左闌外有耳，記篇名。

宋諱　「胤征」作「嗣征」，「庶徵」作「庶證」，「不以伊周之道匡其國」作「康其國」，「克慎厥始」作「克謹厥始」，「讓于殳斯」作「遜于殳斯」，餘均不避。

藏印　王鴻緒印　儼齋　平陽汪氏藏書印

058 重雕改正湘山野録三卷續録一卷　四册

晁《志》：「皇朝熙寧中僧文瑩撰，記國朝故事。」《四庫》著録，謂其「作於荆州之金鑾寺，故以湘山爲名」。正録分上、中、下三卷，《續録》一卷。宋刊僅存前二卷，餘皆抄配，黄蕘圃定爲元人手筆，卷中末有「至正十九年六月十九日覽記」墨書一行可證也。書名冠以「重雕改正」四字，是以前必有刊本，惜今不傳。是本書法雕工猶存北宋風格，蓋必刊於紹興以前。舊爲士禮居黄氏所藏，《百宋一廛賦》中「文瑩《湘山》，元鈔未并」云云，即指是書。黄氏注云：「毛氏刊入《津逮》中。然《湘山野録》斧季重用前本手勘者，今亦在予家，錯誤無慮數十百處也。」喬鶴儕跋亦甚不滿於《津逮》刊本。今斧季所勘不可復見，余既幸獲是書，因取毛刊對校，乃知黄氏之言實信。宋刻亦有訛字，然總勝於後出之本。後二册補抄，容有筆誤，凡確知其爲譌奪者，即不過入。其異同處如左表：

卷	葉	行	宋本	津逮秘書本
上	一	後三	止以奇牋妙墨	「牋」誤「牒」
	二	前一	「聞前代興亡」至「不十年入西」凡十四行，計大字二百七十四，小字七，空格一。按「聞前代」云云，上亦有闕文。	均闕
	三	後一	公正色答曰	脱「答」字
		後九	漢江西畔史君家	「史」作「使」
	四	前三	知南京	「南京」作「杭州」
		前六	公後鎮西京	「西」作「南」
		前七	孤飛殊不礙鴛鸞	「礙」誤「擬」
	五	後八	希夷以詩遣之	「遣」作「遺」
	六	前一	後梁兩入蜀	「梁」作「果」

七 後三 公以劍外鐵縎輜重 「輜」誤「緇」
前三 此其不便一也 脱「也」字
前四 此不便二也 脱「也」字
八 前五 獨淨梵天香 「梵」作「焚」
前六 諸大師且領聖意 「諸」誤「請」
後八 醉飲於礬樓 「礬」作「樊」
九 前五 諫真皇長安之幸 「皇」作「宗」
後二 詔下果不至 脱「下」字
後五 具官种某 「官」誤「言」
後六 彼視山林若桎梏 「彼視」作「視彼」
後七 蓋强持隱節以沽譽 脱「持」字
十 前四 牢落汀祠晚聚鵶 「晚聚」作「聚晚」
前七 一客膳於廊 「膳」誤「瞻」
十二 前九 余嘗竊謂深於詩者 脱「竊」字
後五 已兆於先矣 「先」誤「此」

十三	前一	浙憲馬卿等欲按之	無「等欲」二字，空二格
	前二	憲曰	「憲」下衍「目」字
	前八	乃傳法之沙門乎	「傳」誤「傳」
	前九	陳尤功藥名詩	「功」作「工」
	後八	且詠蒼苔	「且」作「惟」
十四	前九	乃寶瓶艮帶也	「艮」作「銀」
十六	前八	翦擢以至於華顯者	脱「以」字
		獨某不幸	「獨」下衍「以」字
	後四	既而非久移鎮青社	脱「非久」二字
十七	前三	知州仲士衡緣輙迹	「輙」字作墨丁
	後二	攜樽餚	「樽」作「酒」
十八	後九	公自壞屋	「屋」作「壁」
十九	前六	留詩於寺曰	「曰」字作墨丁
	前七	煙嵐翠瑣門前路	「瑣」作「鎖」
	後二	許立是也	「立」作「玄」

二十	前四	里閈交素建乞骸	「建」作「逮」
廿一	前四	乃知李白所撰	「撰」作「作」
	前八	聞説閬山通閬苑	「山」誤「州」
	前九	皆白之品流也	脱「流」字
廿三	前三	神御既往	「御」作「馭」
	後二	交涉往還	「涉」作「結」
廿四	前一	國家均敷職土	「土」作「田」
廿五	前一	與西京武覃偕行	「京」誤「州」
	後二	仍懷中出書一卷示公以富貴爵位默定之事	「仍」作「乃」、「位」誤「命」
	後四	石延年字曼卿	脱「字」字
廿六	前三	猶有存者	「存」誤「在」
	前六	過盧都失眼前人	「眼」字作墨丁
中 一	前二	升諸宮	「諸」作「儲」
	前六	未及繫辭	「繫」誤「係」

		以元使虜遂止	「止」作「罷」
		清躬漸不豫	「躬」作「軀」
	前八	手澤疑籤	「疑」作「凝」
二	前九	忽一狂醉道士叱之	「醉」字誤列「士」字下
	後一	我戒汝只在金魚廟	「我」作「吾」
三	前二	集諸生誚之	「誚」作「謂」
	前三	稍或黜落	「黜」誤「出」
	後九	管須見淚	「管」誤「定」
五	前四	惟大周廣順二年	「順」誤「運」
六	前六	於議不便	「議」作「義」、「不」作「非」
	前九	則驗天儀	「則」作「測」、「天」作「渾」
	後二	又變戴氣	「戴」作「紫」
	後六	悰況牢落	「況」作「悅」
七	前九	汝海之東	「海」作「頴」
	後二	因游仙皀觀	「皀」誤「島」

後六　墓誌銘爾　「誌」作「志」、脱「銘」字
後七　遂惑焉　「惑」上有「解」字
後八　仁宗倚眷之　「倚眷」作「眷倚」
八　前一　中國曰　「國」作「公」
前五　無以形其意　「意」誤「德」
九　前二　「止」字側注　誤作正文
十　前五　讁向人間卅六　「卅」作「三十」
十一　前三　持古風以飾外　脱「以」字，「飾外」誤「外飾」
前九　館閣遂爲雅戲　「遂」作「以」
凡或談話清淡　誤作「淡話清談」
十二　後二　河北地振振未已　「振」作「震」，不疊「震」字
十三　前一　吴公中復　「吴」作「胡」
前三　不知其幾十百年　「十」誤「千」
後九　胡大監　「大」誤「文」
十四　前二　必妄訐時政　「訐」誤「計」

前五　胡必知廟術也甚憾之　「必知」作「知必」，「廟」下有「堂」字，脱「甚憾之」三字

前七　沂公問丈丈日近目疾增損若何　「丈丈日」誤「丈曰」，「若何」作「如何」

前九　但言襄陽無書　「無」誤「元」

後一　乞賜一監　「監」誤「見」

此必可得　「必」下衍「不」字

後三　尹師魯爲渭帥　脱「渭」字

後五　置一甌於尹　「於」誤「投」

後七　磨去磨平　按，去、平二字係指讀音。　誤作「磨去磨來」

十六　後六　劉孝叔吏部公　脱「劉」字

後九　水精宫裏家山好　「精」作「晶」

十七　後三　今方得之　「今方」誤作「方今」

十八　前四　世祖功臣卅六　「卅」作「三十」

	後八	旌鉞鼙吹	「鼙」作「鼓」	
二十	後二	吾道不可行	「吾」誤「君」	
廿一	後二	怨責頗深	脫「責」字	
	後七	榛棘封蔀	「棘」誤「荆」	
		妻妾亡已數月	「妾」作「亦」	
廿二	前一	方葉萼凋謝	「萼」「凋」二字誤倒	
	前六	榜曰臨轘	「轘」誤「轅」	
	前九	文就出之相較	「文」誤「夕」	
	後七	格弱冗字爾	「冗字」作「字冗」	
廿三	後四	大帥王資政	「大」誤「太」	
下 一	後二	乃問甲第何許	「問」誤「周」	
	後四	容具家蔬	「蔬」作「蔌」	
二	前三	「牛也」二字側注	誤作正文	
	後一	無宅起樓臺	「宅」作「地」	
	後二	莫是無宅起樓臺相公否	「宅」作「地」	

三　前三　已四鼓　「鼓」作「更」
後六　頗無記論　無「論」字，空一格
俾滿引　「引」誤「飲」
四　前二　臣惟忠孝一生心也　「惟」下有「有」字，脱「也」字
前九　赤洪崖打赤洪崖　上「赤」字作「白」
後四　李承旨維　「維」作「淮」
後九　而事頗妥貼　「頗」誤「更」
五　前四　且襴鞹牘文候之　「且」作「具」、「牘」誤「與」
後九　王處訥　「訥」作「納」
六　前五　殆浣浴襁藉畢　「藉」誤「籍」
後九　秦邸舊有賽神之會　「秦」誤「奏」
七　前二　獄就盡黜　誤作「獄既就黜」
前七　竟不雪遂死　誤作「竟不遂而死」
前八　嗟哉　「嗟」作「哀」
後七　不決奉許　「決」作「敢」

八　後九　攜文訪之　「訪」誤「迓」

後一　錢子高明遠始中大科　「遠」作「逸」、「中」作「由」

後六　素捭闔於都下　「捭」誤「押」

九　前七　遂贈佳釀一擔　「釀」作「醞」

至末陽　「末」誤「來」

後七　聞鎖院臨出京　「鎖」誤「鎮」

十　前四　尚天姻　「尚」誤「向」

前七　鳴法鼙於宅之法堂　「鼙」作「鼓」

後一　敲擊牀机　「机」誤「機」

後七　問取布袋　「布」誤「皮」

就机問曰　「机」誤「機」

十一　前二　火葬訖不壞者五物　「火」誤「人」

十二　前一　一日選景於華林廣園以明粧

列侍召齊丘共宴試小妓羯　鼓齊丘即席獻羯鼓詩　脱「園以明粧」至「齊丘即」十九字

後六　凡三日復甦　「復」字作墨丁
十三　後六　景亦連綎　「綎」誤「繼」
後七　「木子也」三字側注　誤作正文
後八　「田也」二字側注　誤作正文
十四　前八　爲葬於龍山落帽臺碑以表其墓焉　脱「帽臺」至「墓焉」八字
後一　盡爲漁樵傭估陸魯望　「估」字下有「嗟哉」二字
後四　忽一山僕至寺　「僕」作「童」
十五　前二　不及攀送　脱「送」字
前七　長游郡市　「郡」作「都」
後七　專遣人馳歸　「遣」誤「謹」
十六　前四　顧持刃者　「刃」誤「刀」
十七　前一　投故人阮思道　無「思」字，空一格
後三　白鳥成行忽驚起　誤作「白鳥幾行驚起」
後五　自寫於玉堂畫壁　「畫」作「後」
後七　尤惡盜賊　「尤」誤「猶」

十八　後八　有三盜庚者　「庚」誤「糠」
　　　前六　唐主欲相之　「主」作「室」
十九　前七　續慊之　「慊」作「嫌」
　　　前八　及歌姝　「姝」作「姬」
二十　後四　因詰其形貌　「詰」誤「請」
廿一　前六　時或風燒飄擊　「燒」誤「撓」
　　　後六　盡帶將仕郎　「仕」誤「伏」
　　　後八　今則不聞　「聞」誤「問」
廿二　後一　結淨社之十僧　「社」作「土」
　　　後二　廣傳道以興利　「以」作「而」
廿三　前二　並化本國　「並」作「兼」
　　　後一　錢希白碑其異於塔　「錢」作「楊」、「異」誤「賢」
　　　後七　又得天貺殿道士　「殿」作「觀」
廿四　前一　演以庚二兩置石於相藍南食　無「庚」字，空一格。「石」
　　　　　　殿礲訖　誤「食」，「礲」誤「蘢」

前二 寫石之日 「石」誤「名」

後三 又非利乎 「又」作「豈」

續

二 前五 爲治世之大公也 「爲」下衍「今」字

四 後八 日召僧誦百部 「日」誤「自」

五 前八 今尠其比 「尠」誤「斟」

後四 朝士皆歎其博識 「識」下衍「也」字

後六 爲澶駐泊 「泊」誤「州」

六 後五 今果許仁寶 「果」誤「累」

七 前二 而協之子易簡生 「協」作「蘇」

前五 累上不捷 「上」誤「亦」

前八 「語斷」二字側注 誤作正文

後四 復面責同列 「面」誤「回」

八 前一 今暫屈周公 「屈」誤「出」

前二 鄭工部文實 「實」作「寶」

前八 及建營田 「建」誤「違」

九　前二　吾篋中蓄雷朴一琴　「雷」誤「琴」

十　前八　雍熙丙戌命曹武思彬伐燕不利　「戌」下有「歲」字，「命」誤「會」，「思」作「惠」

後九　作清徵之聲　「徵」誤「微」

十一　前五　生醉坐於岸木陰下　「木」誤「太」

後二　上御太清閣以望氣　「以」誤「四」

十二之　前四　潘先卜居於彼　「先」下衍「世」字

十三　前九　請公獨宿　「請」誤「諸」

後三　正據廳脊　脱「正」字

月色晴霽　「晴」誤「倍」

十四　前九　明肅太后欲謁太室　「室」作「廟」

十五　前三　尚皆有誅　「誅」誤「諫」

後四　黥流海島　「黥」誤「黜」

後七　嗣宗止因寫二詩於驛壁　「止」誤「也」

十六	前七	不可剃也	「剃」誤「替」
	後二	主上尊賢下士	「尊」誤「賢」
	後八	自謂天下幸民	「天下」作「太平」
十八	後三	閒者惑邊州郡	「閒」誤「聞」
	後四	陳五事與軍帥	「帥」誤「師」
	後五	後果不動	「不」作「無」
	後七	願往親之	「往」誤「欲」
十九	前一	不過此爾	無「爾」字，空一格
	後一	中夕是悼	「中夕」誤「申文」
二十	前八	貴逼身來	「逼」誤「極」
	前九	一劍霜寒十四州	「霜」作「光」
廿二	後四	閑暇若將紅袖拂	「若」誤「苦」
	後八	苟必徇所陳	「必」誤「或」
	後九	庸人撓之	「之」誤「正」
廿三	前三	而得一弊紙	「得一」誤「二詩」

前八　甚爲可惜　「惜」下衍「也」字

後七　畫船來去碧波中　「去」作「往」

後八　曉聲未斷嚴粧罷　「聲未」作「鍾聲」

廿四

前一　安排諸院按行廊　「按」誤「接」

前二　紅線毯　「線」誤「繡」

前九　每夜月明花榭底　「每夜」作「夜夜」，「榭」作「樹」

傍池長有踏歌聲　「踏」誤「按」

廿五

前二　小樂攜來候宴遊　「候」誤「俟」

前九　幾回拋鞚把鞍橋　「橋」誤「轎」

後二　樹影花光遠接連　「光遠」作「香杳」

後三　蘭棹把來高拍水　「棹把」作「槳棹」，「高」作「齊」

後五　罨畫船飛別浦中　「別」誤「到」

後七　每到岸頭長拍水　「長」作「齊」

廿六

前二　竟擡纖手出船來　「擡」誤「提」

前三　含羞急過御床前　「急」誤「走」

前八　綵樓雙夾鬬雞場　「場」作「坊」

久竊鄉人之薦　脱「久」字

黄蕘圃跋　《湘山野録》曾刻入毛氏《津逮祕書》中，外此未見有善本也。近從華陽橋顧聽玉家得此宋刻元人補抄本，藏經紙面，裝潢古雅，洵爲未見之書。略取《津逮》本相校，知毛刻尚多訛脱，想當日付梓，未及見此耳。繼于混堂巷顧五癡家見有毛斧季手校本，即在《津逮》本上，實見過此本。取對至卷中「時晏元獻爲翰林學士」一行，前竟脱落「備者惟陳康肅公堯咨可焉陳方以詞職進用」十八字，初亦不解其故，反覆展玩，乃知此十八字抄時脱落，後復添寫于旁。斧季校時猶及見此，而後來裝潢穿綫過進，遂滅此一行。向非别見校本，何從指其脱落耶？爰重裝之，使倒折向内，覽之益爲醒目云。嘉慶丁巳冬十月初五，書于士禮居，蕘圃黄丕烈。

又跋　戊午年，五癡子南雅復以斧季校本歸余，今後可稱雙璧之合矣。蕘圃又記。

又跋　癸亥春，輯《百宋一廛書目》，重閲此，其去裝潢時已越六年矣。流光荏苒，著述粗疏，即一目録之學，涉手愈知其難，遑論其他哉！二月十日雨牕書于縣橋之新居，蕘翁記。

喬鶴儕跋　持此以校《津逮》刻本，是正極多。「胡旦欲詣闕」一段內，「沂公問丈丈曰近目疾按，原文「日近目疾」云云，不作「曰近目疾」。「丈丈」爲稱謂之詞，稱謂之後不應再用「曰」字，竊疑此字亦爲毛氏誤改。增損如何」。又「但言襄陽無書，乞賜一監。諸相曰：『此必可得。』」此兩語爲《津逮》妄改，全失語氣，不見此本，不知所改之大謬。然字誤亦有數處，讀宋本書正如治漢學者，不可以微文害大義也。前人謂文瑩出入於鶴相之門，語多右之，細讀信然。文筆亦苦鈍滯，於彼法中未能得解脱自在三昧。塗水喬松年題記。

繆藝風跋　此北宋刊元人補抄本，蕘圃跋至爲推重。《百宋一廛賦》中物存於世間者亦少矣。首有黄子羽圖書，迺牧齋之老友，冠以「有明」二字，緣督稱其有故國之思者。閲之愴然。荃孫記。

版式　半葉九行，行二十字。左右雙闌，版心白口，單魚尾。書名題「山上」、「山中」、「山下」等字。

宋諱　僅「驚」、「貞」二字闕筆，其「完」、「丸」等字均不避。

藏印　有「黄子羽」、「明黄翼收藏」、「樊士寬印」、「古雎書生」、「三教外人」、「剡谿清興」、「雪舟」、「學稼軒」、「壺天小隱」、「虞山席鑑玉照氏收藏」、「席鑑之印」、「席氏玉照」、「書香千載」

席紹潤印　繩祖　弦里里民　黄印丕烈　復翁　蕘翁　蕘圃卅年精力所聚　士禮居　百宋一廛　汪印士鐘　閬源真賞　湘文過眼　澹軒清玩　趙宋本

059 揮麈録殘本　一册

王明清《揮麈録》分爲四部,《前録》四卷,《後録》十一卷,《第三録》三卷,《餘話》二卷。此爲宋刻,僅存《第三録》,猶是刊成初印之本。惜後半部多被損蝕,均寫補。毛氏《津逮秘書》刊有是録,取以對校,足以訂正毛刊訛脱者不少。顧毛本亦從宋本出,其間異同之字,未必盡由於舛誤,且所注宋本作某者與是本亦全不符。及取涵芬樓《四部叢刊》所印景鈔宋本互對,則無一不合,乃知毛氏所據爲宋時覆本,而此則爲其原版也。《百宋一廛賦注》:黄氏原有《後録》卷一、二及《三録》三卷,臨安府陳道人書籍鋪刊行。是本卷首有黄氏小像及藏印,惟並無「陳道人刊行」一行,殆已佚去。今以是録校正毛本,字句有由於誤刊者,亦有出於原誤者。列表於左,覽者或有取焉。

卷	葉	行	宋本	津逮祕書本
一	一	前四	秀州郡城外東塔寺	「東塔」作「真如」
		後四	范覺民爲參知政事	脱「范」字

後十一　訪一觀舊　「觀」作「親」

三　前九　或徑趨衢信　「徑」誤「從」

四　前一　亭議趨四明　無「亭」字

七　後二　乃知信州陳机探報也　「机」誤「杌」

八　前六　令還四明已無及矣　「令」誤「今」

前九　延世拒而不納　「拒」誤「拒」

前十一　率兵應援明州　「援」誤「授」

九　前六　輝與穎士者　「輝」誤「煇」

前八　字茂實　脱此三字

前九　字元實　脱此三字

十一　後八　雖曰多才　「曰」誤「日」

十二　後四　非敢求知也　「知」誤「之」

十四　後十　師正薦於王禹玉　「玉」誤「王」

十五　前六　澤干秦而騁辯　「干」誤「于」

十八　前五　授經就編　「經」作「歸」

前六　自爾識關鍵　「鍵」作「楗」

後九　羲仲道原子也　「也」字下有側註「先人手記」四字

二　一　前八　其後位俱不顯　「顯」字下有小註「『約』宋刻作『納』」五字

後六　遂逢故人　無「遂」字，作空匡

後八　其醉西園　「其」作「共」

二　前一　曰琢玉坊　「琢」誤「瑑」

後九　胡元功云　「云」字下有小註「『蔽』宋刻作『敝』」五字

四　前二　既至彼館問勞甚至　脱「問」字

五　前一　德澤在民　「民」誤「外」

七　後四　檜不顧斧鉞之誅　「鉞」字下有小註「宋刻作『越』」四字

後七　檜已具狀申大元帥府　「申」字下有小註「宋刻作『中』」四字

八　後六　晁四丈以道讀之　「丈」字下有小註「宋刻多一『以』字」六字

九　前五　宵憂兼夷夏之心　「宵」誤「霄」

十　前七　誓資衛社之同盟　「同」誤「何」

後十一　奮忠仗義　「仗」誤「城」

十一　前五　爲朝廷立功　「爲」誤「惟」

前七　爲朝廷禦敵　「爲」誤「惟」

十二　前八　及一城父老乎　「父」誤「阜」

十三　後九　錢愕妻德國夫人　「愕」作「義」

十四　前一　儕類六七輩　「七」誤「十」

十五　前一　與先人游　脱「人」字

十六　前八　陳確字叔能秀人也目覩□□□爲察官上疏論其事　脱此二十一字

三　一　後九　適虜集于郊外　「集」誤「寨」

七　前一　今皆正郎　「今」誤「令」

前二　滌洗寃誣　「滌」誤「滿」

八　前四　塗中居民　「塗」誤「虛」

後九　遂致王孝忠之變　脱「王」字

十　後六　即之天章　脱「之」字

十二　後八　王之鄰居　「之鄰」二字誤倒

翁覃谿題　乾隆丁未秋七月展讀一過，重裝。

版式　每卷首行題書名卷之幾，次行低二格題「朝請大夫主管台州崇道觀汝陰王明清」，卷二、三無結銜。半葉十一行，行二十字。左右雙闌，版心細黑口，雙魚尾。書名題「三録幾」，下記刻工姓名。卷中語涉宋帝均空格。

刻工姓名　僅有尤伯全、尤全，疑係一人。

宋諱　僅偵、戌、完、慎四字闕筆。

藏印　臣伊私印　酉君　翁印方綱　黄印丕烈　蕘圃　復翁　求古居[一]　士禮居　蓉鏡　蓉鏡　芙川　小琅嬛清閟張氏收藏

小琅嬛福地祕笈　小琅嬛福地　愛日精廬藏書　琴川張氏小琅嬛室主臧書　晚香堂　宋本奇書　赤粲黄石

〔一〕「居」，原誤作「屋」，據李紅英《寒雲藏書題跋輯釋》改。

060　妙法蓮華經七卷　七册

卷首《妙法蓮華經》弘傳序，次行題「終南山釋道宣述」。每卷首行題「妙法蓮華經卷第幾」，次行題「姚秦三藏法師鳩摩羅什奉詔譯」。凡二十八品，分爲七卷。密行細字，書法宗率更體，鐫印俱精。

版式　半葉十行，行二十一字。梵夾式本，上下單闌。

宋諱　僅卷首「弘」字闕筆。

061　北山録殘本　二册

題「梓州慧義寺沙門神清撰，西蜀草玄亭沙門慧寶注」。卷首錢唐沈遼序稱：「神清在元和時，其道甚顯，爲當世公卿所尊禮。性喜述作，其出入諸經者或删或益，凡百餘卷。

而斯録獨發其精藴，尤稱贍博。《唐書·藝文志》有《神清參元語録》十卷。按《宋高僧傳·唐梓州慧義寺神清傳》：「清平昔好爲著述，前後撰成《法華玄箋》十卷、《釋氏年誌》三十卷、《新律疏要訣》十卷、《二衆初學儀》一卷、《有宗七十五法疏》一卷、《識心論澄觀論俱舍義鈔》數卷、《北山參玄語録》十卷，都計百餘軸，並行於代。就中《語録》博該三教，最爲南北鴻儒名僧高士之所披翫。寺居郪城之北長平山陰，故云『北山』。統三教玄旨，實而爲録，故云『參玄』。」此僅稱「北山録」者，蓋省文也。全書凡十六篇，天地始第一，聖人生第二，法籍興第三，真俗符第四，合霸王第五，至化第六，宗師議第七，釋賓問第八，喪服問第九，譏異説第十，綜名理第十一，報應驗第十二，論業理第十三，住持行第十四，異學第十五，外信第十六。徵引繁富，屬辭雋雅，洵可謂辨才無礙。是本存一至三、七至十，凡七卷。卷末有致仕殿中丞丘濬後序，又稟學賜紫□□贊述後序一首，其文已蝕損不全。焦竑《國史經籍志》有「《北山語録》十卷」，《季滄葦藏書目》有「《宋遼北山録》四册，宋版」。是明季清初，其書尚存。而釋藏未收者，殆當時已極罕祕。卷末有「明萬曆丙子仲秋望日重裝，墨林項元汴持誦」墨書二行，蓋先爲檇李項氏所藏，而後入於泰興季氏者也。

版式　半葉十二行，行大字二十四，小字三十。左右雙闌，版心白口，單魚尾。書名題「北山録幾」。

刻工姓名　可辨者僅徐志一人及姜、趙、姚、葉、包數單字。

宋諱　玄、眩、朗、敬、竟、境、鏡、殷、弘、匡、胤、恒、禎、貞、徵、曙、署、樹、戍等字。沈遼謂據蜀本覆刻。其序作於熙寧元年，蓋同時所刊，故「頊」字猶未及避。

藏印　項元汴印　項墨林鑑賞章　墨林山人　項子京家珍藏　輝　了然　希聖

062　北山録殘本附注解　三册

是本存一至六，行款與前一部同，惟版式較短，當係重刊，並非翻刻。附《註解》二卷，首行題「北山録注解隨函卷上下」，次行題「儀封縣平城村浄住子比丘德珪撰」。上卷篇末書名並增「音釋」二字，下卷無之。成語單詞均注音義，有時兼引出典，注中時見諸本、絳本或絳京本如何云云，疑此書當時盛行，必不僅沈遼序所云一蜀本。前部所缺三卷，此俱完存，世間孤本，得爲豐城之合，至可幸也。舊爲華亭朱大韶藏書。

版式　半葉十二行，大字二十，小字三十六。左右雙闌，版心白口，單魚尾。書名上卷題「北山音」，下卷增一「下」字。

刻工姓名　僅見李、范二單字。

宋諱　玄、眩、弦、弘、匡、筐、恒、樹等字闕筆。

藏印　華亭朱氏　文石山房　藏〔一〕書印

〔一〕「藏」，原誤作「臧」，據李紅英《寒雲藏書題跋輯釋》改。

063 翻譯名義集七卷 十四册

卷一正文前有編者法雲紹興十三年自序，謂「思義思類，隨見隨録，前後添削，時將二紀。編成七卷六十四篇」。卷首荆谿周敦義序，謂「不惟有功於讀佛經者，亦可護謗法人意根」。每卷書名次行題「姑蘇景德寺普潤大師法雲編次」，接篇目，目連正文。宋諱避至高宗止，蓋刊於紹興之世，是書成後第一刊版也。元刊析爲十四卷，釋藏又改爲二十卷，均非原編次第。惟日本寬永覆本猶存七卷之舊，今極罕見。是爲天水原槧，更可寶矣。前三卷原佚，据宋刻景寫，極精。

版式　梵語大字，跨行釋義。半葉十行，行二十至二十三字。小註雙行，行二十三至二十七字。左右雙闌，間有四周均雙闌者，版心白口，單魚尾。無書名，但題「梵語第幾」、

「梵語幾」，間署捐貲開版人姓名。

宋諱玄、鉉、敬、警、驚、擎、竟、境、鏡、弘、殷、恒、懲、樹、戌、桓、洹、垣等字闕筆。

藏印 汪印士鐘 平陽汪氏 三十五峯園主人 宋本

集部

064 陸士龍文集十卷 五册

《隋志》：「晉清河太守《陸雲集》十二卷。」又注：「梁十卷，録一卷。」新舊《唐志》均十卷。《晉書》本傳稱「所著文章三百四十九篇」，不記其集之卷數。是爲宋刊本，凡十卷，卷一賦，卷二、三、四詩，卷五誄，卷六頌、讚、嘲，卷七騷，卷八書，卷九啓，卷十書集，綜計僅得二百六十四篇，其他蓋亡於隋唐之際。即見存卷數是否梁、唐舊第，亦不可考矣。是本前後雖無序跋，每卷先全目，次篇目，猶是宋本舊式。紙質薄細，墨光黝潤，鐫工亦極古茂，可爲宋刻上乘。余嘗見明正德陸元大覆宋慶元徐民瞻《二俊文集》，行款不同，而士龍集所有墨丁，則與是本彼此互異三字外，餘悉相合。且是本宋諱避至寧宗，疑即爲徐氏慶元刊本之一。猶有一證，則明覆本卷八錯簡三葉，其上下文不接之處即爲宋本前後分葉之處，是必宋本葉次偶有顛倒，刊者不察，誤相沿襲，致成此錯。然明覆本卷一末葉有慶元刊版年月及監刊校正人姓名五行，愛日精廬影抄宋本亦然，而是本無之，是又似同而實異也。卷四《答兄平原詩二首》，其第二首「别矣行路長」，馮惟訥《詩紀》乃以爲機贈雲之作，《四庫總目》許之，謂明本實誤。又「緑房含青質」四語、「逍遥近南畔」二語，標題曰「芙蓉」、曰「嘯斥」，爲明人不學者據《藝文類聚》所編，而不知宋本即已如是。館臣妄加指摘，枉矣。是書迭經名家弆藏，檢其印記，首爲蘇州玉蘭堂文氏，次嘉興天籟閣項氏，次泰興延令季氏，次崑山傳是樓徐氏，最後爲仁和結一廬朱氏。近始散出，歸余插架。卷中尚有趙子昂、唐伯虎二印，則僞造也。

項子京題記　宋版晉陸雲文集五册，墨林項元汴珍祕。明萬曆二年秋八月，重裝於天籟閣中。

版式　每卷首行題「陸士龍文集卷第幾」，次行題「晉清河内史陸雲士龍」。半葉十行，行二十字。左右雙闌，版心白口，單魚尾。書名題「士龍集」或「文集第幾」，上記字數，下記刻工姓名。

刻工姓名　有吕椿、高惠、高文、朱僖、高正、高聰諸人。

宋諱　玄、弦、朗、殷、匡、胤、恒、貞、徵、署、桓、構、搆、遘、慎、惇、敦、廓等字闕筆。

藏印　玉蘭堂　梅谿精舍　辛夷館印　翠竹齋　五峯樵客　項印元汴　項元汴印　項子京　子京父印　子京　子京所藏　子京珍祕　項子京家珍藏　墨林項季子章　墨林山人　項墨林鑑賞章　項墨林父祕笈之印　墨林懶叟　檇李項氏世家寶玩　退密　寄傲　天籟閣　平生真賞　會心處

净因菴　净因菴主　鴛鴦湖長　西疇耕耦　沮溺之儔　子孫永保　季振宜字詵兮號滄葦　振宜之印　滄葦　徐健菴　乾學　朱印學勤　修伯過讀　結一廬藏書印

065 黄氏補千家集註杜工部詩史三十六卷　十册

宋黄希、黄鶴撰。希嗜讀杜詩，以舊註舛疎，爲之補訂，未竟而殁。其子鶴繼成其志，積三十餘年之力，始克卒業。詩以年次，意隨篇釋，冠以譜辨，視舊加詳。其本末具見卷首吴文、董居誼二序。《郡齋讀書志》趙希弁《附志》是書凡三十六卷，尚有外集二卷，此已不存，《天禄琳琅》亦無之，則遺佚久矣。卷首序後爲傳序碑銘，次集註姓氏，次目録。按杜詩集注有《新刊校定集註》，郭知達編，三十六卷；有《門類增廣十註》撰人不詳，二十五卷；有《草堂詩箋》，蔡夢弼會箋，五十卷；有《集百家注杜陵詩史》，王十朋集註，三十二卷。皆宋時坊肆刊刻，惟郭本去取較嚴，所輯之註僅有九家，餘則不免貪多務博，假託名氏，以炫流俗。是本體例略同，所列姓氏多至一百五十有一人，其所徵引，《四庫總目》謂以王洙、趙次公、師尹、鮑彪、杜修可、魯訔諸家之説爲多，其他亦寥寥罕見。然如王彦輔、王深父、薛蒼舒、薛夢符、杜定功、張孝祥、李覯、鄭卬輩，亦時時及之。其上冠「補註」二字，別以「希曰」、「鶴曰」者，則黄氏父子之説也。卷首有鶴手訂《年譜辨疑》，此已佚去。

《四庫總目》謂其鈎稽辨證，頗具苦心，惟「題與詩皆無明文，不可考其年月者，亦牽合其一字一句，强爲編排，殊傷穿鑿」，洵爲持平之論。宋諱避至光宗嫌名。按卷首二序均刊於寶慶二年，而寧宗嫌名「廓」、「擴」等字均不避，豈援居喪不諱之例耶？全書紙墨精綻，的是初印。前人並加批點，中有數卷評論甚詳，具有見地，惜不署名，不知爲何人手筆。

版式　每卷書名題「黄氏補千家集註杜工部詩史」，或於「註」字下增「紀年」二字，或以「諸儒」代「千家」二字，或省去「集」字。半葉十一行，行十九字。小注雙行，行二十五字。四周雙闌，但以僅見左右者爲多，版心細黑口，雙魚尾。書名題「杜詩幾」、「杜寺幾」、「士言幾」、「士寺幾」、「杜幾」、「寺幾」。

宋諱　玄、朗、匡、筐、恒、禎、楨、貞、真、徵、讓、樹、戌、桓、完、構、慎、敦等字闕筆。

藏印　泉隱　虞山毛晉　東吴毛晉　字子晉　琴川毛氏珍藏　毛氏藏書子孫永寶　毛姓祕翫　　在在處處有神物護持　盱江曾氏珍藏　浦氏揚烈　浦祺之印　浦玉田藏書記　浦伯子　留與軒浦氏珍藏　袁氏又愷　廷檮之印　蘇州袁氏家藏　五硯樓袁氏收藏金石圖書印　五硯樓　任齋銘心之〔一〕品　吟芬館珍藏

〔一〕「之」，原誤作「絶」，據中華古籍資源庫原書圖像鈐印改。

066　分門集注杜工部詩二十五卷　二十八册

此與前書不同，前以作詩之時代次，此以詩題之門類分。凡七十二門，曰月，曰星河，曰雨雪，曰雲雷，曰四時，曰節序，曰千秋節，曰晝夜，曰夢，曰山岳，曰江河，曰陂池，曰溪潭，曰都邑，曰樓閣，曰登眺，曰亭榭，曰宫殿，曰宫祠，曰省宇，曰陵廟，曰居室，曰鄰里，曰寄題，曰田圃，曰仙道，曰隱逸，曰釋老，曰寺觀，曰皇族，曰世胄，曰宗族，曰外族，曰婚姻，曰園林，曰果實，曰池沼，曰舟楫，曰梁橋，曰燕飲，曰紀行，曰述懷，曰疾病，曰懷古，曰古迹，曰時事，曰邊塞，曰將帥，曰軍旅，曰文章，曰書畫，曰音樂，曰器用，曰食物，曰投贈，曰簡寄，曰懷舊，曰尋訪，曰酬答，曰惠貺，曰送别、曰慶賀、曰傷悼、曰鳥、曰獸、曰蟲、曰魚、曰花、曰草、曰竹、曰木、曰雜賦。詩人吟詠，本以抒寫懷抱，其命題與主意未必甚相聯合，而必摘一二字以别其門類，俾各有所隸屬，且有複沓及甚瑣細者，此真坊肆無聊之作，視前書之强定年月者更下矣。注詩姓氏總一百四十有九人，視前書減其二。所采之注，以王洙、趙次公、蘇軾、鄭卬、杜修可、薛夢符數人爲多。卷首列諸家序跋、題詞、墓誌、銘傳，次年譜，撰者吕大防、蔡興宗、魯訔三家。目録次行結銜與前書全同。版印絶精，亦南宋建陽佳刻也。

版式　半葉十一行，行二十字。小註雙行，行二十五、六、七字不等。左右雙闌，版心白口，雙魚尾。書名題「杜詩幾」、「杜寺幾」、「杜幾」、「寺幾」，上間記字數。

宋諱　玄、弦、眩、朗、殷、匡、筐、恒、貞、禎、楨、徵、懲、讓、桓、完、構、慎、敦、燉、廓等字闕筆。

藏印　謙牧堂藏書記　謙〔一〕牧堂書畫記　留侯開國　西谷

〔一〕「謙」，原誤作「兼」，今據原印改。

067　孟浩然詩集三卷　二册

卷首宜城王士源序，次韋滔序，次標目。王序謂「其詩二百一十八首，分爲士類，「士」疑「七」之訛。分上、中、下卷。詩或缺未成，而思清美及佗人訓贈，咸次而不棄」。是本並未分類，即首數亦微有不符，上卷八十五首，中、下卷各六十四首，總二百一十三首。又附張子容二首、王維一首，視王序所云尚缺其二。《四庫提要》謂所收「無不完之篇，亦無唱和之作」，指爲並非原本。此雖有張、王訓唱三首，而未成者却未見，且未分七類，故亦不能認爲原本。黄氏後跋謂「撥雲覩青」云云，似嫌過譽。陳氏《解題》亦有分爲七類之説。楊守敬《日本訪書志》有元禄庚午刻本，分游覽、贈答、旅行、送别、宴樂、懷思、田園七類。明刊本又有以五古、七古、排律、五言律、七言律、五絶、七絶分類者，其數亦七。然余皆以爲後人附會王序，勉强配合，而原本亦恐不爾也。是爲宋刻蜀本，鐫印甚佳，惜被書估剜割描畫，殊可惋惜。

黄蕘圃跋　余于五月杪自都門歸，聞桐鄉金氏書有散在坊間者，即訪之，得諸酉山堂。書凡五種，宋刻者爲《孟浩然詩集》、錢杲之《離騷集傳》、《雲莊四六餘話》，影宋鈔者爲岳版《孝經》、吕夏卿《唐書直筆新例》。索白鏹六十四金，急欲歸之，而議價再三，牢不可破。卒以京版《佩文韻府》相易，貼銀十四兩方得成此交易。此《孟浩然詩集》即五種中之最佳，而余亦斷不肯舍者也。先是，書友攜此書來，余取舊藏元刻劉須溪批點本手勘一過，知彼此善惡奚啻霄壤。非特强分門類，不復合三卷原次序，且脱所不當脱，如《歲晚歸南山作》，《新唐書》所云浩然自誦所爲詩也，元刻在所缺詩中。衍所不當衍，如《歲除夜有懷》，明知《衆妙集》爲崔塗詩也，元刻在所收詩中。去取果何據乎？今得宋刻正之，如撥雲覩青矣。至于此刻爲南宋初刻，類此版式唐人文集不下數十種，余所藏者有《劉隨州》、《劉賓客》，余所見者有《姚少監》、《韓昌黎》，皆有「翰林國史院官書」長方印，然皆殘闕過半，究不若此本之爲全璧也。得書之日，忻幸無似，爰書此以著緣起。近倩汪澣雲主政作《續得書圖》，題此曰「襄陽月夜」，蓋絶妙詩中畫景云。嘉慶辛酉冬孟九日，書于太白樓下。黄丕烈識。

版式　每卷先列分目，下連正文。半葉十二行，行二十一字。左右雙闌，版心白口，單魚尾。書名題「孟上」、「孟中」、「孟下」。

宋諱　僅「驚」、「恒」二字缺筆。

藏印　翰林國史院官書　文登于氏小謨觴館藏本　百宋一廛

黄印丕烈　復翁　士禮居

蕘圃　卅年精力所聚　汪印士鐘　閬源真賞　楊以增字益之又字至〔一〕堂晚號冬樵行一　以增私印　楊氏伯子　關西節度系關西　東郡楊紹和字彥合藏書之印　東郡楊紹和印　楊紹和審定　楊紹和讀過

紹和筑嵒〔二〕　紹和協卿　協卿真賞　協卿讀過　楊氏協卿平生真賞　彥合珍玩　東郡楊氏鑑藏金石書畫印　宋存書室　東郡楊氏宋存書室珍藏　東郡宋存書室珍藏

宋存書室　芩泉居士　世德雀環子孫潔白

〔一〕「至」，原誤作「玉」，據《中華再造善本》影印宋刻本《孟浩然詩集》鈐印改。

〔二〕「筑嵒」，原誤作「筠品」，據《中華再造善本》影印宋刻本《孟浩然詩集》鈐印改。

068　韋蘇州集十卷　三册

唐韋應物撰，書凡十卷。卷首太原王欽臣序，序後爲目録，卷末附拾遺，有目，記熙寧丙辰校本添四首，紹興壬子校本添二首，乾道辛卯校本添一首。全書鐫印俱精。卷六第一葉紙背有墨書「二十七日准升縣冀萬才所關爲前事」，硃書「當日行下象山縣並下台州寧海縣」各一行，蓋爲當時官紙，惜無年月可考。或定爲南宋書棚刊本，然棚本均有某地某鋪刊行一行，此却未見。按是書刊於寧宗時，距乾道辛卯不過二十餘年，則此或爲最後校添之第一刊本。卷九《石鼓歌》「喘逶迤相糺」，錯句。別本「喘」字下有墨丁。《白鸜鵒歌》「日夕夜仁全羽翼」句，別本「夜仁」作「依人」。疑有訛奪。其他亦尚有誤字。然後來刊刻均從此出，雖有小疵，固是珍本。

版式　每卷首行題書名，次行題「蘇州刺史韋應物」。半葉十行，行二十字。左右雙闌，版心白口，單魚尾。書名題「韋幾」，上記字數，但七卷以下不記。

刻工姓名　僅記「余同甫刁」及「同甫刁」等字，尚有余、何、應數單字。

宋諱　玄、絃、泫、朗、恨、殷、筐、恒、禎、貞、徵、樹、桓、完、構、搆、慎、敦、暾、廓等字闕筆。

藏印　嘉興雙湖戴氏家藏書畫印記　鄞人周琬　周氏子重　濂溪後裔　清白傳家　青瑣仙郎　光溪草堂　庭艸交翠　張印用禮　天禄琳琅　乾隆御覽之寶

069　唐陸宣公集二十二卷　十二册

《新唐書·藝文志》曰：「陸贄《議論表疏集》十二卷，又《翰苑集》十卷，韋處厚纂。」

《郡齋讀書志》曰：「《奏議》十二卷，《翰苑集》十卷。」又曰：「舊《翰苑集》外，有《牓子集》五卷、《議論集》三卷。元祐中，蘇子瞻乞校正進呈，改從今名。疑是時裒諸集所成云。」《附志》又曰：「希弁所藏《制誥集》十卷、《奏草》六卷、《奏議》六卷。」《直齋書録解題》曰：「權德輿爲序，稱《制誥集》十三卷、按，權序實云十卷。《奏草》七卷、《中書奏議》七卷，今所存者，《翰苑集》十卷、《牓子集》十二卷。」又有「《陸宣公奏議》二十卷，又名《牓子集》」。綜是觀之，《翰苑集》即《制誥集》，原爲十卷，可無疑義。其曰《議論表疏集》，曰《奏議》，曰《牓子集》，曰《議論集》者，即今之《奏草》六卷。《中書奏議》六卷，其有云三卷、或五卷、或七卷、或二十卷者，殆蘇子瞻輩未校正進呈前之本也。是本宋刻，卷首權序題「唐陸宣公翰苑集」，目録及正文則總題「唐陸宣公集」。卷耑某氏題詞，謂「『搆』字不缺，爲南渡以前刊本」，固屬妄言，即「慎」、「敦」二字不避，亦不能遽定爲光、寧二宗前之刊本也。竊有疑者，《唐書》本傳贊謂「觀贄論諫數十百篇，譏陳時事，皆本仁義」，今《奏草》存三十二篇，《奏議》存二十四篇，去百篇之數甚遠。是本元、明遞有覆刻，篇數均同，豈歐氏渾括言之歟？抑歐氏所指者爲未經蘇氏校正進呈之本歟？代遠文亡，莫可證已。卷第二十二鈔配，他卷補寫者亦間有數葉。舊爲福建梁章鉅藏書。

版式　半葉十行，行十七字。左右雙闌，版心白口，單魚尾。書名前十卷《制誥》題

「苑幾」，次《奏草》六卷、《中書奏議》六卷題「奏幾」，上間記字數，下記刻工姓名。

刻工姓名　有張中、徐成、張允宗、何津、何源、黄可、徐文、元仁、子明、遇春諸人，又有徐、何、張、黄、趙、曹、高、元、允、源、成、文、子、津、仁、拱、珍、諒、承各單字。

宋諱　僅匡、筐、恒、桓、構、遘等字闕筆。

藏印　蕉〔一〕林藏書

〔一〕「蕉」，原誤作「茞」，今據原印改。

070　增廣註釋音辯唐柳先生集四十三卷別集二卷外集二卷附録一卷　十二册

卷首陸之淵《柳文音義序》，次潘緯序，次註釋諸賢姓氏，次劉禹錫序，次柳先生年譜，次目録：曰雅詩歌曲、曰賦、曰論、曰議辯、曰碑銘、曰行狀、曰表銘碣誄、曰墓表墓誌、曰對、曰問答、曰説、曰傳、曰騷、曰弔贊箴戒、曰銘、曰序、曰記、曰書、曰啓、曰表、曰奏狀、曰祭文、曰古今詩，而殿以《非國語》。凡四十五卷，又《外集》二卷，《附録》一〔二〕卷。卷一首行題書名，以下三行題「南城先生童宗説註釋、新安先生張敦頤音辯、雲間先生潘緯音義」。《四庫總目》云：「之淵序但題《柳文音義》。序中所述，亦僅及仿祝充《韓文音義》撰《柳氏釋音》，不及宗説與敦頤。書中所註，各以『童云』、『張云』、『潘云』別之，亦不似緯自撰之體例。蓋宗説之《註釋》、敦頤之《音辯》本各自爲書，坊賈合緯之《音義》刊爲一編，故書首不以『柳文音義』標目，而別題『增廣註釋音辯唐柳先生集』」云云。是本正同。又附録胥山沈晦序云：「大字本四十五卷，所傳最遠。初出穆修家，云是劉夢得本」，又云「今以四十五卷本爲正，而以諸本所餘作外集」。《四庫》著録僅四十三卷，《非國語》、《外集》、《附録》均已佚去，故云「以宗元本集、外集合而爲一，分類排列，已非劉禹錫所編之舊第」。殊不知是本《外集》固在，並未與本集合併，館臣僅見殘本，乃有此致疑之語也。是本宋諱遇「廓」字皆不避，蓋刊於光宗之世。潘緯序作於乾道丁亥，書成僅二十餘年，坊賈即取而合刊之。余嘗見宋刊殘本《朱文公校昌黎先生集》，附考異、釋音，行款悉同，蓋二集同時合刻者，惜余僅得其一耳。元代覆刻是本，改爲半葉十三行，行二十三字。流傳頗多，世人多指爲宋刊，蓋緣未見是本，故致誤認。

陳振孫《書録解題》曰：「劉禹錫作序，稱編次其文爲三十二通，退之之誌若祭文附第一通之末。今世所行本皆四十五卷，又不附祭文，非當時本也。」《四庫總目》據此定四十五卷爲「非禹錫之舊第」，又疑「今本所載禹錫序，實作四十五通，不作三十二通，與振孫所説不符，爲後人追改，以合見行之卷數」云云。按沈晦序：「大字四十五卷，所傳甚遠。小字三十三卷，元符間京師開行。」振孫所見，殆即此小字本，其所云「三十二通」者，或即此「三十三」字之譌。當宋政和之世已有二本，禹錫序中卷數，殊難定其孰爲原文、孰爲後改。穆修後序嘗言：「夔州前序其首以卷别者，凡四十有五。書字甚樸，不類今跡。」蓋往昔之藏書，即振孫亦自言爲「沈元用所傳穆伯長本」。館臣遽指爲「非禹錫舊第」，似非確論。

版式　半葉十二行，行二十一字，小字同。左右雙闌，版心細黑口，雙魚尾，間記大小字數。書名題「柳文幾」、「卯文幾」、「木文幾」、「柳幾」、「文幾」、「卬文幾」、「夕幾」、「木幾」，《别集》加「另」字，《外集》加「外」字，《附録》稱「外附」或「外録」。

宋諱　玄、朗、弘、匡、筐、恇、眶、恒、貞、偵、楨、徵、讓、戌、朂、桓、完、構、搆、購、覯、遘、慎等字闕筆。

〔一〕「二」，原誤作「三」，今據《北京圖書館古籍善本書目》《中國古籍善本書目》改。

071　河東先生集四十五卷外集二卷　十六册

宋廖瑩中刻韓、柳二集，周公謹《志雅堂雜鈔》、《癸辛雜識》屢稱其精好。明徐時泰東雅堂、郭雲鵬濟美堂刊本相傳即覆廖刊，爲世推重。覆本且然，況其祖本。韓集舊藏豐順丁氏持静齋，知已散出，頻年蹤跡，迄無確耗。至柳集則從未之前聞，意謂久已湮没矣。忽傳山陰舊家某氏有之，急倩書估往求，至則真廖氏原本也。各卷末有篆隸「世綵廖氏刻梓家塾」八字木記，作長方、橢圓、亞字形不等。全書字均端楷，純摹率更體。紙瑩墨潤，神采奕奕。公謹謂「廖氏諸書用撫州萆鈔清江紙、造油煙墨印刷，故能如是」。愛不忍釋，遂斥鉅資留之。按卷首有劉禹錫序，次敘説，次凡例，次目録。編次與前本同。惟卷一，卷三十一，卷三十七、八，卷四十，卷四十一、二與前本編次稍異。凡四十五卷，又《外集》二卷。惜卷三、四、五、十諸卷用覆本補配，精采差遜。又卷三、四，卷六、七、八、九、十各有一葉亦屬補配，神氣索然，蓋覆刻又在後矣。濟美堂本版式相同，於廖氏注語大有增減，世傳覆廖本者，實爲贗言。陳景雲著《韓集點勘》，稱「東雅堂刊韓集用世綵堂本」，或因是而誤爲推測歟？韓集由丁氏持静齋歸於聊城楊氏海源閣，近遭兵燹，流入故都書肆，爲友人陳澄中所收。極欲得此，以爲兩美之合。世間瑰寶，余雅不願其離散，因舉以歸之。七百年僅存之祕籍分而復合，亦書林之佳話也。

版式　半葉九行，行十七字。四周雙闌，版心細黑口，雙魚尾。書名題「河東卷幾」，上間記字數。葉號下有「世綵堂」三字，下間記刻工姓名。

刻工姓名　有孫茂、李文、錢珙、蔡方、翁奕之、陳元清、同甫、從善諸人，又有何、孫、阮、方、馮、李、丁、范、陳、錢、元、介、文、才、奎、升、珙各單字。

宋諱　玄、朗、匡、筐、眶、胤、恒、貞、偵、楨、徵、讓、署、樹、豎、項、朂、戍、煦、桓、完、莞、構、轂、雊、慎、敦、廓等字闕筆，亦有僅闕半筆者。又「圜」、「旋」二字亦闕末筆，此却罕見。

藏印　項元汴印　項篤壽印　項子京家珍藏　墨林山人　項墨林鑑賞章　項墨林父祕笈之印　項氏萬卷堂圖籍印　天籟閣　退密　商丘宋犖收藏善本　牧翁鑑定　緯蕭艸堂藏書記　沈印錫祚　載猷　雲間　云間氏　紫玉玄居寶刻

072 皇甫持正文集六卷　一册

唐皇甫湜撰。湜嘗受學於韓愈，《四庫總目》謂其文得愈之奇崛。《唐書》本傳稱湜爲裴度撰《福先寺碑》，裴贈以車馬繒綵甚厚，湜以碑字三千，一字三縑，爲遇之過薄。亦可見其聲價之高矣。晁《志》湜文六卷，共雜文三十八篇，與是書合，而《福先寺碑》已不存。諸家著録卷數均同，則存於世者僅有此本。是爲蜀中所刻，先藏於元之翰林國史院，繼入於劉公甗家。相傳當時有唐人集三十種，今見於各家藏目者，尚有十餘種，而殘缺者多。

今此尚爲完帙。卷首有總目，每卷有篇目，目連正文。版印絶精，殊爲可寶。惟前後無序跋，又剜改多至數十字，不知何因，殊爲疵纇。

版式　半葉十二行，行二十一字。左右雙闌，版心白口，單魚尾。書名題「正幾」。

宋諱　玄、眩、弦、炫、朗、弘、貞、恒、慎、敦等字闕筆。

藏印　翰林國史院官書　劉印體仁　潁川鐂考功藏書印　公恿

073　唐女郎魚玄機詩不分卷　一册

按玄機字幼微，一字蕙蘭，長安人。喜讀書，有才思。咸通中爲補闕李億侍妾，大婦不能容，乃遣隸咸宜觀爲女道士，後以笞殺女婢抵死。遺詩一卷，見《直齋書録解題》。其爲人甚爲陳振孫所不喜。《全唐詩》録其全集，取以對勘，一無遺佚。此爲南宋書棚刊本，卷末有「臨安府棚北睦親坊南陳氏書籍鋪印行」一行。鐫印俱精。先後爲朱子儋、項墨林所藏。黄蕘圃得之，倍加珍重，繪圖題句，以識瓣香。同時名下〔一〕如陳文述、石韞玉、顧蒓、潘奕雋、徐渭仁、瞿中溶、袁廷檮，女士歸懋儀、曹貞秀等均有題詠。明嘉靖刻《唐百家詩》曾有覆本，今日已極罕見，況此爲南宋原槧耶？宜宋廛主人之珍如拱璧也。蕘圃原有長跋，記得書始末甚詳，今已佚去。

黄蕘圃跋　道光乙酉七月七日，再集同人于宋廛，分題魚集，一切情事並詳第二册中。予戲集集中句廿四首，皆七言集句，鳳兒補集二首，共得廿六首。持示同人，詫爲鈎心鬥角，無縫天衣。即予自詡，亦以爲巧奪天工也。詩具存第二册中。客有慫恿予者曰：「子心思萬竅玲瓏，能更集二首，以成二十八宿羅心胸，可謂元精耿耿貫當中矣！」予應之曰：「特患無題耳，不患無詩也。」展卷見秋室學士詩集寫照，妙墨猶存，仙蹤已杳。回憶吉祥弄中讀畫談詩，曾幾何時，不勝室邇人遠之感。因集賸句成詩，即録于秋室札子後空紙：「雪遠寒峰想玉姿，帶風楊柳認蛾眉。憶君心似西江水，鏡在鸞飛話向誰？」

近日吴中講究古籍，自香嚴、抱冲、壽階二十餘年來先後作古，藏書四友中唯予老蕘一人存矣。舊刻名鈔心乎愛之者絶無其人。予閉門養痾，時有遠近書友送古籍來破悶，亦遂不惜重價購之，以此爲良藥苦口利于病也。其書魔之故智復萌哉。近所得最得意者，元鈔陳基《夷白齋稿》、舊鈔舊刻王行《半軒集》諸種，一爲流寓吴中，一爲北郭十友又稱「十才子」。之一，皆眷眷予宋廛。而遠則揚州，近則吴郡，聚諸一時，豈不快哉！借集魚集賸句以紀其事，并遣興焉。「朱絃獨撫自清謌，空有青山號苧蘿。應爲價高人不問，道家書卷枕前多。」魚元機爲女道士，故借稱爲「道家書卷」。中元後二日午後，坐學耕堂，蕘翁續集。

版式　半葉十行，行十八字。左右雙闌，版心白口，單魚尾。書名題「魚玄機」三字。

宋諱　「玄」、「絃」二字闕筆。

藏印　子儋　項子京家珍藏　項墨林鑑賞章　項元汴印　子京之印　墨林祕玩　項墨林父祕笈之印　檇李項氏世家寶玩　項子[二]真賞章　周遇吉印　海野堂圖書記

茶儼　審定珍玩　沈窔之印　木公珍玩　沈木公圖書　沈木公氏圖書　休文後人　洪灣沈氏　麟湖沈氏世家　北山艸堂　黃印丕烈　蕘圃　平江黃氏圖書

百宋一廛　愓甫[三]經眼　檇李駱天游鑑賞章　勁寒松書畫記

〔一〕「下」，依上下文意，當爲「士」之誤。

〔二〕據《中華再造善本》影印宋刻本《唐女郎魚玄機詩》鈐印，「子」下當有「毗」字，該印當録作：項子毗真賞章。

〔三〕「甫」，原誤作「夫」。今據原印改。

074　鉅鹿東觀集十卷　三册

陳氏《解題》、《宋史・藝文志》：「魏野《草堂集》二卷，又《鉅鹿東觀集》十卷」。《宋史》本傳稱有《草堂集》十卷者，蓋舉其後出者言。《四庫總目》引薛田序「其子閑以新舊詩三百篇混而編之，彙爲七卷」，因疑十卷者爲野舊本，七卷者爲閑所編之本，且疑序文誤「十」爲「七」。今觀此刻田序，明云共存十卷，並無七卷之説，其言固中。然序文實云詩四百篇，則《總目》所云三百篇之説誤也。孫氏平津館有影宋鈔本七卷，其《鑒藏記》謂十卷爲後人重改。彭氏知聖道齋收得七卷本，其《讀書跋》亦謂卷數與序合，非不全，蓋皆從此宋本出。實未完全，影寫者未録版心卷數，又改田序四百篇爲三百，意圖滅迹，故多誤認爲完本。是爲宋刻，存七卷，其卷四、五、六均鈔補。杭州汪氏獲見此三卷出於七卷之外，遂定爲補遺，而不知適受其欺。《四庫總目》謂卷四至六載詩一百十九首，今檢此本，實有一百二十二首。餘七卷《總目》謂有二百四十首，而此實有二百五十九首。田序稱「舊有《草堂集》，行在人間，傳諸海外」，又曰「新舊詩四百篇」，自必包括原有之《草堂集》於內。序舉成數，故曰四百。《四庫總目》能斷其卷數，改「十」爲「七」，而不能證其改篇數「四百」爲「三百」，蓋緣未見此本而又未嘗實核其所存之篇數也。卷末有黄蕘圃題跋，記藏弆源流甚詳。

黄蕘圃跋　此宋刻《鉅鹿東觀集》，余友顧抱冲得諸郡城華陽橋顧聽玉家，真希世珍也。偶檢陸其清《佳趣堂書目》，知其清藏有元刻《玉山雅集》。檇李曹秋岳侍郎聞之，擬購去，而其清未之許。秋岳遂折節訂交，以宋梓魏仲先《鉅鹿東觀集》、孫奕《示兒編》相贈。古人惓惓愛書之意，迄今猶可想見。余始疑抱冲所藏或是其清故物，今從抱冲假歸，開卷有「曹溶私印」、「檇李曹氏收藏圖書記」，方信此書即曹所贈陸者也。且《玉山雅集》見藏聽玉處，則此書之同出於陸氏無疑，特未識《示兒編》又散落何處耳。抱冲愛素好古，所藏《示兒編》有吴方山舊藏抄本，其去宋刻當不遠。魏仲先集已爲所得，何不并《玉山雅集》而歸之，以還平原舊觀乎？抱冲聞之，當亦以余言爲不謬也。乾隆乙卯冬季，借魏集校畢，還書之日，因記數語於卷尾餘紙云。棘人黄丕烈。

版式　半葉十行，行二十字。左右雙闌，版心白口，雙魚尾。中題全書名及卷次，上記字數，下記刻工姓名。

刻工姓名　有吕起、劉振、林充之、林立、章昌、厲俊、金振、王恭、翁晉、李□等十人。

宋諱　僅「徵」、「貞」、「敦」三字闕筆。獨「遊」避作「遊」，凡十四字，是必其子閑刻書時避其家諱。

藏印　朱印子儋　古歙世家　朱氏義濟堂珍藏圖書　吴沈氏有竹莊圖書　曹溶私印　檇李曹氏收藏圖書記　汪印士鐘　汪士鐘字春霆號朗園書畫記　三十五峯園主人　平陽汪氏　駿昌　雅庭　快閣主人　孱城　保堂

075 范文正公集二十卷別集四卷 十二册

卷首蘇軾序，此已佚。正集詩五卷、文十五卷，別集詩一卷、文三卷。卷首各有總目。是爲宋乾道鄱陽郡齋刊本，《別集》末有邵武俞翊刊版後跋，次爲北海綦焕識語，謂「以舊京本《丹陽集》參校，又得詩文三十七篇，爲《遺集》附于後」。《四庫總目》謂《遺集》即今《別集》，然《別集》有詩二十五篇、文三十八篇，爲數迥殊。疑綦焕所稱《遺集》今已佚，《四庫》誤也。是本卷末有「嘉定壬申仲夏重修」一行、「朝奉郎通判饒州軍州兼管内勸農營田事宋鈞、朝請大夫知饒州軍州兼管内勸農營田事趙旧檝」二行，然察其字體，全仿松雪筆意。昔人謂《文正集》元天曆戊辰家塾歲寒堂刊本即從鄱陽郡齋本出，故行款悉同。但宋刻書體方整，覆本則轉而圓潤，此中界限，判若鴻溝。是本《別集》自卷四第十葉後即以元版補配，前此各卷亦間有之。卷末附遺文一卷，爲文正子純仁、純粹之作，本《忠宣文集》附録，亦爲天曆刊本，書估不察，誤綴於此。

版式　半葉十二行，行二十字。左右雙闌，版心白口，單魚尾。書名題「文正集卷幾」、「文正別集卷幾」。下間記刻工姓名。其版心細黑口、雙魚尾，上兼記字數者，爲元版補配之葉。

刻工姓名　張允、章益、周成、陳子仁、祐之、方才卿。又有周、陳、趙、張、方、才、益各單字。

宋諱　警、驚、恒、貞、戍、桓、搆、遘等字闕筆。

藏印　畢澗飛鑒藏印　澹墨淋漓　達人妙如水

076　曾南豐先生文粹殘本　一册

此爲天祿琳琅舊藏。原書十卷，今存卷第五至第十。有記二十九首、詔三首、策問二首、劄子八首、狀五首、哀詞一首、墓誌銘十首，與《天祿琳琅書目》合，特《書目》稱「劄子七首」，或鐫版之誤也。全書鐫刻筆意瘦硬，印本亦精，宋諱「廓」字不避，當爲光宗時所刊。何椒邱謂是書爲永樂時李文毅爲庶吉士讀書祕閣，日録數篇而成，蓋未見是刻也。何義門有《南豐類稿校記》，是本頗有與相合者。雖不能盡無訛奪，然勝於明刊《類稿》諸本多矣。

版式　半葉十四行，行二十六字。四周雙闌，版心白口，雙魚尾。記字數上下無定。

刻工姓名　有王、震、同、甲、仝、吕、僊、宏、張、劉、弢、蔣各單字。

宋諱　桓、構、慎、敦等字闕筆。

藏印　謙牧堂藏書記　謙[一]牧堂書畫記　乾隆御覽之寶　天禄琳琅　天禄繼鑑　宗室盛昱收藏圖書印

〔一〕「謙」，原誤作「兼」，今據原印改。

077　歐陽文忠公集殘本　一册

《直齋書録解題》：「歐集徧行海内，而無善本。周益公解相印歸，用諸本編校，定爲此本，且爲之《年譜》。自《居士集》、《外集》而下，至於《書簡》，凡十集，各刊之家塾。其子綸又以所得歐陽氏傳家本，乃公之子棐叔弼所編次者，屬益公舊客曾三異校正，益完善無遺恨矣。」此僅存《外集》卷二古詩二十七首、卷三三十首、卷四三十七首。每卷末均有考異。行中有注「一作某」或「疑」字者，蓋即曾三異校正，世所謂慶元本也。

版式　半葉十行，行十六字。左右雙闌，版心白口，雙魚尾。書名題「外集幾」，上記字數，下記刻工姓名。

刻工姓名　僅有才仲、吴仲、胡元三人。又定、臻、成、通、銑、振、俊、錫、懋、武、發、忠、文、寧各單字。

宋諱　絃、炫、讓、曙、樹、煦、姮、紈、構、雊、慎、歷等字闕筆。

078　歐陽文忠公内制集殘本　二册

文忠《内制集》凡八卷，此僅存四卷，且各卷内尚有殘佚。卷二附《考異》。是爲周益公校定之本，原槧初印。

版式　半葉十行，行十六字。左右雙闌，版心白口，雙魚尾。書名題「内制幾」，上記字數，下記刻工姓名。

刻工姓名　全者僅有胡元一人，餘爲顯、通、京、邦、楫、丙、宗、授、有、母、中、益各單字。

宋諱　玄、讓、署、樹、勗、煦、佶、構、勾、慎、敦等字闕筆。

079　樂全先生文集殘本　六册

宋張方平撰。《四庫》著録鈔本四十卷，此存卷十七論，卷十八對詔策，卷十九至二十七論事，卷二十八、九表狀，卷三十奏狀，卷三十一書，卷三十二牋啓，卷三十三記序，卷三十四雜著，編次與《四庫》合。惜前十六卷詩、頌、芻蕘論及論之前卷，後六卷祭文、碑誌均缺。蘇子瞻序其集，謂：「自慶曆以來訖元豐四十餘年，與人主論天下事見於章疏者多，或用或不用，而皆本於禮義，合於人情，是非有考於前，而成敗有驗於後。」可謂推挹至極。今讀是編，凡本傳所稱《平戎十策》及《治汴通漕十四策》，又《節財用》、《斥新法》、《通好西夏》、《阻征安南》諸疏，具載集中，剴切詳明，切中時弊，洵有用之文字也。是集流傳極少，諸家所藏僅有鈔本，而此則尚爲宋刻。按卷中宋諱避至「搆」字，《四庫總目》定爲孝宗時刊本。明《文淵閣書目》「日」字號有是書兩部。是本鈐有「文淵閣印」朱文大方印，必明時即從閣中散出。彼時均尚完全，而今則僅此殘帙，然亦海内孤本矣。

版式　半葉十二行，行二十二字。左右雙闌，版心白口，雙魚尾。有卷第，無書名，上記字數，下記刻工姓名。

刻工姓名　有周信、黄鼎、江翌、葉正、吴堅、吴宗、李偉、陳石、李章、丘仲、李四、李崇、李亮、沈洪、陳明、李世文諸人，及堅、周、洪、五、亮、崇、翌、信、吴、昌、端、辛、偉、江、宗各單字。

宋諱　「玄」字注「聖祖名」，「頊」字注「神宗廟諱」，「桓」字注「欽宗廟諱」，「搆」字注「太上御名」。獨「慎」字則或注「今上御名」，或闕末筆。其他闕筆者尚有弦、眩、儆、警、徵、讓、署、樹、豎、完、耩、購、搆、遘、覯、勾等字。

藏印　文淵閣印　楊印器棟　廣宇氏　古吴鹿城楊氏景陸軒珍藏圖書之印　此志不容少懈　汪士鐘字春霆號朗園書畫印

080　東萊標註老泉先生文集十二卷　四册

此爲選節蘇老泉文，前後無序跋。目録首行題「老泉先生文集」，次題「東萊吕祖謙伯恭編註、若峰吴炎濟之校勘」二行。目後有紹熙癸丑吴炎咨啓，大意謂「先生父子文體不同，世多混亂無别。書肆久亡善本，繁簡失宜，取舍不當。頃得吕東萊手抄凡五百餘篇，與同舍校勘訛謬，擬爲三集。逐篇指摘關鍵，標題以發明主意。其有事迹隱晦，又從而註釋之」云云。蓋南渡之後，文禁大開，蘇氏父子文字爲一時所矜尚，坊肆爭相編刻，以謀錐刀之利。有所謂《三蘇文粹》者，最爲流行。其後又有重廣分門之輯，益趨蕪陋。此蓋不滿於其所爲而别樹一幟者也。東萊久負盛名，坊間刊本每相引重，以增聲價，其流傳於今者，尚有《東萊先生古文關鍵》、《東萊校註觀瀾文集》、《東萊先生分門詩律武庫》等書。以意推之，此亦必託名之作，而非真出吕氏之手。《天禄琳琅》有《東萊標注三蘇文集》，編各分體，加以點抹。題下「標註」本意，據吴炎咨啓測之，此亦必三蘇合刻，版心有署「泉幾」者，亦其一證。然天禄本洵文十一卷，此爲十二卷，又有不同。則即以「東萊」號召者，亦已層見疊出，是可想見其風行之盛矣。

版式　半葉十四行，行二十五字。小註雙行，字數同。左右雙闌，版心有若干葉細黑口，雙魚尾。書名署「泉幾」，闌上有標題，關鍵處旁加黑擲。

宋諱　讓、桓、慎等字闕筆，「讓」字外加圓圈，「慎」字作黑地白文。

藏印　楝亭曹氏藏書

081　臨川先生文集一百卷　二十册

此爲臨川先生曾孫珏刊本，卷末有紹興辛未孟秋旦日右朝散大夫提舉兩浙西路常平茶鹽公事王珏題記，歷敘校刊顛末。是本宋諱避至高宗止，蓋爲是集最初刊本。惟印本漫漶，且多補刊之葉，然臨川集實以是爲最古矣。余聞淮安某氏有宋刊《王文公集》殘本，其文有出於百卷外者，日本帝室圖書寮亦有其書，編次與此不同，先文後詩，凡七十卷，且爲完璧。此不特余所未見，即臨川後人亦未之覯也。

版式　半葉十二行，行二十一、二字。左右雙闌，版心白口，單魚尾。上間記字數，下記刻工姓名。書名題「臨川集幾」。其有闊黑口者，皆補版，無刻工姓名。

刻工姓名　見於原刊各葉者有牛寔、李彥、惠道、雇謹、沈昇、章宇、戴安、蔣成、項中、徐明、王受、屈旻、陳敘、方通、徐益、史祥、方榮、惠立、昌旼、李祥、董暉、馬通、乙成、丘甸、徐安、王份、金彦、李松、沈善、趙宗、金昇、牛志、劉益、葉先、黄諤、沈祐、顧諲、章容、曹澄、黄延年諸人，又有周、顧、薛、英、陳、張、善、何、允、中，今各單字。

宋諱「桓」字注「淵聖御名」，「構」字注「御名」。玄、絃、眩、鉉、弦、泫、眺、敬、儆、擎、驚、警、竟、鏡、境、弘、殷、匡、恒、徵、懲、讓、樹、署、戍、豎、勗、煦、垣、洹、姮、完、莞、覯、購、遘、篝、姤等字闕筆。

082 經進東坡文集事略殘本 十二册

宋郎曄撰。卷首《御制文忠蘇軾文集贊》並序，次蘇文忠公贈太師制，次東坡先生言行，次目録。張金吾《愛日精廬藏書志》稱：「是書鈎稽事實，參核歲月，元元本本，具有條理。」今讀其注，大都依據史傳取材，務與原文印合，而不以撏撦爲長，金吾之評，洵不虚也。荆山田氏得之日本島田翰氏，卷首並録翰父重禮氏跋，重禮固彼邦能讀書者。翰亦有詳跋，見所撰《古文舊書考》。翰又引《清波別志》「郎曄，晦之，杭人。嘗注三蘇文及宣公奏議。投進未報，以累舉得官，不霑一日禄而卒」云云，謂是書結銜題「迪功郎新紹興府嵊縣主簿臣郎曄上進」，與《陸宣公奏議注》進表同，知是書注成在得官以前，其得官即表進上呈，旋即下世。又以郎曄進《陸宣公奏議注》及《三蘇文注》並爲紹熙二年，指明陸集郎表署「紹興二年」「興」爲「熙」字之訛，殆皆確論。是本「敦」字不避，蓋成於孝宗之世。光宗嗣位之始，即以表進。又據版心所題書名「蘇文注坡」、「蘇文坡注」、「蘇坡」、「坡文」等字證之，島田翰定爲三蘇文注合刻之本，亦無疑也。全書六十卷，歸田氏時完善無缺，今佚去卷二十六至三十二、卷四十至四十五、卷四十七至六十。目録僅四十卷，係書估剜改，不足信。吴興適園張氏藏本與此同，惜亦缺後十九卷，恐世間更無完本矣。

版式　每卷首行題書名，次行題「迪功郎新紹興府嵊縣主簿臣郎曄上進」，三行記本卷篇目。半葉十二行，行二十一字。小注雙行，字數同。左右雙闌，版心上下細黑口，雙魚尾，間記字數，或上或下。書名題「東坡集」，或「東坡文」，或「蘇文」，或「蘇文注」，或「蘇文坡注」，或「蘇文注坡」，或「蘇坡」，或「坡文」，或「皮文」。

宋諱　「桓」闕「木」旁，「戌」闕末筆。尚有易爲他字者，如「玄」作「元」，「弘」作「洪」，「殷」作「商」，「貞」作「正」，「徵」作「證」，「讓」作「遜」，「桓」作「威」，「慎」作「填」或「謹」。

藏印　隴西李祁　邊武[一]印　島田重禮　敬甫　篁村島田氏家藏圖書　雙桂書樓　島田重禮敬甫氏　島田禮[二]讀書記　荊山田氏藏書之印　田偉後裔　景偉廔印

〔一〕「武」，原作□，據李紅英《寒雲藏書題跋輯釋》改。

〔二〕李紅英《寒雲藏書題跋輯釋》「禮」上有「重」字。

083 東坡集殘本 三十册

此爲南宋孝宗時刊本。全書四十卷，以成化刊本互勘，惟卷八《除夜大雪》、《大雪青州道上》、《轍幼從子瞻兄讀書》、《子由將赴南都》詩四首先後稍有移易，其他編次悉同。是本存卷一至二十四，以下卷第被書估剜改，顛倒錯亂。然以成化本正之，存者實爲卷三十三、卷三十五至三十九。舊爲汪閬源所藏，考《藝芸書舍宋元書目》，當時即已殘佚，惟彼無卷二十四、卷三十五，而有卷三十二，與此不合。然此增出之二卷均有汪氏藏印，疑《書目》傳寫誤也。端匋齋近覆成化本，繆藝風据錢求赤校宋本及嘉靖刊本爲之校訂，至爲詳慎，但參以是本，有足以正其訛奪者。摘舉如左：

卷	葉	行	宋本	成化本	繆校本
十二	六	後九	二豎肯逋播	二竪	「竪」作「豎」按，「竪」、「豎」實同。
	二十	後九	空庖煑寒菜	「空」作「寒」	亦作「寒」

十三	十二	後二	三年不易過坐岏	「過坐」二字缺	亦缺
			倚天壁		
十六	廿四	前三	晻藹卿雲間	「卿雲」二字缺	「卿雲」作「鄉□」
二十	十九	後九	其一欲涉尻高首下	「尻」作「未」	「尻」作「水」
廿二	一	前二	策問十八首	十八	十七。按，實有十八首。
		前三	私試策問八首	八首	七首。按，實有八首。
	十二	前十	考古以詔今	詔今	「詔」作「證」
廿三	十五	前八	相與摹公之詩	「摹」作「墓」	「摹」作「募」
廿四	十九	前三	亂周孔之實	之實	「實」作「真」
卅六	廿七	前二	常誦孟子之言	「誦」作「謫」	「誦」作「摘」
卅七	三	前六	物故太半	太半	「太」作「大」
	十	前一	遣中使二人	「二」字缺	亦缺
		前三	各上當世之務十餘條	「十」字缺	亦缺
廿八	一	前七	以忠言摩上	「上」作「土」	「上」作「士」
	九	後五	長日岏	「岏」作「屼」	「岏」作「屼」

卅九　七　後八　二公既約更相爲傳　「更」作「吏」　「更」作「史」

版式　半葉十行，行十八字。左右雙闌，版心白口，單魚尾。書名題「東坡集卷第幾」，下記刻工姓名。

刻工姓名　可辨者陳琮、吴從、劉章、黄歸、吴政、余祐、余右、丘成、吴志、黄文、高顯、范從、吴山、丘才、余牛、阮正、葉永、范謙、劉清、吴智、蔡万、周文、張宗、阮才、游先、陳石、劉宜、鄧仁、魏全、裴榮、余惠諸人。

宋諱　玄、泫、紘、弦、炫、眩、驚、殷、慇、匡、筐、徵、讓、樹、桓、完、構、搆、購、媾、轂、彀、慎等字闕筆。

藏印　汪士鐘讀書

084　東坡先生後集殘本　一册

卷十起第二十六至四十二，存十七葉，卷十一起第十八至二十二，又第二十五，存六葉。繆藝風藏殘本，是刻行款相同，尺度亦合，惟彼爲單邊，此則左右雙邊，微有差異，或版刻前後偶歧耳。版心記「庚子重刊」者十一葉，記「乙卯刊」者六葉，陰陽文不一。按南宋有三乙卯，一爲高宗紹興五年，一爲寧宗慶元元年，一爲理宗寶祐三年。有二庚子，一爲孝宗淳熙七年，一爲理宗嘉熙四年。此已避光宗諱，則刊期必在紹興、淳熙以後，而在寧、理二宗之時。至刊版之地，則卷十第二十八、九葉魚尾上有「黄州」二字，可無疑已。

版式　半葉十行，行十六字。左右雙闌，版心白口，雙魚尾。書名題「東坡後集幾」，上記字數，下記刻工姓名。

刻工姓名　存者有王九、阮圭、吉父三人，餘爲京、李、明、仁、清、志、森、生、元、熊各單字。

宋諱　桓、慎、敦三字闕筆。

085－1　增刊校正王狀元集注分類東坡先生詩二十五卷　二十册

卷首二序，一題「狀元王公十朋龜齡譔」，一題「西蜀趙公夔堯卿譔」。次注家姓氏，首豫章黄氏庭堅，殿以永嘉王氏十朋、壽朋、百朋，凡九十六人。次《東坡紀年録》，僊谿傅藻所編纂也。次目録。凡二十五卷，分類七十有八，曰紀行，曰述懷，曰詠史，曰懷古，曰古跡，曰時事，曰宮殿，曰省宇，曰陵廟，曰墳塋，曰居室，曰堂宇，曰城郭，曰壁塢，曰田圃，曰宗族，曰婦女，曰仙道，曰釋老，曰寺觀，曰塔，曰節序，曰夢，曰月星河附，曰雨雪，曰風雷，曰山岳，曰江河，曰湖，曰泉石，曰溪潭，曰池沼，曰舟楫，曰橋梁，曰樓閣，曰亭榭，曰園林，曰果實，曰燕飲，曰試選，曰書畫，曰筆墨，曰硯，曰音樂，曰器用，曰燈燭，曰食物，曰酒，曰茶，曰禽，曰獸，曰蟲，曰魚，曰竹，曰木，曰花，曰菜，曰菌蕈，曰投贈，曰戲贈，曰簡寄，曰懷舊，曰尋訪，曰酬答，曰惠貺，曰送别，曰留别，曰慶賀，曰游賞，曰射獵，曰題詠，曰醫藥，曰卜相，曰傷悼，曰絶句，曰歌，曰行，曰雜賦。卷首注家姓氏，後有篆書「建安虞平齋務本書堂刊」十字木記。「惇」、「廓」二字雖全不避，然察其筆姿、鐫法，實已屆南宋季年矣。《天禄琳琅》、《楹書隅録》均有是書，版本正同，惟楊《録》稱爲元刻。余嘗見一黄善夫刊本，注家姓氏、分類編次，一一均同，惟是本注中有「新增」二字墨蓋者，爲黄本所無。又間有糾正舊注之語，故書名冠以「增刊校正」四字也。《庚溪詩話》謂宋孝宗愛好蘇文，嘗命内侍取趙夔所注蘇詩入内。至乾道末，更御製序贊冠其文集，命與詩集同刊，一時揣摹風氣者爭相傳誦，有紙貴洛陽之勢。坊賈嗜利，盛行剞劂，於趙夔之外，更托梅溪之名，搜輯舊注，號稱百家，區别門類，冀投時好。趙序原稱五十類，其後增爲七十六類。此更駕而上之，誇多鬭靡，競炫己長，而實則纖屑鄙陋，不啻自暴其短。余嘗謂詩集分體已非上乘，至降而分類，且分其所不當分而入於細瑣之途，實爲愈趨愈下。惟體裁固有可議，而徵引繁博，可爲衆本之冠。即詆諆不已如邵長蘅者，且有「展卷瞭如，尚及其半」之評。故《四庫》亦予録存，以備讀者之參證。舊藏黄子壽家，卷首有題詞，竟與宋槧《施注》相提並論，竊疑溢美。

黄彭年題　宋槧《施注蘇詩》存漢陽葉氏，昔在京師從曾滌生侍郎、邵位西員外過虎坊橋潤臣侍讀齋中，展觀竟日，古香襲人，不獨宋槧精好，牧仲、覃谿兩家圖記，熙、正、乾、嘉諸老題詠，亦琳琅滿目。覃谿考證尤密，蠅頭細書，幾千百事。疑「字」之譌。位西賦詩紀事。今得此書，回憶舊日，猶欣欣也，書以識之。咸豐八年七月辛巳，題於陽曲西校尉營。

又題　《四庫全書簡明目録》云：「《東坡詩集注》三十二卷，舊本題王十朋撰，蓋依托也。」其分類編次頗多舛誤，注亦不免漏略，頗爲邵長蘅所詆。然長蘅補《施注蘇詩》十二卷闕，亦未嘗不據此書爲藍本也。

又題　此本二十五卷、七十八類，與三十二卷之本未知同異。卷中序目題款，類當時坊賈所爲，謂非十朋注則過矣。青門極詆此書，作《正譌》一卷。注誠不免譌漏，青門亦强作解事耳。

版式　每卷首行題書名，第一卷次行題「宋禮部尚書端明殿學士兼侍讀學士贈太師謚文忠公蘇軾」。半葉十一行，行大字十九至二十四，小字二十五至三十四不等。左右雙闌，版心細黑口，雙魚尾，分記大小字數。書名題「坡寺」，或「皮寺」，或一「皮」字，或一「寺」字。語涉宋帝多空格。

宋諱　朗、匡、筐、恒、貞、禎、樹、戌、桓、構、慎等字闕筆。

藏印　戴經堂藏書　函雅堂藏書印　彭年之印　彭年　子壽　十黄二

085－2　增刊校正王狀元集注分類東坡先生詩殘本　四册

刊本同前。存者卷三之宮殿、省宇、陵廟、墳塋、居室、堂宇，卷七之雨雪、風雷、山岳，卷八之江河、湖泉、石溪、潭，卷九之池沼、舟楫、橋梁、樓閣、亭榭，卷十之園林、果實、燕飲上，卷十一之燕飲下、試選、書畫上，卷十二之書畫下、筆、墨、硯、音樂。此猶是初印之本。

086　晦庵先生朱文公文集殘本　二册

《晦庵先生集》，《宋史・藝文志》：「《前集》四十卷，《後集》九十一卷，《續集》十卷，《別集》二十四卷。」是本久不傳。晁氏《讀書志》「一百卷，《續集》一十卷」，《書録解題》、《通考》均一百卷，明刊本黄仲昭跋「先生文集一百卷」。閩、浙均有刻本，同時又增刻《續集》、《別集》各若干卷。要之，先生正集今皆以一百卷爲定本，余嘗見浙刻宋淳祐本、閩刻明成化本、嘉靖本均同。是本亦天水舊槧，然非浙刻，疑出建陽。僅存卷第三、卷第三十，間有元補。其編次與余所見浙宋刊、閩明刻無異，則亦百卷本也。

版式　半葉十行，行十八字。視宋浙刻減一字。左右雙闌，版心白口。間有黑闊口者，係補版。雙魚尾。書名署「朱文公集卷第幾」，上記大小字數，下記刻工姓名。

刻工姓名　有伯俊、德六、女丁、君和四人，餘爲生、人、天、仕、女、夫、茂、永、德、文、李、君、静、如、范、正、汝、吕、中、德、右、子、秀、青、弓、周、天、壽各單字。

宋諱　卷中僅「筐」、「貞」二字闕筆，餘如玄、絃、朗、敬、弘、讓等字均不避。

087 東萊吕太史别集十六卷　八册

宋吕祖謙撰。祖謙字伯恭，世稱東萊先生。其《遺集》分《文集》十五卷、《别集》十六卷、《外集》五卷、《附録》三卷、《拾遺》一卷，皆祖謙殁後其弟祖儉及從子喬年先後輯刊者。此僅存《别集》十六卷，卷一至六家範，子目分宗法、昏禮、葬儀、祭禮、學規、官箴，卷七至十一尺牘，卷十二至十五讀書雜記，卷十六師友問答。喬年刊書跋題嘉泰四年，是本宋諱避至寧宗嫌名，當猶是最初刊本，惜有補刊及抄配之葉。舊藏建安楊氏及晉安徐氏、蔣氏。《皕宋樓藏書志》有《外集》四卷，藏印俱同，蓋必同時散出者。至其餘半部，則不知飄墮何處矣。

版式　半葉十行，行二十字。左右雙闌，版心白口，雙魚尾。書名「家範」題「子目某某幾」，餘題「類目幾」。上記字數，下記刻工姓名。

刻工姓名　李信、吳志、楊先、李思賢、周文、呂拱、張文、韓公輔、羅裕、陳靖、宋琚、姚彥、丁亮、周才、瞿裕、羅榮、史永、劉昭、周份、張仲辰、趙中、吳春、李巖、丁明、張彥忠。

宋諱　玄、弘、殷、匡、貞、徵、讓、桓、完、慎、惇、敦、廓等字闕筆。

藏印　建安楊氏傳家圖書　晉安徐興公家藏書　晉安蔣絢臣家藏書　鄭杰之印　一〔一〕名人杰字昌英　鄭氏注韓居珍藏記〔二〕

〔一〕「名」上原無「一」字，今據原印改。

〔二〕「記」，原誤作「印」，今據原印改。

088　重校鶴山先生大全文集　三十二冊

卷首淳祐己酉吳淵序，卷末淵弟潛辛亥後序，均稱先生二子近思、克〔一〕愚，蒐輯遺帙，有正集、外集、奏議，凡一百卷。其書先後刊於姑蘇、温陽，今皆不傳，傳者惟此僅存之本。卷末有開慶改元重刊後跋，作者官成都府路提點刑獄，惜其下已佚，其名亦不存，略言「姑蘇、温陽兩本字畫舛誤，擬與刊正。後得先生《雅言》、《周禮折衷》、大魁之作，至如墓誌、書劄等文，類成一編，與僚友日夕校正，孱工鋟梓」云云。書凡一百有十卷，闕一十八卷，此外尚有闕葉，詳見黄蕘圃後跋。明錫山安氏以活字排印，中缺第一百八卷，又各卷缺葉，並先重刊後跋，作者姓名均與是同，蓋即從是本出也。活字印本訛奪既多，復加删削，殊失真相。嘉靖辛亥邛州知州吴鳳等又據安本重刻，即《四庫》著録之本。《提要》斥其「校訂草率，與目多不相應」「疑有所竄改，已非其舊」，其説甚允。惟指新增各卷爲書坊刊版所續入，則以邛州刊本失去佚名後跋，未知其重刊始末，故致誤也。是本刊於川中，書法遒勁，的是蜀本風格。惟鐫印精良者僅若干卷，黄蕘圃疑前序、後跋非一例，爲後人補刊。余竊以爲非是。重刊跋尾有曰：「四郊多壘，工則取之於驚徙，力則取之於撙節，紙墨則取之於散亡，姑以是紀斯文之不墜。若曰字精工巧，墨妙紙良，將有望於方來。」是可證已。

錢大昕跋　「自成都僉判往眉州主文，鶴山年二十四。」案：文靖生於淳熙戊戌，嘉定元年登第，年卅一。次年除僉判，其主文當是三十四歲，非廿四也。大昕校。

右見第一百九、十卷末。

又跋　據此跋知舊有姑蘇、温溪兩本，皆止百卷，至是始以《周禮折衷》、《師友雅言》并它文增入，爲百有十卷，故有「重校」、「大全文集」之稱。其中有合兩卷連爲一卷者，亦不無魯魚亥豕之譌，然世間止此一本，可寶也。大昕記。

右見開慶改元跋後。

又跋　庚申四月十九日，錢大昕假讀。閏月廿日讀畢，時年七十有三。

黄丕烈跋　余向從書肆中買得《魏鶴山集》，係明邛州刊本，而又雜入錫山安國刊本。影寫者訛舛殘闕，不可卒讀，即還之矣。後聞郡故藏書家有宋本，急欲一見，而索直數百金，不能借出，心殊怏怏焉。嘉慶紀元之冬，友人顧開之攜此書來，議直再三，竟以白金六十兩購得。雖書中殘闕幾及二十卷，而目録完好，猶可得其大略。因憶明本目録全無，則此本猶可據目尋訪。首卷缺一葉并二葉四行，已遭俗手改易面目，所缺之卷，亦爲妄人補寫成帙，按題核之，全無是處。爰命工重裝，於首卷存其舊觀，於補抄盡行撤去。倘日後更遇宋刻完好者，尚可一一録入，不則毋寧缺之，不致以僞亂真耳。前序、後跋，其楮墨字畫均非本書一例，或後人補刊，亦未可知，當與識者辨之。嘉慶二年歲在丁巳季春上旬二日，蕘圃黄丕烈。

又跋　庚申春季，昭文同年張子和來郡，談及有舊本殘零之《魏鶴山集》，余屬其攜來。越日書至，則錫山安國重刊本也。自九十八以至一百九、十，與宋刻存卷並同，則可知明時所存已不全矣。向疑一百二卷内末有缺，今觀安刻，亦復如是，當非殘缺。一百

九、十卷，安刻有首葉，及後葉四字俱存，因影摹存覽。後跋「提點刑獄公」已下無文，安刻正同。惟吴潛後序完善，宋刻俱失，然尾葉餘紙爲後人補綴。於前半葉下者尚留「端平」云云字迹，可知宋刻本有而失之矣。今悉影摹，附諸卷末云。

右均見卷末。

又跋　原裝卷十五第二葉與卷十六第三葉誤倒，今憑五柳主人攜示，照宋鈔本正之。書遇一部，必展讀一過，必有益處，此其是也。嘉慶丙寅夏六月望後一日，蕘翁記。

右見卷十六後。

又跋　《魏鶴山集》缺卷：卷之十八、卷之十九、卷之三十五、卷之三十六、卷之三十七、卷之三十八、卷之四十三、卷之四十四、卷之四十五、卷之四十六、卷之五十、卷之五十一、卷之五十二、卷之五十三、卷之七十五、卷之七十六、卷之七十七、卷之一百八。

又缺葉：卷之一第一葉、第二葉四行，卷之十一第十一葉，卷之十七第七葉，卷之三十四第十五葉，卷之四十第十葉，卷之四十七第十七葉，卷之八十二第六葉、第七葉、第二十四葉，卷之八十七第二十二葉至末，卷之九十第二葉，卷之一百二第十一葉至末，卷之一百九第一葉。

嘉慶丁卯冬十月，復收得錫山安氏館刻，繙閱一過，宋本所失者十八至七十七卷都有，惟一百八卷仍闕如也。至缺葉十不得一，以宋刻核之，似明刻即從此本出，而闕卷何以多有？或明代刻時未失耶？抑别本據補耶？余初得此宋刻時，似亦有鈔補者，因照目録不符且有以他卷之文攙入者，故輟之也。今以明刻所有之卷對宋刻目録悉符，非僞爲者比。惟明刻目録與本書不符，不知當日刻時何以錯悮若此。初，書友攜此書來，不甚視爲貴重，擬置之而仍易之，易之而仍欲去之。後因宋刻缺卷都有，可留此以備卒讀，他日不知可能别遇宋刻，互相參證，俾魏集完好無缺，不更幸歟！復翁記。

又跋　凡書以祖本爲貴，即如此集，卷一失一葉，有二行題爲「寄題雅州罥園」，而目録仍存其舊，明刻并目録削之，是可歎也。且明刻不但此卷不遵宋刻，餘卷亦任意分并，有有書而目録反無者，是又可歎也。就此集而論，目録二卷已屬至寶，矧通體耶？復翁又記。

右均見卷首。

版式　半葉十一行，行二十二至二十四字不等。左右雙闌，版心白口，單魚尾。書名題「大全集幾」或「某類幾」，上間記字數，下記刻工姓名。

刻工姓名　僅有簡師、何每、袁滋、梁□之、石□等數人，餘爲記、田、祖、善、梁、宋、李、每、佑、天、保、南、程、全、喜、行、勝、再、仁、召、真、祥、衍、春、單、材、林、章各單字。

宋諱　玄、弦、絃、朗、弘、筐、恒、貞、徵、戍、燉等字闕筆。

藏印　乾學　健　之印　菴　汪士鐘藏

〔一〕「克」，原誤作「充」，今據《中華再造善本》影印宋刻本《重校鶴山先生大全文集》改。

089 友林乙藁不分卷　一册

宋史彌寧撰。按彌寧字安卿，爲明州鄞縣史文惠浩弟源之子，官至武功大夫、忠州團練使兼淮安提舉。《郡齋讀書志》趙希弁《附志》稱：「安卿，嘉定中以國子舍生之望涖春坊事，帶閤門宣贊舍人，知邵陽」，蓋作是詩時之職也。希弁《附志》「《友林詩稿》二卷」，必爲甲、乙二稿，甲佚而乙存。作僞者欲以殘帙而充完本，故截去原跋，後幅移作序言，又毀去目録首尾兩半葉別爲影補，以泯其迹，致刊版年月無考。跋文僅題一「域」字，姓氏不全，殊可惋惜。《附志》尚有黄景説、曾丰序，是則載諸簡耑，隨《甲稿》而散佚，固未必由於毀滅也。是稿詩凡一百八十一首，域跋作百七十首，字係補寫，蓋衹能就原文所占之地，故其數不符，此又作僞之一證。《四庫》著録，稱爲宋時舊刊，余嘗見明代覆本，摹印極精，不易辨爲贋鼎，館臣所見，殆亦明本。然《總目》載作者官秩，必曾見希弁《附志》者，而書名既殊，卷數又絀，何以絶不研尋，且亦踵稱其詩爲一百七十首，得不謂爲率略耶？卷中

《荷恩堂》、《六亭》、《郡圃梅坡》、《劭農城南》、《和張茂才青蓮花韻》、《同友人山行》諸詩，皆在邵陽時所作，《劭農》五首且紀年月爲「丁丑歲中秋日」。丁丑爲宋寧宗嘉定十年，是與希弁《附志》所言亦合。是爲黄氏士禮居舊藏，《百宋一廛賦》所云「躋友林之逸品，儷聲價於吉光」，即指是書。蕘圃注「真本流麗娟秀，兼饒古雅之趣，在宋槧中别有風神，故目爲逸品」云云。展卷把玩，良不虚也。

版式　半葉八行，行十六字。左右雙闌，版心白口，雙魚尾。書名題「友乙」二字，上記字數，下記刻工姓名。

刻工姓名　有李春、之先二人，餘爲發、楫、晟、成、春、先、之各單字。

宋諱　玄、弦、絃、泫、禎、勗等字闕筆。首葉題作者姓名「寧」字亦闕末筆，疑係史氏後裔家刻，避其先人之諱。

藏印　弎男　天錫收藏　履仲子　中素　學古　開卷一樂　汪士鐘讀書　士鐘　閬源父　三十五峯園主人　汪印文琛

090　後村居士詩集二十卷　十册

世存《後村居士集》凡五十卷，詩十六卷、奏議三卷、講議一卷、外制二卷、申省狀一卷、記三卷、序二卷、題跋四卷、祭文哀詞三卷、祝文一卷、墓誌二卷、書牘八卷、詩話二卷、詩餘二卷。是刻全去其文，僅録其詩十六卷，附詩話、詩餘四卷，故稱「詩集」。前有淳祐九年己酉竹溪林希逸敘，卷末有「門人迪功郎新差昭州司法參軍林秀發編次」一行，卷中遇先帝、太皇、高帝、孝皇、孝宗、昭陵、端慶等語均空格，蓋爲宋季刊本。維時北寇勢燄張甚，心懷敵愾者每多詆斥之詞，是本詞句凡涉此者，均經剜削，由一二字乃至五字，蓋印刷時已入元世矣。然如詩話中論茶山詩有「紹興初，虜初歸我河南」句，論誠齋詩有「其得人心且爲虜所畏」句，論游士題陳邦光先隴詩有「以金陵降虜」句，此皆剗除未盡者，竟能漏網流傳至今，殆胡元入主中國，法禁尚寬，未甚擾及文字歟？

版式　半葉十行，行二十一字。左右雙闌，版心細黑口，雙魚尾。書名題「刘寺幾」、「寺幾」，後四卷則曰「刘幾」。

宋諱　匡、貞、徵、讓、樹、桓、完、敦等字闕筆。

藏印　澄江周氏家藏　謙牧堂藏書記　謙〔一〕牧堂書畫記　孫印承澤　黄冠故鄉　孫氏萬卷樓印

〔一〕「謙」，原誤作「兼」，今據原印改。

091－1 六臣注文選殘本 一册

此爲宋贛州刊本，存第二十四卷。卷末有「州學齋諭吳撝校勘、州學司書蕭鵬校對、左從政郎充贛州州學教授張之綱覆校」三行。日本島田翰《古文舊書考》有《六臣注文選》四部，其第一部行款、校勘姓名與是本同，島田氏定爲版成於汴時，修版至南渡後。其所見宋諱避至「構」字，此則兼及「慎」字，又雕手姓名有出於其所見外者，蓋修版又在其後矣。

版式　首行題書名、卷第，次行「梁昭明太子撰」，三行「唐李善注」，四、五行「唐五臣吕延濟、劉良、張銑、吕向、李周翰注」，下爲篇目，目連正文。半葉九行，行十五字。小注雙行，行二十字。左右雙闌，版心白口，雙魚尾。獨補版三葉上記字數，餘僅下方記刻工姓名。

刻工姓名　本卷爲劉川、王禧、曾游、熊海、劉廷章、方琮、龔友、余應、陳信、陳充、翁俊、藍俊、吴立、湯榮、陳景昌、鄧聰、蔡榮、余圭、鄧信、葉松、陳叟、余彦、胡元、蔡才、陳伯蘭、葉正、劉沇、劉宗、蕭中、劉中、劉成、鄧感、應世昌、蔡昇、阮明、蔡昌、管至、陳補、陳達諸人。中有一葉記「上官刁」，「刁」即「雕」之省文，非人名。又補版三葉所記爲姚、林、金三姓，遇「恒」字不闕筆，疑刻於易代之後矣。

宋諱　玄、絃、弦、鉉、懸、朗、敬、驚、境、弘、殷、匡、貞、楨、徵、樹、勗、桓、構、慎等字闕筆，又「軒」、「轅」二字連用者亦避。

藏印　汪印士鐘　閬源真賞

091－2　六臣注文選殘本　一册

此爲宋紹興明州刊本，原爲天禄琳琅所藏，見《續志》卷七。書末識云：「右《文選》，版歲久漫滅殆甚。紹興二十八年冬十月，直閣趙公來鎮此邦。下車之初，以儒雅飾吏事，首加修正，字畫爲之一新，俾學者開卷免魯魚三豕之譌，且欲垂斯文於無窮云。右迪功郎明州司法參軍兼監盧欽謹書。」是雖殘帙，然以天禄琳琅及楊、文、毛、季諸家藏印證之，可無疑也。存卷二十二至二十五，凡四卷。日本島田翰《古文舊書考》謂是書爲紹興二十八年撮版，以下間有葺刻，至慶元而止。是本「敦」、「廓」二字均不避，蓋未有孝宗以後補版，故刻工姓名與其所舉亦略有不同。

版式　每卷首行題書名、卷第，次行「梁昭明太子撰」，三行「五臣并李善注」，下爲篇目，目連正文。半葉十行，行二十至二十二字。小注雙行，行二十九至三十二字。左右雙闌，版心白口，單魚尾。書名題「文選幾」，下記刻工姓名。

刻工姓名　原刊各葉有宋道、江政、吴正、王伸、張謹、葉達、劉仲、王乙、王受、方成、駱晟、王因、王雄、張由、施瑞、葉明、陳忠、胡正、朱因諸人，補修各葉有王諒、毛章、陳元、蔣椿、施藴、陳達、楊昌、張舉、施章、李涓、方祐、蔡忠、王進、雇宥、劉文、王臻、施俊、陳真、洪昌、陳文、朱宥、王時、李顯、王椿、方祥、徐宥、秦忠、蔡政、蔣春、周彦、徐彦、毛昌、王舉、吴浩、朱文貴諸人。尚有單記一字者，即以上諸人之姓或名，不複録。

宋諱　玄、泫、鉉、絃、弦、朗、敬、警、驚、竟、鏡、弘、殷、匡、胤、恒、貞、楨、讓、樹、勗、桓、完、構、搆、覯、遘、彀、慎等字闕筆。

藏印　慈谿楊氏　玉蘭堂　竹塢　戊戌毛晉　毛表之印　毛表印信　毛表奏尗　字奏尗　毛氏藏書子孫永寶　毛姓祕翫　季振宜讀書　御史振宜之印　天禄琳琅　天禄繼鑑　太上皇帝之寶　乾隆御覽之寶　五福五代堂古稀天子寶　八徵耄念之寶　林下閑人　宋本　古粤世家　小山檿叅　文述

092　河岳英靈集二卷　二册

唐殷璠集。分上下卷，卷上十人，詩一百十一首；卷下十四人，詩一百十九首。卷首璠自敘云有詩二百三十四首，實闕其四。今行世者有汲古閣刊本，析爲上、中、下三卷，其孟浩然詩視此減三首，以其二移置崔國輔名下，尚闕一首。此非毛氏作俑，明嘉靖本即已如是。特此有《集論》一篇，明本尚存，而毛本則已佚去矣。璠序見《文苑英華》，序首有「序曰：梁昭明太子撰《文選》後，相効著述者十餘家，咸自稱盡善，高聽之士或未全許。且大同至於天寶，把筆者近千人，除勢要及賄賂者，中間灼然可尚者五分無二，豈得逢詩輒贊，往往盈帙。蓋身後立節，當無詭隨，其應詮揀不精，玉石相混，致令衆口銷鑠，爲知音所痛」百有三字，明刻、毛本俱脱，是本亦然。然以文義論之，似有此爲勝也。《四庫》著録亦三卷，《提要》指《文獻通考》作二卷爲字誤，蓋僅見汲古刊本，然《唐志》及陳氏《解題》俱作二卷，何館臣竟未一考，加以武斷？且謂隱寓鍾嶸三品之意，何怪黄蕘圃之斥爲癡人説夢耶！是本宋刻宋印，舊藏獨山莫友芝家，卷末有「丙寅初冬郘亭校讀一過」一行，全書以汲古閣本對校，其異同悉記於書眉，彼此互觀，彌覺舊本之可貴。

版式　半葉十行，行十八字。左右雙闌，版心白口，單魚尾。書名題「河岳集」，上下兼記字數。

宋諱　絃、朗、筐、恒、貞、楨、署、樹、脊、墩、廓等字闕筆。

藏印　莫友芝藏書印

093 竇氏聯珠集不分卷 一册

唐褚藏言輯竇氏兄弟常、牟、群、庠、鞏五人之詩，卷首有小引曰：「連珠之義，蓋取一家之言，以偕列郎署，法五星如聯珠。」星，星郎也。詩凡一百首，人各一卷。卷首有傳，末有潛夫題語及詩，又和峴跋，和皥題字。潛夫者，張昭字。峴、皥者，和凝二子。卷尾又有王崧淳熙五年跋。繆藝風《藏書續志》謂：「詩作楷體，跋作行草，筆蹟相似，極見古雅，疑即王崧所寫以刻者。」此爲《百宋一廛賦》中故物，黄氏自注云：「昔見何義門校汲古閣刻，其跋云『康熙辛卯春日，購得葉九來所藏宋本，乃顧大有舊物，因改正五十餘字。中《行杏山館聽子規》一篇，諸本皆脱去。尤可笑者，和峴、王崧二跋中，「大天」字皆訛爲「大夫」，人不通今古，其陋乃至此耶』云云。今覆案之，誠然。」《聽子規詩》乃竇常之末篇。今是本無蕘圃一字，然印記具存，一一皆合，是可寶也。《四庫》著録，《提要》言「褚藏言序稱牟、群、庠、鞏之集並未遑編録」，今未見此序，蓋遺佚矣。

版式　半葉十行，行十七字。四周單闌，版心白口，雙魚尾。上記字數，下記刻工姓名。

刻工姓名　僅有祥、舉、廣三單字。

宋諱　玄、朗、眺、弘、泓、殷、匡、貞、徵、曙、署、樹、佶、構、遘等字闕筆。

藏印　顧印大有　黃印丕烈　復翁　百宋一廛　士禮居　蕘圃卅年精力所聚　汪印士鐘　閬源真賞　趙印宗建　趙次公印　趙氏祕笈

顏仲逸印　平原世家　陸楨仲操□□　紫陽叔子荀印　二泉　唐氏　培德堂臧書記　下學齋書畫記　遠志齋圖書記　青琅玕軒　子子孫孫永寶之

094　聖宋文選殘本　二册

編輯人不詳。全書三十二卷，所輯皆北宋人文字。是爲宋刻殘本，卷首有全集標目，第一、二卷歐陽永叔文，第三、四、五卷司馬君實文，第六卷范希文文，第七卷王禹偁文，第八、九卷孫明復文，第十、十一卷王介甫文，第十二卷余元度文，第十三、十四卷曾子固文，第十五至十七卷石守道文，第十八至二十二卷李邦直文，第二十三卷唐子西文，第二十四至三十卷張文潛文，第三十一卷黃魯直文，第三十二卷陳瑩中文。《四庫總目》謂：「宋人選宋文者，北宋唯此集存。用意嚴慎，當爲能文之士所編，未可與南宋建陽坊本出於書賈雜鈔者例視。」是本除標目外，存原刻第一、二卷，鈔配第七、八、九卷。筆法峻整，鐫工亦精。近刻《蕘圃藏書題識》有宋刻二部，一得之常州趙味辛所，一得之常熟舊家，中有舊時鈔補，仍缺卷七至十一，當即此本，特此殘缺更多耳。卷端有汪士鐘藏印，而無黄氏印記，然可決爲士禮居舊物。蕘圃題跋謂「墨敝紙渝，頗饒古趣」，是本正如此，證一；又言「得趙氏宋刻全本，缺卷有五，命工影寫足之」。是本鈔配第七、八、九卷，紙墨均甚新潔，證二。宋刻書在今日，即零葉亦足寶貴，況此尚存全目及兩足卷，鈔補精絶，不下真迹，且爲名人藏弆乎？蕘圃有言：「物既殘毁，時尚弗屬，或以不材終其天年。」孫淵如亦言：「此固不利時眼，可以保守勿失。」余既爲是書喜，余更以自喜也。

版式　半葉十六行，行二十八字。左右雙闌，版心白口，雙魚尾。書名署「文選幾」，記字數上下無定，最下記刻工姓名。

刻工姓名　可辨者僅李珍、李昌、楊昌三人及彦、冲二單字。

宋諱　刻本二卷貞、讓、樹、勗、桓、完、慎等字闕筆。

藏印　汪厚齋藏書　汪印士鐘　民部尚書郎　宋本　自娱而已

095　迂齋標註諸家文集殘本　六册

撰人題「鄞人樓昉暘叔」。全書不分卷，所采先秦文十三篇、兩漢文十六篇、三國文二篇，葉號起第一至九十四，當爲第一卷。唐文昌黎二十二篇，附李漢序，河東十四篇，葉號第一至一百有一，當爲第二卷。宋文王黄州一篇，范文正三篇，六一十六篇，僅三十八葉，篇幅獨少，然末葉已有餘白，當爲第三卷。陳振孫《書録解題》「《迂齋古文標註》五卷，宗正寺簿四明樓昉暘叔撰。大略如吕氏《關鍵》，而所取自《史》、《漢》而下至於本朝，篇目增多，發明尤精當，學者便之」云云。是本標名微異，然音訓字義及行文之法均刊列行間，凡關鍵所在，則加以標抹圈點。前見明刻吕氏《古文關鍵》亦大致如此，與振孫所言相合，是必同爲一書。按《古文關鍵》、《解題》稱「所取有韓、柳、歐、蘇、曾諸家文」，此書則稱其本朝篇目較多。是本僅存三卷，故宋文衹見王、范、歐三氏。迂齋有《標注崇古文訣》三十五卷，寶慶丁亥姚珤刊。取校是本，適當《文訣》之前十九卷，除減少篇數兩漢二，六朝二，昌黎三，李習之、王黄州、宋景文各一，温公五外，餘盡相同。則此下二卷必爲宋諸大家之作，亦必與《文訣》所録大略相同。季滄葦《延令書目》有宋版宋人樓昉《標注諸家文集選》十本，是本卷首有季氏藏印四方，以册數計之，見存六册，所缺宋文約當四册之數，是必即季氏舊藏，且即爲振孫所稱「五卷」本也。四庫館臣未見兹本，遽疑《解題》所稱「五卷」爲誤脱「三十」二字，未免武斷。

版式　半葉九行，行十九字。左右雙闌，版心白口，秦、漢、三國文雙魚尾，餘單魚尾。

書名題「古文」二字，上記字數，下記刻工姓名。

刻工姓名　存者黄云、李林、岳元、吴瑞、李珍、王信、王昭、林挑、朱浩九人，餘爲行、文、拱、印、仁、云、士、共、李、吴、林、永、王、用、信、珍、金、浩各單字。

宋諱　玄、朗、殷、匡、筐、恒、貞、徵、勗、桓、完、搆、慎、惇、敦、廓等字闕筆。

藏印　項靖〔一〕之印　檇李項藥師藏　萬卷堂藏書記　寶墨齋記　季印振宜　滄葦　御史之章

〔一〕「靖」，原作□，今據《藏園群書經眼録》改。

096　迂齋先生標注崇古文訣殘本　三册

始余得《迂齋標注諸家文集》，以與姚珤刻《崇古文訣》相校，頗疑黄蕘圃所稱二十卷本者即姚刻之不全本。今得是刻，再以兩本互校，乃知其不然。是本所存各卷比《諸家文集》所存各卷，減者有韓昌黎《贈張童子序》、《南海神廟碑》二文。然余以爲亡佚，而非原缺。何以言之？此二文當在卷六之末，每卷末葉均有「迂齋先生標注崇古文訣卷之幾」一行，是卷無之。前篇《原毁》，適盡於卷六第九葉之末行，則自第十葉至卷末必爲此二文，可無疑也。又所增者有范文正《謹習疏》，文正文後增司馬温公文二篇，此爲與《諸家文集》不同之處。

又以所存各卷與姚刻校，則姚刻於劉向《封事》後增楊子幼、王公仲、江文通、孔德璋文各一篇，又昌黎文增三篇，王黄州文增一篇，温公文增二篇，温公後增宋景文文一篇，又張宛丘文增二篇，宛丘後增黄山谷文二篇，秦淮海文一篇，李盱江後增鄧潤甫文二篇，王三槐後增劉敞文一篇，唐子西文增一篇，胡致堂文增三篇，致堂後增胡澹菴文一篇，胡五峯後增趙霈文一篇，此又與姚刻三十五卷本不同之處。據是言之，是《諸家》先出，文最少，姚刻晚出，文最多，此二十卷本實爲銜接前後之作。雖二書均未見完本，又《諸家》多揚子雲《解嘲》，是本多柳子厚《答許京兆書》各一篇，不無違異，然以見存各卷推之，要不致有大差謬。陳振孫序《諸家文集》時爲寶慶丙戌，姚氏刊書序僅後一年。蕘圃云是書有序，此爲殘本，不可得見，不知付梓之期是否在此丙、丁之交，安得重覩黄本一證之乎？黄氏所得殘本爲周九松舊藏，此僅存卷四至十一、卷十九、卷二十，亦鈐有九松印記，則是書之離散，蓋已久矣。

版式　半葉十二行，行二十三字。左右雙闌，版心細黑口，雙魚尾。書名題「古文幾」、「文訣幾」、「文夬幾」、「文幾」。第十九卷僅記卷次。

宋諱　見於存卷内者朗、恇、恒、貞、徵、讓、桓、完、構、搆、慎、惇、敦等字闕筆。

藏印　毘陵周氏九松迂叟藏書記　周印良金　新安程氏信古堂文房之記　信古堂藏書　金華　廷佐

097 新刊國朝二百家名賢文粹殘本 三册

是書見海源閣楊氏《楹書隅録》，不著編輯者姓名。首有慶元丙辰朝散大夫直祕閣知邛州軍州兼管内勸農事眉山王稱季平父序，末有慶元丁巳咸陽書隱齋跋，書凡一百九十七卷。是本行款相同，僅存九卷，第六十八至七十二爲歷代名臣論，第一百六十五至六十七爲上皇帝書，第一百六十八爲上宰相書。所輯之文均不記作者姓名，或稱謚號，或署官職，或題某某先生，書中多省筆、俗書。讀《隅録》摘引後跋數語，似爲書肆牟利之作。惟鐫印俱精，實出蜀中高手，是爲初印原本無疑。按《文淵閣書目》、《菉竹堂書目》均有《二百家文粹》，《國史經籍志》又有《二百家名賢文粹》，記載過略，是否相同，未能遽斷。獨《郡齋讀書志·附志》著録《國朝二百家名臣文粹》三百卷，所輯爲論著二十二門、策四門、書十門、碑記十二門、序六門、雜文八門，與《隅録》所列門類相合。晁氏《附志》全録二百家姓名，然實衹一百九十九人。《隅録》亦以此爲言，是可認爲一書。其曰「名臣」不曰「名賢」者，或《附志》題寫之誤。然是本九卷所收有東萊先生吕祖謙、東溪先生高登、觀物先生張行成、定菴居士衛博之文，《附志》均無其名，且彼此卷數相差至百有三卷，又似有所區别。海源祕藏，今不知飄墮何所，不覩全書，無從決此疑案矣。

版式　半葉十四行，行二十四字。左右雙闌，版心白口，單魚尾。書名題「粹幾」、「文幾」。

宋諱　玄、弦、儆、桓、慎、敦等字闕筆。

098　應氏類編西漢文章十八卷　八册

是書不見著録，前後無序跋，應氏名字、時代、里居均不詳。卷首有目，卷一賦、騷、辭，卷二頌、論、辯，卷三詔書，卷四璽書、策書、檄、誥，卷五策，卷六、七、八書，卷九、十疏，卷十一封事，卷十二對，卷十三奏，卷十四議、狀，卷十五、六志，卷十七序，卷十八贊。策、書分見於卷四、五，以彼此性質不同，故仍各自爲類。全書鐫刻極精，紙墨明潤，審其筆意、雕工，當是南宋中葉建陽最佳坊刻。舊爲朱笥河所藏，其子少河有跋，謂「取今本《漢書》校之，必有可資證者」。余嘗取校數篇，如卷一賈誼《服鳥賦》「乘流則逝，得坎則止」，殿本「得」作「遇」。司馬相如《子虛賦》「然猶未能偏覩也，又烏足以言外澤乎」，殿本「言」下有「其」字。又《上林賦》「消摇乎襄羊，降集乎北紘」，殿本「摇」作「搖」。揚雄《長楊賦》「是以車不安軔，日未靡旃」，殿本「軔」作「軌」。卷二東方朔《非有先生論》「圖畫安危，揆度得失」，殿本「畫」作「盡」。卷九賈誼《陳政事疏》「彼自丞尉以上，偏置私人」，殿本

「偏」作「偏」。又「夷狄徵令，是主上之操也」，殿本「令」作「今」。卷十五劉歆《曆譜》「四分月法爲周至是乘月法，以其一乘章月，是爲中法」，殿本脱「爲周至是乘月法」七字。《禮樂志》「舞入無樂者將至至尊之前，不敢以樂也」，殿本「入」作「人」。卷十六《藝文志》「是時始造隸書矣」，殿本「造」作「建」。卷十七《諸侯王表序》「詐謀既成，遂據南面之尊」，殿本「詐」作「作」。卷十八《匈奴贊》「辟居北垂寒露之野」，殿本「寒」作「塞」。其中數字，今本實爲訛誤，即可兩通者，亦以舊本涵義爲勝。古書可貴，觀此益信而有徵。

朱錫庚題　右宋槧本《應氏類編西漢文章》十八卷，卷分賦、騷、辭、頌、論、辯、詔書、璽書、策書、檄、誥、策、書、疏、封事、對、奏、議、狀、志、序、贊，爲二十三類。篇首無序，應氏不知爲誰，著録家俱未之見。按宋陶叔獻《西漢文類》四十卷，近時昭文張金吾家尚存宋紹興十年所刊殘本五卷，頗自矜重。又宋陳鑑《西漢文鑑》二十一卷，《東漢文鑑》十九卷，見《天禄琳琅書目》中，而《四庫總目》未見著録，是書亦其類也。其版本窄小，字畫精細，紙俱羅紋箋，洵宋槧中之最古者也。文内並載顔師古注，其文字之異同與注文之增損，暇日當取今本《漢書》校之，必有可資證也。道光三年癸未夏四月六日，少河山人識。

版式　半葉十三行，行二十四字，大小同。左右雙闌，版心細黑口，雙魚尾，間記字數。書名題「西漢文」，或「西文」，或「漢文」等字。每類總名低二格，題低三格，題之次行略撮本文大意，又低一格。遇有要義則標記上闌，更於字句之旁加墨擲或點頓。凡異讀及難識之字均附釋音，或隨音圈發。

宋諱　玄、敬、弘、殷、匡、筐、禎、楨、貞、徵、讓、戌、勗、桓、構、遘、慎、敦等字闕筆。

藏印　華亭朱氏珍藏　宗伯　虞山錢曾遵王藏書　紙谿　紙溪艸堂　紙谿後樂園得閒堂印　竹虛齋藏書印　朱筠　笥河府君遺藏書畫　朱印錫庚　少河　茉花吟舫　孔繼涵印

099－1　詳注周美成詞片玉集十卷　三册

《直齋書録解題》：「《清真詞》二卷，《後集》一卷，周邦彦美成撰。」無「片玉」之名。毛晉嘗得宋刻《片玉集》，亦二卷，無《後集》，有淳熙庚子晉陽强煥敘。晉覆刻之跋稱「其書評注龐雜，一一削去，釐其訛謬」，故其刊本所存之注無幾。是本題「廬陵陳元龍少章集注、建安蔡慶之宗甫校正」，書名亦稱「片玉」，然與晉所得者不同。全書十卷，以春夏秋冬四景及單題雜賦分類。卷耑有廬陵劉肅序，作於嘉定辛未，後於强煥者三十餘年。劉序謂「陳氏病舊注之簡略，遂詳而疏之」者，必即指强本之注。取毛氏刊本對校，其注略有同者，是可證也。然陳注亦殊膚淺，篇中曲調僅就字面注釋，全不述其源流。又如《側犯》一闋「見説胡姬，酒爐寂静」句，注引《左傳》「胡姬乃齊景公妾也」；《訴衷情》一闋「不言不語，一段傷春，都在眉間」句，注引《論語·鄉黨》「食不語，寢不言」，均欠貼切。阮文達以《四庫》未收，影寫進呈，其提要於引原序外未贊一辭，亦可於言外見之矣。是本黄蕘圃、顧千里均定爲宋刻，蕘圃後跋謂「無藏書家圖記」，然卷三末葉有「周遇吉印」朱文方印，《明史列傳》有此姓名，其人以禦流賊戰死於寧武關者，如爲其人，更可寶已。

黄丕烈題詩　《秋日雜興詩》之一：秋來差喜得書奇，李賀歌詩片玉詞。金刻四編多趙序，宋箋十卷補陳題。馮鈔別貯添餘閏，陸校先儲出兩歧。集部新收雙祕本，囊空一任笑余癡。

趙序何義門校本失之，此却有。　陳題陳直齋《書録解題》但載《清真詞》二卷、《後集》一卷，未及此本。　馮鈔上鄗馮氏鈔本四卷，後多集外詩。每卷鈐有「宋本」二字，與金刻異。　陸校《片玉詞》二卷爲嘉靖乙未七檜山房鈔本，後題云「陸兆登校過」。　復翁黄丕烈記。

又跋　己巳秋七月，余友王小梧以此《詳註周美成詞片玉集》三册示余，謂是伊戚顧姓物。顧住吳趨坊周五郎巷，向與白齋陸紹曾隣。此乃白齋故物，顧偶得之，託小梧指名售余者。小梧初不識爲何代刻本，質諸顧千里，始定爲宋刻，且云「精妙絶倫」。小梧始持示余，述物主意，索每册白金一鎰，後減至番錢卅圓，執意不能再損。余愛之甚而又無資，措諸他所，適得足紋二十兩，遂成交易，重其爲未見書也。是書歷來書目不載，汲古鈔本雖有十卷却無注。此本裝潢甚舊，補綴亦雅，從無藏書家圖記，實不知其授受源流。余收得後，命工加以絹面，爲之線釘，恐原裝易散也。初見時，檢宋諱字不得，疑是元刻精本。細核之，惟避「慎」字，「慎」爲孝宗諱，此刊于嘉定時，蓋寧宗朝避其祖諱，已上諱或從略耳。至詞名《片玉集》，據劉肅序，似出伊命名。然余舊藏鈔本祇一卷，前有晉陽强焕序，亦稱《片玉詞》，是在淳熙時，又爲之先矣。若《書録解題》美成詞名《清真詞》，未知與《片玉詞》有異同否？又有《註清真詞》，不知即劉序所云「病舊註之簡略」者耶？古書日就湮没，幸賴此種祕籍流傳什一于千百，余故不惜多金購之。惟是一二同志老者老，没者没，如余之年及艾而身尚存者，又日就貧乏，無力以收之，奈何奈何！書此誌感，復翁。

版式　半葉十行，行十七字。小注雙行，字數同。版心細黑口，左右或四周雙闌不一律，雙魚尾。書名題「片玉幾」或「玉幾」。

宋諱　僅一「慎」字闕筆。

藏印　周遇吉印　滿足清净　丕烈　蕘夫　士禮居　汪印士鐘　閬源真賞

099－2　詳注周美成詞片玉集十卷　二册

余續得此刻，與前本較，不能定其先後。以眎彊邨先生，先生取前本參校，舉其訛脱，謂此刻爲勝，且定爲少章手自斠改覆刻之本。自來剞劂之事，每以初版爲佳，凡後出者大都据以覆刻，故譌文奪句時有所見，不知者就表面觀之，必以此爲原本而彼爲覆本。然覆刻之訛祇有疑似而無增減，且是本辭句之不同者，審其文義，實有青勝於藍之概，尤以卷五前四葉爲甚。其卷四《訴衷情》「不言不語」之注亦并無存。彊邨一代詞宗，其定爲斠改覆刻者，所言固自可信，特不解初刊是書者何以如是草草耳。版印不及前本，蓋有初印、晚印之别。若竟以此退而居乙，則誠未免皮相矣。彊邨校語，至爲詳密，附録於後。

朱彊邨跋　美成詞刻於宋世者，一爲《清真詩餘》，見《景定嚴州續志》；一《圈發〔二〕美成詞》，見《詞源》；一《清真詞》，見《直齋書録解題》。又有溧水、三英諸本，皆無注。其曹杓《注清真詞》亦見《書録解題》，書亦久佚。兹集劉必欽序謂「病舊注之簡略，遂詳而疏之」，疑即据曹注本，故編次與《清真詞》悉合。黄蕘圃藏本與是略同，而劉序稱「嘉定辛未」，其爲宋刻無疑。此雖删去「嘉定辛未」十許字，然覈其注語，較黄本爲詳明。卷五注中尤相徑庭，其爲少章手自斠改覆刻亦無疑，且當時印布較廣，故視黄本之初稿爲稍漫漶。半塘老人謂爲元刻者，蓋未覩黄本，固標明「嘉定」且有異同也。己未春莫，明訓兄得之，出以見示。漫識數語，且述是帙之遠勝黄本，固不必以印工而軒輊之也。上彊邨民孝臧記。

卷	葉	行	毛氏藏本	黄氏藏本
序	三	前四	「片玉集云」下	有「少章名元龍時嘉定辛未杪臘」十二字
一	二	前九	注 玉勾隔瑣窗	「勾」誤「匆」
		後九	注 賦旗亭	「賦」誤「付」
	三	前九	繡閣鳳幃深幾許	「深」下衍「處」字
		後五	注 賈充女	「充」誤「夜」
	四	前九	注 百過落烏絲	「落」誤「范」
		後十	注 韓翃詩	「韓翃」二字倒
	五	前十	看兩兩相依燕新乳	「依」誤「倚」
		後九	燈偏簾捲	作「簾捲燈偏」
	六	前八	注 山谷紅紫争春觸處開曹子建	作「林逋暗香浮動月黄昏隋煬帝」
	七	前五	想一葉暗題	脱「想」字
		前六	注 韓氏一聯	「氏」下有「詩曰」二字
		後三	注 于武陵月落滿城鍾	無此注

二

一　後四　注　故人各在天一角　作「一天角」

後四　謾記得當日音書　脱「謾」字

二　前六　休問舊色舊香　「舊色」作「蒨色」

三　前五　蝶粉蜂黄都褪了　「都褪」作「渾涴」

後二　注　翠被夜徒薰　脱「薰」字

後二　無人撲　「人」作「心」

四　前十　征途迢遞　「迢遞」作「區區」，誤

五　前三　注　女郎剪下鴛鴦錦　「郎」誤「歸」

前十　注　「麗情集灼灼錦城官妓與裴質善」以下三字殘蝕　作「麗情集灼灼與裴質書以」

後六　羅帶光銷紋衾疊　「銷」作「消」

六　前一　注　念來憶舊遊　「憶」作「思」

前五　窗影燭光摇　「光」作「花」

四

二　後一　注　各親樂器　「親」作「執」宜從「執」

後二　注　牆西禄詩　「禄」作「樹」宜從「樹」

三　前六　巷陌馬聲初斷　　脱「初斷」二字
前七　注　摘花露金井　　「露金井」作「金井邊」
後七　注　奉倩亦卒　　「卒」誤「辛」
四　前二　注　洛神賦　　「賦」誤「付」
前八　注　辛延年　　「辛」誤「卒」
後六　夢此字蝕。遠　　「夢」下有「念」字
五　前一　注　蜀紙虛留水字紅　　「水」作「小」，是

五

三　後一　秋意濃閑竚立處　　「處」誤「庭」
五　前六　似故人相看　　「似」作「但」，誤
後五　見皓月牽離限　　「牽」作「驚」
七　前九　此恨自古銷磨不盡　　脱「此」字
後五　注　今老母　　脱「老」字

六

一　後三　霜空又曉　　「又」作「自」
四　前十　注　南雨　　「雨」作「宮」
五　後四　注　謝惠連雪賦　　「賦」誤「付」
抽子祕思爲賦之　　「賦」誤「付」

後十　纔喜門堆巷積　「門堆」誤作「堆門」
七　一　前十　注　劉遵詩腕動飄香麝　無此注
後三　注　易齋云舊本作千門如畫　無此廿餘字
者誤也雖有妙手安能
畫其朋疑「門」之訛。耶
五　前三　脆丸薦酒　「丸」作「圓」
後十　注　閒折兩枝持在手花閒詞偏　作「手撚梨花寒食心又云梨花
能勾引淚闌干　一枝春帶雨」
八　三　後十　東望淮水　「望」作「畔」
四　後六　背地伊變惡會稱亭事　「地」作「他」，脫「事」字
後七　好采無可怨　「采」作「來」
七　前七　注　自十六日一莢落至月盡矣　「盡矣」上作「則」
九　四　前四　轆轤牽金井　「轆轤」作「轣轆」，是
後九　誰送郎邊尺素　「尺素」二字脫
六　後一　注　愁趁欲赴傷心地　作「欲我趁赴傷心地」

十一　後七　注　灼灼歌舞停歌罷來中坐　無此注

四　後五　注　宮中生荆棘涼露沾衣　無「涼」字

　　後五　會探風前津鼓　「會」下衍「處」字

五　前八　注　丁偓妻詩　「丁偓妻」作「韓偓」

六　前七　注　脞説拭翠斂雙蛾　無此七字

七　後五　注　杜牧驚起鴛鴦豈無恨一雙飛去却回頭　無此注

版式　半葉十行，行十七至十九字。小註雙行，字數同。左右雙闌，版心細黑口，雙魚尾。書名題「片玉幾」、「玉幾」，葉號下記字數。

宋諱　僅「匡」、「慎」二字闕筆。

藏印　毛晉　子晉　毛氏子晉　雪苑宋氏蘭揮藏書記　臣筠　三晉提刑　孫楫　駕航　張氏南伯　張南伯書畫印　宋〔二〕書　履素畫印　劉嶽之印　雲査　髯　玉山珠海□家　華韻書堂　遺子孫　子孫保之

〔一〕「發」，國家圖書館藏光緒八年娱園刻本《詞源》作「法」，該本鄭文焯眉批亦作「法」。

〔二〕「宋」，原誤作「朱」，今據原印改。

元本附

100　戰國策殘本　四册

鮑彪校注，吴師道重校。卷首劉向序，次曾鞏序，次鮑彪序，次師道自序二首，次目録，次凡例五條。師道合高誘注、姚宏續注與彪注參校，辨正其謬誤及未明而改定者，以「正曰」著之，補其闕遺及他有發明者，以「補曰」著之，自來稱注「國策」之善本。是爲元末所刊，原有至正十五年刊書序，又有江南浙西道肅政廉訪司下平江路總管府刊書牒，此均已佚。全書僅存前五卷，卷三、四、五末均有「至正乙巳前藍山書院山長劉鏞校勘」一行。乙巳爲至正之二十三年，去元亡僅三年矣。刊印俱精，惜非完璧。

版式　半葉十一行，行二十字。左右雙闌，版心細黑口，單魚尾。書名題「戰國策」或「國策卷幾」，上間記大小字數，下記刻工姓名。

刻工姓名　存卷中僅何原、朱祥二人，餘爲朱、周、王、潘、趙、何、魏、彦、付、番、夫、芦各單字。

101 幽蘭居士東京夢華録十卷 一册

宋孟元老撰，作者自署「幽蘭居士」。卷首有其自序，大致謂久居輦下，目覩太平，靖康兵火，避地江左。暗想當年節物風流、人情和美，省記編次，等於夢游。序作於紹興丁卯，南渡已二十年，蓋不勝故宫禾黍之感。黄蕘圃嘗得一元刻，迭有題記，謂「版大而字細，人皆以爲宋刻，余獨謂不然。書中惟『祖宗』二字空格，餘字不避宋諱，當是元刻中之上駟」。又謂「毛刻猶未盡善，不但失去淳熙丁未浚儀趙師俠介之後序」云云，是可知元本固有後序。所指各節，驗之是本，一一脗合。先是，得是書者乃援《汲古閣珍藏祕本書目》「宋版一部」之語，又以是本有毛氏印記數方，謂「毛氏鑒别至精，『宋本』小印，决不輕鈐」，據此數端，定爲宋刻，是真可謂皮相矣。蕘圃嘗得吴枚菴校江氏宋刊本，記明行款，八行十六字，與此不同。且是本書法全是元人風格，可爲鐵證。至「宋本」一印，安知非後人所爲？世有識者，當不以余言爲謬也。鈔配四全葉，二半葉。

版式　半葉十四行，行二十二、三字。左右雙闌，版心細黑口，間有闊者，雙魚尾。書名題「夢華卷之幾」，下間記刻工姓名。

刻工姓名　僅吴明、姚宏二人，餘爲良、明、元、婁、魏各單字。

藏印　毛晉　汲古主人　毛扆之印　斧季　東吳毛氏圖書　宋本

102　南海志殘本　二册

撰人不詳。前五卷佚，存六至十。卷十末綴一「終」字，餘四卷否，似全書已盡於此。卷六紀户口、土貢、税賦，卷七紀物産，卷八紀社稷、壇壝、城濠，卷九紀學校，卷十紀兵防、水、馬站、河渡、局務、倉庫、廨宇、郡圃。凡所舉廢，由宋及元，最後爲致和元年。是爲明宗即位之歲，蓋刊於有元中葉以後。按元世祖攻克廣州，立廣州路總管府，設録事司，元領八縣，其後以懷集一縣割屬賀州，餘七縣：一南海、二番禺、三東莞、四增城、五香山、六新會、七清遠。本書紀載先録事司，次及七縣，是雖名《南海志》，而實則廣州一路之志也。

版式　半葉十一行，行二十一字。四周單闌，版心細黑口，雙魚尾。書名題「南志卷幾」，無字數、刻工姓名。

103　文正公尺牘三卷　一册

此爲《范文正公全集》之一種，陳振孫《書録解題》謂「《文正尺牘》五卷，其家所傳，在正集之外」。《宋史·藝文志》又云「《尺牘》二卷」。陸氏《皕宋樓藏書志》有宋乾道饒州刊

《文正全集》，其中《尺牘》亦二卷，是在宋時《文正尺牘》已有兩本。此獨三卷，又出於前兩本外。卷上家書，凡三十六帖；卷中與韓魏公，凡三十一帖；卷下與交游晏尚書輩二十九人，凡五十二帖。總一百十九帖。卷末有張栻跋，稱得之胡文定家，刻于桂林郡齋。是與五卷本固不同，特不知視乾道本何如耳。《天祿琳琅》「宋版集部」淳熙丙午綦焕補刊《范文正公集》有《尺牘》三卷，其稱帖數一百十四，分合或有不同，必即此書無疑。是本卷末原有至元再元丁丑八世孫文英識語，謂「先文正公尺牘舊刊于郡庠，歲久漫漶，今重命工鋟梓，刊置家塾之歲寒堂，期與子孫世傳之」云云。據此，則是本必從宋本出也。書估欲以冒充宋刻，故被毁去。卷端略有殘佚，異日尚當鈔補，俾成完璧。

版式　半葉十二行，行二十二字。左右雙闌，版心白口，雙魚尾。無書名，僅題卷次。

104　知常先生雲山集殘本　三册

知常先生姓姬，名翼，澤州高平人。元世祖時出家爲棲雲王真人弟子，易名志真。後隨其師居汴之朝元宫，棲雲殁，嗣主教事。至順宗時，朝廷特加褒崇，賜以「知常真人」之號。明白雲霽《道藏目録》「太平部兄字號」計八卷，又云「《雲山集》卷一之十，姬志真撰。集中詩賦歌論、碑記雜文大率以演暢宗風、蠲滌塵累爲主」。錢大昕《補元史藝文志》亦云十卷。是本乃作五卷，前二卷佚。取明道藏本互勘，此之一卷適當藏本二卷。藏本現存者八卷，卷一賦、七言古、五言古、七言律，卷二七言律，卷三五言律、長短句、七言絶句，卷四七言絶句、五言絶句、跋。以上四卷必即是本之卷一、二，然已闕去，無可取證。卷五、六詞，當是本之卷三。卷七碑，卷八碑、記，當是本之卷四。惟卷四最後有記三首，爲藏本所無。又是本卷五有論七、修行法門五、銘七、説七、評七，正當藏本之卷九、十，均已亡佚，是否相符，末由考見。然以卷四之異同證之，似當時已有二本，且《藏目》明言「兄字號」計八卷，則彼時所收之別本亦係殘帙。猶幸一首一尾分見兩編，取而合之，尚可稍窺全豹也。卷末有延祐已未朱象先後序暨真人事實，又有孫履道等六人銜名，皆棲雲門下朝元宫道職，必爲知常法胤身任校刊是書者。書尾襯葉又有「一部五本，洪武三十五年正月十九日朝天宫道士姚孤雲進到」墨書一行。按楊吴時建紫極宫，宋改天慶觀，明洪武稱朝天宫，至清爲江寧府學，今其址猶存。又明成祖即位，詔革除建文年號，仍稱洪武。其云「三十五年」者，實爲建文四年，是此必爲元刻無疑。

版式　半葉九行，行二十字。左右雙闌，版心白口，單魚尾。書名題「雲山幾」，下間記刻工姓名。

刻工姓名　有張德甫、陳仁甫、元表三人，又趙、范、陳、胡、仲、古、月各單字。

105 精選古今名賢叢話詩林廣記殘本 四册

《四庫總目》本書《前集》十卷,《後集》十卷,宋蔡正孫撰。《提要》稱「前有自序,題『歲在屠維赤奮若』,蓋已丑年作」,「爲元太祖至正二十六年」,在宋亡後之十年,是爲元代刊本。書名或曰「精選」,或曰「妙選」,或曰「古今名賢」,或曰「名賢古今」,蓋刊於坊肆之手,未及精校也。每卷書名次行題「蒙齋野逸蔡正孫粹然」,與《四庫提要》所稱同。是本《前集》存卷一之三、卷七之十,序目均佚。《後集》存卷一之八,又存目録至卷八郭功甫止。原書不全,作僞者黏合目録第二、三前後兩半葉,冒爲完璧。實則《後集》起歐陽修迄劉攽,凡二十八人,郭功甫下尚有十五人,其姓名均被割棄矣。

版式 目録半葉七行,正文八行,行十六字。諸家評論低三格,每行亦十六字。標題均黑地白文。左右雙闌,版心闊黑口,雙魚尾。書名題「寺幾」,亦有僅題卷數者。《後集》題「寺后幾」或「后幾」。

附録一：序跋及論述

一、潘世兹《寶禮堂宋本書録·影印前言》

鏤版之興，遠在唐世。刻石亦可云摹勒，而作書鬻賣，自非鏤版不可。宋刻書本筆法謹嚴，刻工精巧，非名師巨匠無能成也。我國現存最古之印本《金剛經》刻於唐懿宗咸通九年，即公元八六八年，距今已一千一百多年矣，爲全世界最古用雕版印成之書。如此稀世之珍、無價之寶，不知何年何月竟流落異邦，藏於英國博物館。每一念及，令人痛心。上海爲文物聚集之所，而流散國外亦甚多。先君明訓公自粤來滬，慨然以保存文物爲己任。適袁寒雲先生由京南下，卜居滬上，以度其清閒之歲月。寒雲先生好古博學，文采風流，爲一時冠，藏書美且富，自號「後百宋一廛」。來滬後以資斧不繼，急欲將所藏之書以易其新嗜之物。其中有三山黄唐本《禮記正義》及《公羊經傳解詁》等珍本秘笈。《禮記正義》原藏曲阜孔氏，作爲傳家之寶，海内傳爲孤本。當時日人聞知，亦急欲搶購以便運往彼邦。先君得悉後，即以巨資購得。國之瑰寶，得以保全免至淪落異邦。先君歡欣之餘，名其藏書樓爲「寶禮堂」，以誌喜也。並請版本專家毗陵董誦芬康先生募工鋟刻，以饗好學之士，裝潢版式一如原書，共印一百部。書成之日，士林稱賞。於是遠近書估争挾其善本踵門求售，而北楊南瞿以及國内各大藏書家之珍本盡入寶禮。先君以一手一足之力能集此數千百卷於一堂，與黄蕘圃之「百宋一廛」相比有過之而無不及。國家文物得以保存，亦不枉此一生矣。建國之初，兹秉承先君遺志，將寶禮堂全部宋刊獻之國家，永以爲寶。先君有知，當亦含笑於九泉之下。

先君生時與張菊生世伯友善，每收藏一書，必向張世伯請教，否則寧可割愛。如此許多珍本選入寶禮堂，當首推張世伯鑑定、辨其真贋之功。菊生世伯乃我中華學術界鉅子，於發揚民族文化、保存歷代古籍，厥功之偉，世莫與京。先君以寶禮堂所藏宋槧宜有書録方能傳之久遠，特懇張世伯纂輯書目行世。世伯以年老體弱之身難以應命，但爲文物流傳義不容辭，慨然允諾。歷時數載，費盡心血，方告脱稿，不啻集宋刊之大成，亦是中國印刷出版史之鉅著。計録宋刊本一百一十一種，分爲四部，經部二十二，史部二十六，子部二十三，集部三十九。此外附有元刊六種，都一千零八十八册。各書大都經過海内著名收藏家如毛子晉、孫承澤、季滄葦、徐乾學、黄蕘圃、汪閬原、項子京、楊紹和、錢遵王等先哲先後收藏或題跋。其中《韋蘇州集》、《曾南豐先生文粹》、《六臣注文選》等原爲大内舊物，鈐有「乾隆御覽之寶」與「天禄琳琅」璽印，誠宋刊精品。書成之日，由張世伯題名曰《寶禮堂宋本書録》，分贈專家學者及各大圖書館。因印數有限，歷經動亂，幾已蕩然無存。惟寶禮堂舊籍今俱由北京圖書館珍藏，未罹劫難，曷勝慶幸！方今整理國故刻不容緩，而學術界需要此《書録》者甚衆，兹意欲重印，藉綿先澤，而苦個人能力有限，計無所出。幸蒙廣陵古籍刻印社諸同仁鼎力相助，勉勵有加，重印方克有成。並命兹爲敘原委。兹以見聞側陋，學無專長，本不敢應命，奈以忝在幼輩，責無旁貸。值此暮春三月，江南草長，神州河嶽，生氣盎然，兹雖至愚，敢不奮發。謹書數言，尚望各方賢達有以教之，幸甚。

公元一九八四年歲次甲子三月潘世兹於復旦大學

（《寶禮堂宋本書録》，一九八四年廣陵古籍刻印社影印本）

二、程遠芬《寶禮堂宋本書録・整理説明》

一、本書一九三九年由商務印書館排印出版，無作者署名，僅見扉頁背面及書末有「廣東南海潘氏藏版」、「南海潘氏鑄版印造」等字樣，有潘宗周《自序》，書中有幾處措詞亦采用潘氏語氣；一九八四年江蘇廣陵古籍刻印社重印時，署潘宗周、張元濟名。據以下理由，可確定爲張元濟著作：

（一）廣陵古籍刻印社版載潘宗周子潘世玆《前言》，有「先君以寶禮堂所藏宋槧宜有書録方能傳之久遠，特懇張世伯（按即張元濟）纂輯書目行世。世伯以年老體弱之身難以應命，但爲文物流傳義不容辭，慨然允諾。歷時數載，費盡心血，方告脱稿，不啻集宋刊之大成，亦是中國印刷出版史之巨著」語。

（二）張元濟一九三七年日記殘本中有記載：九月十三日，致潘明訓（宗周）書，送呈《武經龜鑒》等七書題跋；九月二十六日，偕王雲五訪潘明訓，面交第六次宋本書題跋稿七種；十一月八日，訪潘明訓，交善本提要十種。

（三）王紹曾《近代出版家張元濟》（增訂本）、杜澤遜《張元濟與〈寶禮堂宋本書録〉》中，對此書作者均有考訂、論證。

二、本書據廣陵古籍刻印社重印本點校整理。影印本有字迹不清者，以原本校補。原書繁體竪排，現改簡體横排，但涉及文字校勘及宋代避諱字，改爲簡體有礙傳達原意者，仍保留繁體。原書雙行小注，改爲括注；原書印鑒係存舊式，今改簡體横排。原書偶有訛誤，今予校補。校補之字均加[　]，原文不改。

（《張元濟古籍書目序跋彙編·寶禮堂宋本書録》，二〇〇三年商務印書館排印本。《張元濟全集》第八卷《寶禮堂宋本書録》，二〇〇九年商務印書館排印本）

三、柳向春《寶禮堂宋本書録・整理説明》

《寶禮堂宋本書録》係一部關於民國間潘宗周寶禮堂所藏宋元本之解題目録。

潘宗周（一八六七—一九三九），字明訓，廣東南海人，嘗充上海英租界工部局總辦。潘氏席豐履厚，家雄於資，自中歲發力收書，二十餘年間，計得宋本一百一十一種，元本六種，都一千零八十八册，一時號稱藏書巨擘。嘗自謂云：「綜其所得，亦略與蕘圃相埒。」可見其自期之道。潘氏所藏精品極夥，其中得諸袁克文之南宋光宗紹熙三年三山黄唐刊本《禮記正義》七十卷，尤爲白眉，而「寶禮堂」之名，亦即淵源於此。

潘宗周與張元濟先生交厚，有珍本選入寶禮堂，均請張元濟「考其真贋，評其高下」。據《張元濟年譜》所載張元濟一九三七年日記殘稿中，有他陸續向潘宗周提交《書録》的記録多處，如九月十三日「致潘明訓書，送呈《武經龜鑑》、《名賢文粹》、《輿論廣記》（按：「論」當爲「地」）、《古三墳》、《荀子句解》、《湘山野録》、《傷寒明理論》七書題跋」，九月二十六日「偕王雲五訪潘明訓，面交第六次宋本書題跋稿七種」，十月三日「潘明訓來訪，面交第七次已撰宋本提要七種」，十月十四日「訪潘明訓，交第八次宋本提要十一種，連前共六十八種」，十一月八日「訪潘明訓，交善本提要十種」。可見張元濟先生曾撰寫寶禮堂之書目題跋。鄭振鐸《西諦題跋》云：「《書録》出張菊生先生之手。」故《寶禮堂宋本書録》之成書，張元濟先生費盡心血，起了很大作用。此次整理所用底本爲一九三九年三月「南海潘氏鑄版印造」之初印本。

（《寶禮堂宋本書録》，二〇〇七年上海古籍出版社排印柳向春點校本）

四、倫明《辛亥以來藏書紀事詩·潘明訓》

百宋何妨又一廛，俗人雅事喜能兼。琴中領得無弦趣，不解咿唔也自賢。

南海潘明訓，少時供事洋行，現充英工部局總辦。以上八字葉本脱。喜儲宋槧，初以百種爲限，聞近已逾限矣，並聞眼識甚高，元明以下蔑如也。案近來銀行家，多喜藏書，武進陶蘭泉、廬江劉晦之，其最著者也。聞杭州葉揆初者，亦浙江興業銀行董事，收藏稿本抄校本甚夥。往日藏書之事，多屬官僚，今則移之商家。官僚中雖不乏有力者，而忙於鑽營徵逐，無暇及此，亦可以覘風氣之變遷也。

雷夢水按：潘氏最初收得蜀大字《史記集解》半部，刻本絶精。值洪憲失敗，袁寒雲走寓上海，因生活窘迫，將所藏宋黄唐刻本《禮記正義》、《公羊經傳解詁》二書，售歸潘明訓，因名其藏書室爲寶禮堂，相繼將袁寒雲其餘舊刻善本大部收得。又從山陰藏家訪獲宋廖瑩中世綵堂刻本《柳河東集》，爲世間孤本。采集十數年，得宋刊本書百餘部，編爲《寶禮堂宋本書録》四卷，張元濟爲之作序。解放後，將所藏全部捐歸北京圖書館。

（《辛亥以來藏書紀事詩》，一九九〇年上海古籍出版社排印本）

五、徐信符《廣東藏書紀事詩·潘宗周寶禮堂》

百宋居然又一廛，緬懷蕘圃結良緣。桑皮潔白旋風葉，寶宋相輝有後先。

潘宗周，字明訓，南海人。少時供事上海洋行，後充英工務局總辦。宗周雖執業商廛，壯歲獲交宜都楊守敬，慨然有收書之志。喜儲宋槧，初以百種爲限，後已逾限矣。其眼識極高，元明已下視之蔑如也。從袁克文購得宋刊《禮記》，乃南渡後三山黄唐所刻，舊藏曲阜孔氏，海内傳爲孤本。潘氏適構新居，因顔其堂曰「寶禮」。袁氏夙蓄書，自洪憲失敗，遂斥所藏善本舊槧，歸潘氏者十之六七。潘氏有佞宋癖，二十年所積畧與黄丕烈埒，編有《寶禮堂宋本書録》，張元濟敘之，謂其「苟爲善本，重值勿吝。但非宋刻，則不屑措意。十餘年來，旁搜博采，駸駸與北楊南瞿相頡頏。」言吾粤藏書多宋槧者，明清以來惟有持靜齋，繼起者當推寶禮堂。

考《寶禮堂宋本書録》，共四卷，附録一卷。卷一經部，著録書十九種二十一部，複出二部。卷二史部，著録書二十三種二十六部，複出三部。卷三子部，著録書二十一種二十一部，内叢書一種，子目四種。卷四集部，著録書三十六種三十九部，複出三部。附録元本六種六部。其著録體例，首標書名卷數，或殘存卷數册數。次録刊本源流，兼論其内容之優劣、文字之得失。次録收藏家題跋，次録版式行欵、每葉行數、每行字數以及版匡魚尾之狀，皆詳著之。次録刻工姓名，次録避諱字樣，而殿以收藏家印記，依原式著於篇，獨未注明爲朱文抑爲白文耳。間録著録本之後序及銜名，如《禮記正義》、《資治通鑑目》無銜名。蓋皆希見之本。間又録著録本與他本相勘之異文，如《春秋五禮例宗》、《宋名臣言行録》、《湘山野録》、《揮麈録》、《東坡集》、《周美成片玉集》等，均以著録本勝於他本。是篇著録體例，頗可爲法。

昔商務印書館印行《四部叢刊》，其所影宋本出於潘氏所藏者，如宋釋法雲《翻譯名義集》、宋建安虞平齋務本書堂刊《集注分類東坡先生詩》、宋郎曄注《經進東坡文集事畧》各書，皆爲精絶，閱之可見一班矣。

(《廣東藏書紀事詩》，一九六三年香港商務印書館影印本)

六、何多源《廣東藏書家攷·潘明訓》

潘明訓，以藏善本圖書名於吾粵，其所藏雖不及莫氏之多，然多屬舊槧佳本。明訓不獨好藏書，且能以善本捐贈於各圖書館，廣州嶺南大學圖書館得其捐贈之書頗多，其最佳之本有下列元刊本三種：

一、《列子》八卷二册，每半葉十二行，行廿六字，書中有「宜都楊氏藏書記」白文方印，「楊印守敬」白文方印，「弘前醫官澀江氏藏書記」、「東海子藏書」等朱文長印。

二、《揚子》八卷二册，每半葉十一行，行廿一字，細字雙行，有「宜都楊氏藏書記」白文、方印。

三、《纂圖互註荀子》二十卷四册，每半葉十二行，行廿六字。

其他明刻圖籍，捐贈於嶺大圖書館者，亦有多種。

（《廣州大學圖書館季刊》第一卷第三期，一九三四年）

七、潘世兹《寶禮堂收集宋刊記》

先父明訓公，諱宗周，生于清咸豐六年，即一八五六年，卒于一九三九年，享年七十三歲。原籍廣東省南海縣沙瀛村。幼時入私塾，讀四書五經，一心向慕我國舊禮教仁義道德，至終不改。先慈張氏潤葉，同村人也，亦受教于私塾。先慈聰穎過人，讀書過目不忘，凡四書五經都能背誦如流。世兹幼時受業于傳臚黎湛枝先生，傳臚即舊時代殿試後，由皇帝宣布登第進士名次之典禮，第一名爲狀元、第二名爲榜眼、第三名爲探花、第四名爲傳臚。兹受業時，已是民國矣，但黎先生仍拖一條小辮子，言必稱皇上，大有與世隔絶之感。

父親十八歲來滬經商。上海不僅是最大之商埠，而且是全國文物聚散之所。父親來滬不久，即與張元濟、徐森玉、朱彊村諸先賢結交，耳濡目染，漸有收藏我國宋槧善本孤本之宏願。

正當先父慨然以保存中國古籍爲己任之時，適值袁寒雲先生由京南下，卜居滬上，以度其清閑之歲月。寒雲先生，袁世凱之次子也。先生好古博學，文采風流，爲一時冠，琴棋書畫，無一不精；喜京劇，善昆曲，常登臺演出，所作小品，一時傳誦，是亦一奇人也。

先生屬于青幫爲大字輩，海上聞人，多屬其門下。

寒雲先生藏書美且富，自號後百宋一廛，來滬後，以別有所好，急欲以其所藏之書，易其新嗜之物，其中有三山黄唐本《禮記正義》，及《公羊經傳解詁》、《韋蘇州集》、《曾南豐先生文粹》、《六臣注文選》等，皆爲清宫中收藏的珍本秘笈，刻有「乾隆御覽之寶」、「天禄琳琅」等字。《禮記正義》原藏曲阜孔府，作爲傳家之寶，海内傳爲孤本。當時日人聞知，亦急欲搶購。先父得悉後，即以巨資購得。國之瑰寶，得以保存，免至淪落異邦。歡欣之餘，名其藏書樓爲「寶禮堂」，以志喜也，并請版本專家董誦芬（號康）先生募工鋟刻，以享好學之士。董氏曾一度任北洋政府司法總長。裝潢版式，一如原書，共印一百部。書成之日，士林稱賞。于是遠近書估，争挾其善本，踵門求售，而北楊南瞿，以及國内各大藏書家之珍本，盡入寶禮堂。北楊即山東聊城海源閣，南瞿即常熟鐵琴銅劍樓，彼兩家素以藏書著名。先君以一手一足之力，能集此數千百卷于一堂，與黄蕘圃之「百宋一廛」，有過之而無不及。國家文物，得以保存，先君亦不枉此一生矣。建國之初，兹秉承先君遺願，將寶禮堂全部宋刊獻之國家，永以爲寶，先君有知，當亦含笑于九泉之下矣。

《禮記正義》共七十卷，由唐孔穎達奉太宗命撰寫，向以南宋岳珂九經相臺本最爲精審，即所謂十行本也。岳珂乃宋代名臣岳飛之孫。至明代復有正德閩板、萬曆監本及崇禎毛刻本等，次第流傳，毛即明代大收藏家毛子晉。惟幾經翻刻，錯誤日增，學者甚以爲苦。至清朝初期乾隆嘉慶之間，阮文達對于經籍，素有獨得之處，詳加校定，最後完成《十三經注疏校勘記》，學者以此爲監本。其所校《禮記正義》，素稱精確，但猶不免有錯誤之處，蓋所據尚非盡善之本也。至三山黄唐本發現，其校對之謹嚴，雕鏤之精美，不同凡響。按此本始刻于宋光宗三年，即公曆一一九二年，由閩人黄唐親自校訂，福建省城舊名「三山」，故稱之謂「三山黄唐本」，而傳世極少。今雖偶見零卷殘葉，但全書則海内唯此一本。此書原係曲阜孔府秘籍，外間知者極少。昔人收藏之富，如明代毛子晉、清代阮文達俱未之見，後輾轉入袁寒雲先生之手，待袁先生僑居上海時，素知先君明訓公，雅愛稀世珍寶，遂將此書與其他宋刊，割愛相讓。明訓公因請版本專家董康先生，依樣刻印，公之于世，只印一百部，與原書略無遜色，一時傳爲美談。明訓公復取阮氏（文達）校勘記及歷年不同板本，與黄唐本反復讎校，又與張元濟先生，朝夕研究，驗其異同得失，合得前人所忽者不下數千條，成《禮記正義校勘記》上、下兩卷。書成之日，仍委董康先生，募工刻印，以發揚國粹，昌明經學，非爲牟利計也。《校勘記》仍印一百部，其字體款式，一如《禮記正義》，不失宋本之精華，附于《禮記正義》之後，成爲一整體。建國之初，兹即稟承先人遺志，將

《禮記正義》并寶禮堂所有宋板珍本一百餘種，共一千多册，全部獻之國家，俾此寶籍，永爲人民所享用。《禮記正義》雕板，繼亦獻出，而校勘記版片，因闕損甚多，仍留我處。近歲動亂頻仍，早年印行之書，竟不可得。去年北京中國書店重印《禮記正義》，但校勘記未予印行，令人引爲可惜。幸得江蘇廣陵古籍刻印社以整理古籍、傳布民族文化爲己任，願設法補刻所闕之板。工程之大可以想象，然該社不畏艱勞，于今年五月間，新印《禮記正義校勘記》亦已印就問世。去年該社亦將《寶禮堂宋本書録》重印成功，我已將該兩書分贈國内外各大圖書館，俾我國固有文化，得以發揚廣大。該社對于我國文化之貢獻之大，實令人欽佩不已。拙譯《三字經》將于今年九月間在新加坡出版，并蒙該地邀請，將去參加出版典禮，并簽署初版所出之書，届時當將《禮記正義》、《禮記正義校勘記》及《寶禮堂宋本書録》帶往，奉贈當地大學，以敦友誼，并宣揚我國文化。兹幸得有此機會，爲國效勞，亦差堪自慰矣。

先父對于保存國家文物，一向努力不息，曾于二十年代與張元濟先生、葉恭綽先生合資五萬元作爲基金，由張元濟先生代表商務印書館出資二萬元，葉恭綽先生出資一萬元，先父出資二萬元作爲基金，凡市上有珍本或善本出售，而有被外邦搶購之虞者，即由此基金撥款收購。

世兹乘先人餘蔭，得至今日，德厚澤長，敢不黽勉從事，以毋負先人之望。緬懷往事，謹爲之記。

一九八七年八月二十七日

（《出版史料》一九八八年第一期）

八、周退密、宋路霞《上海近代藏書紀事詩·潘宗周》

事若能成皆具癖，藏書佞宋莫輕詆。
若非三字陳思印，那得龍媒十萬蹄？

潘宗周（一八六七—一九三九）字明訓，廣東南海人。少時供職洋行。居上海，充租界工部局總辦。藏書有佞宋癖，遇善本重值不吝，非宋刊則不屑一顧。二十余年間得宋版一百零七部，元版六部，計一千零八十六册，均爲無上精品。所藏一律儲入工部局保險櫃内，故外間萬難一見。論規模，駸駸與南瞿北楊相頡頏焉。初，以「皇二子」自命之洹上公子袁寒雲（克文）以宋刊《禮記正義》登門求售，書爲南宋三山黄唐刊本，曲阜孔府舊藏，傳爲海内孤本，潘氏一見大喜，詫爲罕覯，終于有之，遂顔其新居曰「寶禮堂」。未幾，袁氏所儲善本十之六七遂歸潘氏插架，于是黄氏百宋一廛、汪氏藝芸精舍、郁氏宜稼堂、楊氏海源閣、韓氏讀有用書齋之部分舊物，均先後爲寶禮堂所有矣。從山陰藏家訪獲宋廖瑩中世綵堂刻本《柳河東集》，爲世間孤本，後歸銀行家陳清華，世間傳頌一時。

抗戰期間，潘氏所藏輾轉運抵香港，美國國會圖書館聞訊，大有囊括之意，幸潘氏哲嗣潘世兹先生（原聖約翰大學教授，解放後任復旦大學圖書館館長），深明愛國大義，决計將存在香港宋元善本一百餘種全部捐獻與國家，并主動致函北京國家文物局局長鄭振鐸，表明心迹，同時又爲無人精于此道而苦惱。鄭氏聞訊大爲震驚，適徐森玉先生長子徐伯郊由港來京，便委其具體辦理此事，并由鄭氏請示政務院撥巨款收購滯留香港之其他文物。經徐伯郊先生往返奔走，此大宗瑰寶終于安全抵達上海，政務院又爲此特批專列，由上海直運北京，書現藏北京圖書館。有《寶禮堂宋本書録》四册行世，張元濟序之，又有《寶禮堂書目》一種，爲張元濟手訂。

（《上海近代藏書紀事詩》，一九九三年華東師範大學出版社排印本）

九、鄭偉章《文獻家通考・潘宗周》

字明訓，廣東省南海縣沙瀛村人。生于咸豐六年，卒于一九三九年，享年八十四歲。幼入私塾。年十八至滬經商，後供事洋行，充上海英租界工部局總辦，故家雄于貲。潘氏爲近世銀行家嗜購藏古籍善本者。嘗自云：「少時入塾，挾童子書數册，他無所睹。顧嘗聞長者言，吾粵筠清館吴氏、海山仙館潘氏、粵雅堂伍氏、持静齋丁氏、三十三萬卷樓孔氏藏書之盛，未嘗不爲之神往。稍長來上海習賈，日與駔儈伍，思卒業童年未讀之書。厥後獲交宜都楊惺吾、華陽王雪澄、吴興朱彊村諸先生，目睹其琳琅之富，丹鉛之勤，則又竊竊焉羡之。吾友甘翰臣偶得蜀刻《史記集解》半部，舉以相示，精美奪目，入手不忍釋，于是慨然有收書之志。時項城寒雲公子卜居滬瀆，有友介以相見，兼携宋刻《禮記正義》、《公羊經傳解詁》二書至，自言資斧不給，欲以易錢，余方發願買書，亟如所需畀之。……自後遠近書估争挾其善本踵門炫售。……余有佞宋之癖，非天水佳槧，概從屏斥。于是百宋一廛之故物，由藝芸書舍而宜稼堂、而海源閣、而讀有用書齋者，均先後入于寶禮堂。二十年來，日積月累，綜其所得，亦略與蕘圃相埒。」[二]張元濟云：「友人潘君明訓，與余有同好，聞余言亦不以爲謬。每估人挾書登門求沽，輒就余考其真贋，評其高下，苟爲善本，重值勿吝，但非宋刻，則不屑措意。十餘年來，旁搜博采，駸駸與北楊南瞿相頡頏。」〔二〕二十年代，曾與張元濟、葉景葵籌資五萬元爲基金，購藏珍善之本，以免被外邦搶購，流出域外。〔三〕

潘氏收書以「其平時非宋本全帙者不收」。〔四〕「喜儲宋槧，初以百種爲限」，「耳聞眼識甚高，元、明以下蔑如也」。〔五〕流入潘氏者有前述「項城寒雲公子」即袁世凱次子袁克文藏書之十之六七。〔六〕又嘗于一九三〇年春通過張元濟商購傅增湘雙鑒樓散出之書，并乞觀《雙鑒樓善本書目》。〔七〕傅氏曾表示，「各書若潘能出四萬元之值，則所藏宋本可令其選購」。〔八〕一九三二年，常熟瞿氏曾「以宋板秘籍二十七部，皆目中所載完好精善者，向潘明訓質銀四萬兩」。〔九〕潘氏所藏一律秘儲于工部局保險櫃内，外間萬難一見。〔一〇〕傅增湘曾嘆，潘氏于書「一入金匱石室，便有長門永巷之嗟，無復再見天日之時，可嘆也」，「拜觀且不易，何論流傳？」〔一一〕

其所藏宋本書，據《書録》載：經部自《周禮鄭注》以下凡十九種，史部自蜀本《史記》以下凡二十三種，子部自《纂圖互注荀子》以下凡二十五種，集部自《陸士龍集》以下凡三十六種。元本書有《戰國策》、《南海志》等六種。其宋本共一百零三種，共計一千零八十八册，已溢出百宋之數。其精品有黄善夫《史記》、陳氏書棚本《魚玄機詩》、咸淳《臨安志》、《嘯堂集古録》、《經進東坡文集事略》及《兩漢書》、《册府元龜》、《通典》、《通鑒紀事本末》等巨帙。[一二]又曾從山陰藏家訪獲宋廖瑩中世綵堂《柳河東集》，爲世間孤本，後歸于陳清華荀齋。其尤精者爲袁克文所售予之《禮記正義》七十卷，南宋光宗紹熙三年三山黄唐刻本，舊藏曲阜孔氏，海内傳爲孤本。

其藏書處以收宋本《禮記正義》，適新居落成，因顔之曰寶禮堂以志喜。[一三]有《寶禮堂宋本書録》四卷、附録一卷，一九三九年刻本。係張元濟用三年時間爲之纂輯。

曾請董康依様刻印宋本《禮記正義》一百部，精美絶倫，與原書略無二致，傳爲美談。又與張元濟成《禮記正義校勘記》上、下卷，亦刻印一百部，與宋刻無别。近年中國書店重印《禮記正義》，江蘇廣陵古籍刻印社印《校勘記》。商務印書館《四部叢刊》中所印之《名義集》、宋建安虞平齋務本書堂刊《集注分類東坡先生詩》、宋本《經進東坡文集事略》等，皆爲潘氏所藏。

潘氏臨終，「以其所藏盡畀第七子名世兹者」[一四]。抗戰時，潘氏之書運抵香港，美國國會圖書館大有囊括之意。潘世兹曾任聖約翰大學教授，建國後任復旦大學圖書館館長。世兹致函鄭振鐸先生，决計將在港之宋元本盡獻國家。鄭先生請示政務院撥款派人至港收回。徐森玉之子徐伯郊往返奔走，終于使之運回大陸，今庋藏于北京圖書館。[一五]

《禮記正義》雕版，繼亦獻出，而《校勘記》版片因缺損仍存潘家。〔一六〕廣州嶺南大學圖書館得潘氏所捐之書亦頗多。其中有元刊《列子》八卷二册、《揚子》八卷二册，皆有楊守敬藏印，元刊《纂圖互注荀子》二十卷四册。〔一七〕

〔一〕〔一三〕潘宗周《寶禮堂宋本書録》自序。

〔二〕張元濟《寶禮堂宋本書録》序。

〔三〕〔一六〕潘世茲《寶禮堂收集宋刊記》（《出版史料》一九八八年第一期）。

〔四〕李氏《概略》。

〔五〕倫《詩》潘明訓條。

〔六〕徐《詩》潘宗周寶禮堂條。

〔七〕〔八〕〔九〕〔一一〕〔一四〕《張傅尺牘》第二百一十九至二百二十、二百二十一、二百八十一、二百八十一、三百七十六頁。

〔一〇〕〔一五〕周退密、宋路霞《上海近代藏書紀事詩·潘宗周》。

〔一二〕袁行雲補倫《詩》潘氏條。

〔一七〕何多源《廣東藏書家考》（《廣州大學圖書館季刊》第一卷第三期）。

（《文獻家通考》，一九九九年中華書局排印本）

十、杜澤遜《張元濟與〈寶禮堂宋本書録〉》

張元濟先生是近現代著名的出版家和學者，他的學術成就是多方面的，這裡僅就張先生與《寶禮堂宋本書録》的關係及《書録》在版本目録學上的地位談談粗淺的認識。

一、張元濟與寶禮堂主人潘宗周

潘宗周（一八六七—一九三九），字明訓，廣東南海人，少時供職上海洋行，後充英租界工部局總辦[一]。自謂早歲「嘗聞長者言吾粵筠清館吴氏、海山仙館潘氏、粵雅堂伍氏、持静齋丁氏、三十三萬卷樓孔氏藏書之盛，未嘗不爲之神往」。中歲獲交宜都楊惺吾（守敬）、華陽王雪澄（秉恩）、吴興朱彊邨（祖謀）諸先生，「目睹其琳琅之富，丹鉛之勤，則又竊竊焉羨之」。其友甘翰臣偶獲蜀刻《史記》半部，持以相示，潘氏見其「精美奪目，入手不忍釋，於是慨然有收書之志」[二]。潘氏收書自南宋紹熙三年兩浙東路茶鹽司刻《禮記正義》始，該書爲三山黄唐提舉兩浙東路茶鹽司時所刊，故世稱「三山黄唐本」。舊爲曲阜孔繼涵所藏，由孔而歸盛昱意園，復經景濂（樸孫）轉歸袁世凱次子袁寒雲（克文），海内傳爲孤帙。洪憲敗後，寒雲走寓滬上，以資斧不繼，持售潘氏。潘氏獲此瑰寶，適新居落成，因顔曰「寶禮堂」。同獲者尚有南宋建安余仁仲刊《春秋公羊經傳解詁》。然潘氏收書特爲謹嚴，每估人挾書登門，輒就張元濟先生「考其真贋，評其高下，苟爲善本，重值勿吝。但非宋刻，則不屑措意」〔三〕。若未經張氏過目，則「寧肯割愛」〔四〕，絶不貿然購進。潘氏「財力充足」，又「甚愛古書」〔五〕，復經張元濟先生之助，所以二十年中竟獲宋本一百一十一種，元本六種，都一千零八十八册〔六〕。自謂「綜其所得，亦略與蕘圃相埒」〔七〕。但潘氏所藏，均儲之工部局保險櫃，故外間萬難一見〔八〕。這從民國二十一年一月二十三日傅增湘致張元濟先生的信可以得到旁證：「頃聞瞿氏以宋版書籍二十七部，皆目中所載完好精善者，向潘明訓（誦芬爲之作緣）質銀四萬兩，月息九鳌，以六年爲期，届時不贖，即歸押主。此等古書，一入金匱石室，便有長門永巷之嗟，無復再見天日之日，可嘆也。」又云：「石室之深嚴，公所知也，拜觀且不易，何論流傳？」〔九〕爲了貴重書籍的安全而採取必要的保險措施，是完全可以理解的，但潘氏已超出了這一限度，幾乎秘不示人了。但是，對張元濟先生則完全不同，潘氏不僅要給他看，而且要首先給他看，不經他過目，潘氏不敢輕信，足知潘氏對張先生是多麽推崇和信任。潘、張是同歲人，能如此信任，是異乎尋常的。潘、張關係較密，還可從以下幾件小事窺其一斑：

民國八年十月十八日，潘宗周約張先生在大觀樓晚餐，出示宋本《魚玄機集》、《韋蘇州集》、《李賀歌詩編》，又《周禮》，並詢及影印舊書辦法〔一〇〕。

民國十二年瞿啟甲（鐵琴銅劍樓第四代主人）贈潘宗周《鐵琴銅劍樓宋金元本書影》及《中原音韻》各一部，託張先生轉交〔一一〕。

民國十八年山東聊城楊氏海源閣藏書運天津，有待價而沽之意。爲防珍本外流，葉恭綽、張元濟、傅增湘、李拔可、劉承幹、趙叔雍等成立「古籍保存會」，擬集資四萬元購買楊氏書。潘宗周爲成員之一，他認爲三萬九千元價過昂。葉恭綽曾爲此致函張元濟先生，「請先生再致潘一信，以釋其疑」〔一二〕。

民國十九年，潘宗周欲購傅增湘所藏《白孔六帖》、《龍龕手鑒》等，委託張先生函商〔一三〕。

民國二十五年，張先生致函丁英桂，云從潘明訓處借得宋本算書兩本，擬印入《續古逸叢書》〔一四〕。

當然，潘氏對張先生也並非全無保留。當張先生「馳書四出」〔一五〕，訪求正史善本，輯印《百衲本二十四史》之際，《史記》擬用南宋黃善夫刻三家注本。但此本國內久佚，清末荊州田吴炤（伏侯）遊東瀛，始獲殘帙帶回，不久散出，宣統季年爲正文齋書鋪析而售之，大部爲張元濟先生收歸商務印書館涵芬樓，共六十六卷〔一六〕，袁克文得三卷（《平準書》、《河渠書》、《刺客列傳》）。民國四年乙卯袁以《河渠書》贈傅增湘，傅報以宋紹熙四年吴炎刊《東萊標注老泉先生文集》一卷〔一七〕。其《平準書》、《刺客列傳》兩卷則爲潘宗周所得。傅氏所藏於民國十九年五月二十一日託陳叔通帶給張元濟先生，而潘氏二卷秘不示人。傅氏曾於民國十九年四月函告張元濟：「抱存（按：袁克文，字抱存）有數卷，恐在潘明訓處。」〔一八〕同年五月又函告張元濟：「潘明訓家有殘卷，正文齋所扣留，與尊藏本銜接。」〔一九〕而張元濟先生同年六月三日復傅增湘函云：「黄善夫《史記》殘本潘君從未談及，或以爲殘本不甚重視，亦未可知。」〔二〇〕實則，以潘氏收書標準之嚴，此國内久佚之本，雖殘帙，亦不致輕視。是時，潘氏正託張先生介紹購買傅增湘所藏《白孔六帖》、《龍龕手鑒》，諒亦不乏接觸。可見，潘氏即使對張先生也不無保留。而張先生對潘氏雖「財力充足」而「不肯出價」亦早有微辭〔二一〕。其實，作爲商界人士的潘宗周，要收藏古書，不靠上一位行家是不行的，而要他完全依靠某一個人，同樣也是不可能的，張、潘關係就是如此。直到次年（民國二十年）一月張先生才得知日本上杉侯爵有黄本全帙，並借照所缺半部，使《百衲本二十四史》中的《史記》全用黄善夫刻本作底本，而不再以明王延喆刻本補配〔二二〕。

二、張元濟與《寶禮堂宋本書録》

《寶禮堂宋本書録》四册，是民國二十八年三月由商務印書館代爲排印的，前有張元濟先生長序，暢論宋版之美善，末云：「（潘君）因綜所得，輯爲宋本書録，既成示余。」又潘氏自序，但言收集宋本經過，隻字未提《書録》及其與張元濟之關係。即各書提要，亦均用潘氏口氣。如《禮記正義》提要云：「余友張君菊生曾往展閲，歸後語余，確爲黄唐刊本。」又《史記集解附索隱正義》殘本提要云：「余友張菊生得六十餘卷以歸涵芬樓，余所得者僅此《平準書》、《刺客傳》二卷而已。」故諸家著録均云潘宗周撰，幾不知其出張元濟先生之手。

在《書録》印出的第二年，張先生的好友鄭振鐸就有這樣的記載：「《書録》出張菊生先生手，甫印就，潘明訓君即下世，其嗣君乃封存之，故傳世絶罕。余嘗託菊生先生索取一部，竟不可得。數月後，李紫東乃以一本見貽。惟《書録》卷帙稍繁，披覽不易，余乃手録其目爲一册，俾時自省覽焉。」[三] 從道理上講，鄭氏此言可信，因爲潘氏之書什九經張先生過目，張先生無疑是撰寫《書録》的首選。但畢竟缺乏實證，難以服人。幸張先生民國二十六年日記尚存殘稿，其哲嗣樹年先生主編《張元濟年譜》已將這一珍貴史料採入，今據《年譜》所載，可知張元濟先生陸續向潘宗周提交《書録》稿有以下記録：

民國二十六年九月十三日，致潘明訓書，送呈《武經龜鑒》、《名賢文粹》、《輿論廣記》（按：「論」當作「地」）、《古三墳》、《荀子句解》、《湘山野録》、《傷寒明理論》七書題跋。

九月二十六日，偕王雲五訪潘明訓，面交第六次宋本書題跋稿七種。

十月三日，潘明訓來訪，面交第七次已撰宋本提要七種。

十月十四日，訪潘明訓，交第八次宋本提要十一種，連前共六十八種。

十一月八日，訪潘明訓，交善本提要十種。

這些記録足以説明，鄭振鐸的話是完全可信的。同時，從交稿日期及速度推測，《書録》稿當是在民國二十六年一年之中完成的。潘氏哲嗣潘世茲先生《重印書録前言》謂「歷時數載，費盡心血，方告脱稿」當是推測之辭。因爲當時他還在國外留學，民國二十八年才回上海，執教於聖約翰大學〔二四〕，次年七月三日張元濟先生復葉恭綽函即謂「其子世茲現在香港」，並開去介紹信，請葉恭綽「就近商榷」向潘氏借印《武溪集》事宜。可知是時潘明訓已下世，而潘世茲僅在上海留一年即赴香港，《書録》撰寫原委恐不能盡明。

《書録》稿交潘氏後，潘氏或有所修改，故遲至民國二十七年十月二十六日潘明訓才託商務印書館排印《宋本書録》。張元濟先生次日即致函丁英桂，囑排樣張，並規定用「仿宋長體」字、「連史」紙。隔一日(即二十九日)又致書丁英桂，謂「樣張稍有改動……請改排」。十一月三日再致函丁英桂，囑排《書録》各家藏書印記細節：「文字疏密大小各印不同，又與他印相隔上下左右務要配置得宜，此項工作須請上手辦理，切勿任意草草從事。」十九日復致書丁英桂，囑本月務將《書録》史部排完，「務祈督促爲幸」。二十七日，張先生對子部稿尚不滿意，於是致書丁英桂，謂「子部中尚須加校勘記」，「茲送去集部稿計三十七種，請屬先排爲幸」。可見直至排印期間，《書録》還在增訂修補，以期完善。到次年（民國二十八年）一月，《書録》終於排定，是月二十二日張先生晤潘宗周，商定《書録》用紙、書籤規格等事，並於次日函告丁英桂印製事宜。二月一日，張先生寫定《寶禮堂宋本書録序》這篇版本學的不朽論文。三月二十二日函告丁英桂：「潘君欲託本館代售，本館不能答允，故版權頁上售價及寄售處均不能印，只須載出版年月及出版人（用南海潘氏寶禮堂）及此書有版權不許翻印字樣。」〔二五〕《書録》出版當在是後不久，檢初版《書録》卷尾，正印「中華民國廿八年三月南海潘氏鑄版印造」字樣，其來歷就完全明白了。而《年譜》將《書録》出版係於二月，似與事實不符。鄭振鐸云「甫印就，潘明訓君即下世」，則潘宗周當卒於民國二十八年四月至六月間。

由此看來，《寶禮堂宋本書録》從撰寫到出版均由張元濟先生一手承辦。一九八四年十二月江蘇廣陵古籍刻印社影印此書，版權頁上題「潘宗周、張元濟撰」，顯然不妥，似應改爲「潘宗周藏、張元濟撰」。

三、《寶禮堂宋本書録》在版本目録學上的地位

一部好的版本目録應當具備兩個條件：一是體例善，二是考訂精。《寶禮堂宋本書録》可謂兼有兩美。

中國私家藏書的歷史源遠流長，尤其清代和民國，大家輩出，是藏書史上的黄金時代。但由於主觀和客觀原因，藏書百年不散者代不一二，其當世即星散無遺者屢見不鮮，這就促使藏書家及時編目，以垂久遠。藏書家之重版本自宋尤袤《遂初堂書目》始，然專重宋版則自明代始，萬曆間趙用賢纂《趙定宇書目》〔二六〕，分類二十有九，中有「内府板書」、「宋板大字」、「元板書」三類，當爲以版本性質劃分圖書類别之嚆矢。清乾隆中，于敏中等奉敕纂《天禄琳琅書目》，嘉慶初彭元瑞等又奉敕作《後編》，其例以宋、金、元、明刊刻時代爲序，每書「首舉篇目，次詳考證，次訂鑒藏，次臚闕補」。其「考證」專詳鋟梓年月及藏家題識印記，並考藏家生平，著授受源流〔二七〕。即其體例而言，可謂版本目録的榜樣。但其書專重版本之形式，亦即文物價值，不重其校勘價值，因此只能是鑒賞一派的典型。然前賢所以重舊本，尤在去古未遠，足正時本之謬，故自黄丕烈、張金吾以下，於搜奇探隱之中，未嘗不斤斤於字句之得失、校讎之精麤，此版本目録之學所以勝於清初諸老也。張氏有《愛日精廬藏書志》四十卷，著録宋元舊槧、舊鈔及前賢手校之本而有關實學、可資校

讎者七百六十五部，於版本之優劣、鈔刻之異同，均詳考之，前賢序跋題識均迻録之，《四庫》無提要者補作之。總之，既重版本又重内容，在當時可謂最完善之作。黄、汪而下，清末有所謂瞿、楊、丁、陸四大家，各有目録，均不失愛日精廬軌轍，要以瞿氏《鐵琴銅劍樓藏書目録》爲最上。仿其制者，有張鈞衡《適園藏書志》（繆藝風代撰）。其例已遠較張金吾加密，大抵先敘版式（包括首行、次行題款，卷首序文，序末、卷末刻書題識，序文、正文行款，版心大小字數，有無刻工姓名，經、注、疏排列方式等），次列諱字，次述校勘價值，末以雙行小字羅列各家印記。前賢手跋題識亦詳載之。其有特殊校勘價值者，往往附載詳細校勘記，乃自來版本目録所無，爲例尤善。

《寶禮堂宋本書録》正是集諸家之長而撰成的。就其體例而言，每書均先作提要，考該書之流傳、刊刻及此本之授受、優劣；次載前賢手跋題識；次述版式；次列刻工姓名（包括單字）；次列避諱；次列藏印（略依原款而楷化）。以上諸項，前人基本都涉獵到了，但求其完備如此者則無。例如諱字，久已爲版本學家所利用，但諸家目録僅在鑒别刊刻時代時才羅列諸有關者。如南宋余仁仲萬卷堂刊《春秋公羊經傳解詁》，《鐵琴銅劍樓藏書目録》僅云「殷匡貞桓完慎皆闕筆」，《寶禮堂宋本書録》則較全面地羅列諱字，益出「玄弦弘泓徵」五字。再如版式，仍以《公羊解詁》爲例，《鐵琴銅劍樓藏書目録》不記其版框、版心，《寶禮堂宋本書録》則詳述云：「左右雙欄，版心細黑口，雙魚尾，書名題『公羊幾』，上記大小字數，亦有不記者。」當然在另外一些提要中，《鐵琴銅劍樓藏書目録》也記版心，如《監本附音春秋穀梁傳注疏》提要云：「版心有大小字數、刊工人名。」但既非定例，又極簡單。再如刻工，也是久爲藏書家利用的鑒别版本的標準之一（黄丕烈即用過），但或者偶一用之，或者僅列與鑒别該書有關者。《寶禮堂宋本書録》則明標「刻工姓名」一項，全面羅列刻工姓名，即使單字也不遺漏，這是舊來版本目録從未有過的體例。刻工姓名在版本鑒别上的作用是晚近才得到充分利用的，相傳爲宋紹興中蜀刻的大字本「眉山七史」，張元濟先生發現其中《宋書》的刻工與浙刻《春秋左傳正義》的刻工相同者多至數十人，其餘六史同者亦夥，於是懷疑「其版心畫分五格者殆爲蜀中紹興原刊，餘則入浙以後由宋而元遞爲補刻也」〔二八〕。趙萬里先生則進一步據此認爲傳世的所謂「眉山七史」並非紹興中眉山原刊，而是浙江重刻者〔二九〕。因此，羅列那些宋本的刻工，對鑒别所有同時代的版本都有重要參考作用。二十世紀三十年代董作賓發明了利用貞人鑒别甲骨文年代的科學方法〔三〇〕，其道理與利用刻工鑒别版刻年代是完全相通的。因此，張元濟先生在《書録》中羅列宋版刻工的做法是完全建立在科學基礎上的，他把「刻工姓名」明定爲版本著録項之一，這在版本目録學上是一個極有意義的發明。另外，《書録》在羅列諱字、刻工等項時，對原刻、補刻或配補均盡可能區别對待，如《資治通鑑綱目》提要，於「刻工姓名」項首列原刊刻工，次列「專見於卷九一册者凡五十四人」，次列卷四十六補配本刻工五人，次列卷四十七至五十一補配本刻工六人。「版式」、「宋諱」、「藏印」諸項也如此處理，這就使版本著録更細緻、更清晰了。

著録印章，《天禄琳琅書目》首開其例，而且皆摹舊有之形制款式，惟將印文楷化而已。其後諸家罕有繼承其例者，《愛日精廬藏書志》但云有某某圖記，《鐵琴銅劍樓藏書目録》亦僅以雙行小字注出有某某朱記。「圖記」、「朱記」云云，大概都是爲區别原版摹刻之印記而設的。從這些著録中只能瞭解印章内容，卻無從瞭解其特徵。張先生在相隔一百六十年之後，獨能繼承《天禄琳琅書目》之法，詳細羅列諸家印章，並略存原印款式及大小。所不同的是，《天禄琳琅書目》均於印文之外勾摹原印形狀，《寶禮堂宋本書録》則無，大概是排印不如刻版方便吧。

從以上分析不難發現，《寶禮堂宋本書録》在體例上確是廣泛汲取了前人的長處，同時又進一步完善化了，除了印章一項不摹形狀又不區别朱文、白文是其小疵以外，可以説是無懈可擊。

至於考訂之精，則是更容易發現的。首先，寶禮堂的書什九是張先生鑒别後才購進的，所以早在潘氏請張先生撰《書録》之前，張先生對這批寶貴的文化遺産就了然於胸中了，這也正是張先生可以在一年中而且在事情繁多的情況下完成百餘種宋元本提要的原因。張先生的第二個優勢是一流的鑒別水平。當張先生撰寫《書録》的民國二十六年，他已是七十歲的長者，從光緒三十年（一九〇四）經蔡元培介紹收購紹興徐樹蘭熔經鑄史齋五十櫥藏書以來，張先生已與中國古書打了三十餘年交道，其間除大量收購善本古籍外，還次第校印《四部叢刊》、《續古逸叢書》、《百衲本二十四史》等善本叢書千數百册，簡擇之嚴，校勘之精，海内無與倫比。正是在這個過程中，張先生積累了豐富的版本鑒別知識，成爲當時一流的版本學家。關於這一點，我們還可以從以下三件事中加深認識：

民國二十六年，即撰《書録》的同一年，十月二十九日，張先生全天在砲火中爲葉景葵整理藏書。當時葉氏因興業銀行公事赴武漢，張先生恐葉氏藏書燬於戰火，故主動承擔這一任務。至十一月二十三日鑒別完畢，圖書獲全。嗣後葉氏致張先生書云：「將來事定後，擬選擇可以保存之價值者，請公再爲鑒定，編一清目，想亦大雅所樂聞也。」〔三一〕葉氏爲銀行家，但喜藏書，「尤篤好稿本、校本」，於版本鑒別造詣頗深，撰有《卷盦題跋》，「鑒別前人墨跡最精審」〔三二〕，他是張先生最好的朋友之一。

民國二十九年一月十四日，中央圖書館長蔣復璁秘密來滬，委託張元濟、鄭振鐸等利用退還的中英庚子賠款爲中央圖書館購買散出的古籍，以防珍本外流。經蔣復璁、何炳松、鄭振鐸等商定，由鄭振鐸、張鳳舉負責採訪，張元濟負責鑒定宋元善本，何炳松、張壽鏞負責保管經費〔三三〕。經過三年努力，所獲宋元刊本各在百種上下，明刊本竟逾三千，批校本、名家手抄及題跋本爲數更多，僅黄丕烈批校題跋本就有百種之多。在日本帝國主義瘋狂掠奪中華文化遺産的情況下，張、鄭諸公爲防止古籍珍本外流立下了汗馬功勞。

商務印書館首任編譯所長是蔡元培，張元濟先生爲二任，第三任則爲王雲五。王氏自謂「與菊老爲忘年交，無話不談」。據王氏回憶，當年張先生曾對他開玩笑說：「余平素對版本學不願以第二人自居，茲以遠離善本圖書薈萃之故都，或不免稍遜傅沅叔矣。」〔三四〕雖係玩笑，卻道出了真情。傅沅叔經見善本固在張先生之上，而考校之功則下之，民國間言版本者，殆無出二人之右。

版本之外，張先生又是一位一流的校勘學家，他最富代表性的成果是《百衲本二十四史校勘記》，這部煌煌巨著當時没有隨《衲史》印出，張先生僅擷其英華撰爲各史跋尾，嗣又「覺後跋所遺材料尚屬不少，略加整理，仿王鳴盛《十七史商榷》、趙翼《二十二史劄記》之例，共成百數十條」〔三五〕，成《校史隨筆》一册排印行世，自謂「十年心血，不無敝帚千金之意」〔三六〕。蔡元培曾致函張元濟云：「購得大著《校史隨筆》，拜讀一過，雖未及檢各史對勘，而正僞補奪，釐然有當於心。若舉百數十册之校勘記次弟整理印行，則吾哥博覽精勘之成績，所以嘉惠學子者益無限量。」〔三七〕張先生通過大量有系統的校勘實踐，在方法上也形成了獨到的見解。他既主張保存古書原貌，又不死守宋元刊本之舊，認爲「原本訛誤，不必曲從」〔三八〕，因此，他在校勘學上是死校與活校的結合者，既注重利用宋元舊刊，又不遵奉一字不改的古訓，這種實事求是的精神是對乾嘉精神的最好繼承。

以張元濟先生在版本鑒別及古籍校勘上的造詣及對潘氏藏書的特殊瞭解，撰寫《寶禮堂宋本書録》所能達到的水平是不言而喻的。隨舉一例，南宋孝宗時刊《東坡集》殘本三十册，卷二十四以下卷第被書賈剜改顛倒，張先生以成化本正之，發現實爲卷三十三、卷三十五至三十九。此書舊爲汪士鐘所藏，檢汪氏書目，卻無卷二十四、卷三十五，而有卷三十二。驗之原書，卷二十四、卷三十五實有汪氏藏印，張先生據此發現汪氏著録有誤。此書明成化四年程宗刊本爲「東坡七集」之祖，向稱精善，傳世最稀。宣統中，端方曾以江南圖書館新收丁氏八千卷樓藏本覆刻於金陵。丁氏原本有闕誤，復經繆藝風以家藏錢求赤校宋殘本合校之，仍有不足，則以嘉靖本補完〔三九〕，是爲「東坡七集」最完善之本。張先生取寶禮堂殘宋本校之，復得足以正其訛奪者十數事，列爲校記，附載提要之末。在

《寶禮堂宋本書録》中，這類辨證前人失誤、校訂時本錯訛的精彩例子隨處可見。潘氏藏書已由哲嗣潘世茲先生捐獻國家，今藏北京圖書館，屢經考校著録，迄未發現鑒别之誤，也可從一個側面證明張先生的鑒别水平。

至於《寶禮堂宋本書録序》在版本學史上的不朽價值，張樹年先生已有專文討論〔四〇〕，兹不贅述。

總之，無論就體例，還是就考訂來衡量，《寶禮堂宋本書録》都是堪稱典範的善本目録。這部善本目録是張元濟先生一手寫定的，足以反映張氏在版本目録學上的卓越成就。

一九九二年五月二日

〔一〕倫明《辛亥以來藏書紀事詩》，一九九〇年上海古籍出版社排印本。周退密、宋路霞《近代上海藏書紀事詩》，載上海書店《古舊書訊》一九八九年第四期。按：張樹年先生來函云當是工部局買辦，總辦由英國人擔任。

〔二〕潘宗周《寶禮堂宋本書録·自序》。

〔三〕張元濟《寶禮堂宋本書録·序》。

〔四〕潘世茲《重印寶禮堂宋本書録·前言》。

〔五〕民國十九年一月二十九日張元濟致傅增湘函，載《張元濟傅增湘論書尺牘》，以下簡稱《尺牘》。

〔六〕潘世茲《重印寶禮堂宋本書録·前言》。

〔七〕潘宗周《寶禮堂宋本書録・自序》。

〔八〕《近代上海藏書紀事詩》。

〔九〕《尺牘》。

〔一〇〕《張元濟日記》，一九八一年商務印書館排印本。

〔一一〕張樹年主編《張元濟年譜》，一九九一年商務印書館排印本。以下簡稱《年譜》。

〔一二〕《年譜》。

〔一三〕《尺牘》。

〔一四〕《年譜》。

〔一五〕傅增湘《校史隨筆・序》。

〔一六〕張元濟《涵芬樓燼餘書録》。按：傅增湘《藏園群書經眼録》作六十九卷，恐誤。

〔一七〕傅增湘《藏園群書經眼録》卷三。

〔一八〕《尺牘》。

〔一九〕《尺牘》。

〔二〇〕《尺牘》。

〔二一〕民國十九年一月二十九日張元濟致傅增湘函，載《尺牘》。

〔二二〕《年譜》三四九頁。按：柴德賡《史籍舉要》認爲《衲史》中《史記》僅六十三卷用黄本，餘以王延喆本配補，誤。

〔二三〕《西諦書話·西諦題跋》。
〔二四〕梁戰、郭群一《歷代藏書家辭典》。
〔二五〕均見《年譜》。
〔二六〕一九五七年古典文學出版社影印稿本。
〔二七〕《天禄琳琅書目》卷首。
〔二八〕張元濟《校史隨筆》。
〔二九〕趙萬里《兩宋諸史監本存佚考》，載《慶祝蔡元培先生六十五歲論文集》（上册），民國二十二年中央研究院出版。
〔三〇〕董作賓《甲骨文斷代研究例》，同上。
〔三一〕《年譜》。
〔三二〕顧廷龍《葉公揆初行狀》，載《葉景葵雜著》。
〔三三〕《年譜》。
〔三四〕王雲五《涉園序跋集録·跋》，載一九七九年臺灣商務印書館重印《涉園序跋集録》卷尾。
〔三五〕《年譜》四五六頁，趙翼誤爲趙巽。
〔三六〕《年譜》。
〔三七〕《年譜》四六八頁，「正僞」疑「正譌」之誤。
〔三八〕張元濟致鄭振鐸函，見《年譜》四六八頁。

〔三九〕傅增湘《藏園群書題記·明成化程宗刊本東坡七集跋》。
〔四〇〕張樹年《〈寶禮堂宋本書録序〉簡介》，載《出版史料》一九八八年第1期。

（《文獻》一九九五年第三期；《微湖山堂叢稿》，二〇一五年上海古籍出版社）

附録二：《雲間韓氏藏書題識彙録》摘鈔

鄒百耐纂　程遠芬摘鈔

説明：松江韓應陛讀有用書齋藏書，多得自吴縣黄氏士禮居，民國間藏書散出，當時鄒百耐纂《雲間韓氏藏書題識彙録》，稿本藏上海圖書館。二〇一三年上海古籍出版社出版了石菲的整理本。寶禮堂藏書有來自松江韓氏者，今檢《彙録》中著録宋本有七種見於《寶禮堂宋本書録》，摘爲附録，供研究寶禮堂藏書者參考。

程遠芬　二〇二〇年三月十五日

一、禮記殘本九卷　宋槧宋印本

二、三國志殘本九卷　宋槧宋印本

三、通鑑紀事本末殘本二卷　宋槧本

四、袁氏世範三卷增廣世範詩事一卷　宋槧宋印本

五、傷寒要旨二卷　宋槧宋印本

六、東坡集殘本三十卷　宋槧本

七、樂全先生文集殘本十八卷　宋槧本

一、禮記殘本九卷

宋槧宋印本。每半葉十行，行大十八字，小廿五字不等，單邊，白口。每葉板口下皆有刻工姓名。所存五至八、十一至十五，共九卷。每卷卷末標題下刊有雙行小注，云經幾千幾百幾十幾字，注幾千幾百幾十幾字。查卷七缺十一、二十一兩葉，卷十四缺第十葉，卷十五缺九、十兩葉。每葉反面皆鈐有「張康」朱文方印。此本係百宋一廛故物，蝶裝九册，字畫清挺方勁，爲宋撫州公使庫刊本。藏章有「長洲顧仁效水東館收藏圖籍私記」朱文方印、「趙宋本」朱文楕圓印、「汪士鐘讀書」朱文方印。

黄氏手跋曰：「此殘宋本《禮記鄭氏注》五至八、十一至十五共九卷，予得於任蔣橋顧月槎家。偶取《月令》與他本相對，注中『耒耕之上曲也』，『耕』皆誤爲『耜』，惟此不誤，乃知其信。碌碌未及全校，恐破爛不全之物後人視爲廢紙，故先加裝潢，藏諸士禮居中，稍暇當校勘一過。宋本《禮記》，惟故人顧抱沖小讀書堆有全本，《曾子問》中多『周人卒哭而致事』句，定爲太平興國本。又有殘本，先係顧懷芳物，曾從借來，校於惠松崖所校明刻鄭注本上，内《曲禮》『石惡』一條，足正諸本之誤。今歸於抱沖。此外未見有宋本也。書此以見殘編斷簡亦足珍惜云。嘉慶二年歲在丁巳孟冬月五日，黄丕烈書於士禮居。」

又跋曰：「丙子季夏，檢點群經及此。抱沖已於丁巳年作故，其所藏宋本《禮記》經注全者，係宋時撫州本。陽城張古餘守江寧，介抱沖從弟千里影寫付刊，外間頗多傳布。惜千里作考證，未及將抱沖所歸顧懷芳家殘宋本、余家所藏殘宋本一取證耳。時長孫美鏐侍，因舉《禮記》諸宋本源流示之。復翁記。」下鈐「二疏經舍」長方白文印。按此印極少見。二疏者，《儀禮》、《爾雅》也。

張氏手跋曰：「韓舍人緑卿篤好宋本書，昨年得殘《禮記》於吴門汪氏，凡九卷，爲黄蕘圃先生士禮居舊藏。卷七缺十一、二十一兩葉，卷十四缺第十葉，卷十五缺九、十兩葉。蕘圃先生後有跋，據《月令》『耒耕之上曲也』之『耕』字，定爲佳本。而假歸，取前録惠氏校汲古本對勘一過。惠校固精密，訛脱處大半訂正，惟字畫間有異同，如《月令》『是察阿黨』，注：『阿黨，謂治獄吏以私恩曲橈相爲也。』惠云北宋作『撓』，南宋作『橈』。案，此作『橈』，當是南宋本。『命奄尹申宫令』，注：『宫令，譏出入及開閉之屬。』惠云南宋作『幾』。案，此作『譏』，與惠校南宋異。其餘不能悉記。又宋本書遇廟諱字多缺筆，今『殷』、『桓』等字亦有不缺。此皆蓄疑而待考者也，鄙人弇陋，未敢論定。舍人近欲編輯刻書人姓名以資考證，如鑒别鼎彝古器，必徵款識以爲信，其用心可謂勤矣，故書此以要其成。咸豐戊午正月張爾耆識。」下鈐「爾耆」白文、「伊卿」朱文聯珠印。

二、三國志殘本九卷

宋槧宋印本。每半葉十三行，行廿五字，單邊，白口。字畫秀挺，妍雅絶倫，宋本中之最精者。且此書不見著録，誠爲希世之寶。惜所存《魏志》七至九、二十五至三十，僅九卷。每册首皆有「趙宋本」朱文楕圓印、「汪士鐘讀書」朱文方印、「徐渭仁」朱文方印。

韓氏手跋曰：「殘宋本《三國志》七册，存《魏志》七至九，二十五至三十，凡九卷。每册鈐汪士鐘、徐渭仁印。按常熟張氏《藏書志》載此，稱係北宋刊本，所存《魏志》各卷如數外，更有《蜀志》九至十五，《吴志》四、五、十二至十五各卷，今不知尚存否也。嘗得明南監本，爲何義門校者，内據北宋本校，與此本正同，知《藏書志》所稱不謬。惟何所據校改各卷，出張氏所記外者頗多，而張所收《蜀志》多至七卷，何乃無一字校入，豈何所據者另一本歟？所得何校本係他人度本，非手校也。庚申三月晦日記。韓應陛。咸豐己未秋，得此書於書友蔣恕齋。」

三、通鑑紀事本末殘本二卷

宋槧宋印本。存第十二、十三兩卷。每半葉十三行，行二十四字。板心上間有字數，每葉下有刻工姓名，宋諱缺筆。卷中有朱墨點字，似出元明人手。每册首有飛龍圓印、「吴江徐氏記事」朱文長方印。

韓氏手跋曰：「蘇州汪氏藏《通鑑紀事本末》，標題上下亦有飛龍與徐氏印。此書十二、十三兩卷即由彼書散出者，而汪書十二、十三兩卷已用同板後印蓋張氏圖記者補入。書首有章大醇序，云是書刊於淳熙乙未，修於端平甲午，重修於淳祐丙午。序後有列銜二行，胡自得掌工，章士元董局。汪氏原板三十卷，後印本補者若干卷，抄補者六卷。咸豐戊午十一月見之，價昂持去。此二卷予得之滂喜園黄氏。應陛。」

又跋曰：「按汪氏抄補六卷，後印本補者二十一卷，原印十五卷，前云三十卷誤也。後印本補者，每卷前印『柏山張氏省軒恒用印』九字，後印『豫園主人』四字，其本遇有『太上御名』字者，或改作『構』字，蓋又係元時修板元時所印者也。冬至前二日記。應陛。」

四、袁氏世範三卷增廣世範詩事一卷

宋槧宋印本。宋三衢袁采著。每半葉十一行，行二十字，單邊，白口。有結銜「淳熙甲戌中元日承議郎新權通判隆興軍府事劉鎮」序，序後有袁采自記七行，與劉序低一格，惟此二葉係袁聚所抄補。有篆書「袁氏永寶」四字，下鈐「休復堂印」白文方印。又有墨書「安節曾孫衡寶藏」七字，下鈐「袁衡之印」朱白文方印。每條標目小字列上方。每篇首行行皆足格，餘悉低一格。末《增廣世範詩事》一卷，宋方昕撰。每半葉十一行，行十九字。卷末本有袁表、袁褧、袁廷檮三跋，爲俗手割去，韓緑卿據鮑刻本録入。藏章有「袁褧印」白文、「袁昶」朱文、「袁衡之印」朱白文、「動和」朱文四方印，「春穀草堂」朱文長方印，「子子孫孫永寶」朱文橢圓印。

袁氏跋曰：「有明正德庚辰六月朔，偶得《世範》三卷，其目曰睦親、處己、治家，皆吾人日用常行之道，實當世之範也。讀其自序，以爲過實，謙德之盛如此，吾家其世寶之。袁表識。」

袁氏跋曰：「《袁氏世範》，馬端臨《書考》定爲一卷，此本次列三卷，後附《詩鑒》一集，且刻劃精工，信爲善本，豈《書考》有所誤耶？觀書中皆修齊切要之言，誠余家所當世範者也，是宜珍藏之。正德庚辰六月八日袁褧識。」

袁氏跋曰：「宋三衢袁君采著《袁氏世範》，見《唐宋叢書》及《眉公秘笈》，陳榕門先生復采入《訓俗遺規》，然皆非足本。乙巳春，予於書肆檢閲舊編，得此宋本，書分三卷，後附方景明《詩鑒》一卷，有予從祖陶齋公、謝湖公二跋，稱其校刻精善，洵爲世寶，是吾家故物也。楚弓楚得，若有冥貽。謹讀數過，其言約而賅，淡而旨，昌黎所謂『其爲道易明而其爲教易行』者。予方刻載家譜，鮑丈以文見而賞之，復梓入《叢書》，附《顔氏家訓》後，以廣其傳，是作書者幸甚，而余之購得此書亦幸甚。乾隆庚戌孟冬，古吴袁廷檮跋。」

韓氏手跋曰：「右三袁跋，照鮑刊《世範》本録，原墨蹟蓋即在此本三卷後末葉，後幅紙割去者亦是也。其割去蓋在袁又愷廷檮家散出時，其自袁後人與自書賈手，皆未可知。袁表跋首有『有明』二字，原本必不如此寫，當係袁、鮑重刊時所改。但袁明人，不能如此説，欲一一改之，《明史》内凡此等字出自明人口何限，豈能悉改耶？咸豐戊午九月二十日記。應陛。」「口」下脱「者」。

又跋曰：「此本一卷『父母多愛幼子』一條云：『方其長者可惡之時，正值幼者可愛之日，父母移其愛長者之心而更愛幼者，其憎愛之心從此而分，遂成邐迆。最幼者當可惡之時，下無可愛之者，父母愛無所移，遂終愛之。』語自明白。鮑本於『最幼者』二語『愛』、『惡』二字互易，『下』字作『不』字，文理遂牽强難通。其故在不肯細心看本文而輕易改抹所致，改抹處當亦自知未安，又懷不欲輕改之心，以爲較原本已善，又私心竊念作者文理或本平常，遂不復推求。而不知此由其偶不審本文之故，而非本文之文理有未善也。鮑稱善校，猶有此失，其下更未易言。記此俾人知校本之不可恃，而或稱據某本校刊云云者，仍未必盡同原本，而所據之原本，仍不可以其既經刊出而不甚寶貴也。二十一日又記。」

五、傷寒要旨二卷

宋槧宋印本。每半葉九行，行十六字，單綫，白口，板心下有刻工黄憲、毛用等姓名。末刊有二行云「右《傷寒要旨》一卷、《藥方》一卷，乾道辛卯歲刻於姑孰郡齋」二十二字。末有墨書三行云：「南宋孝宗朝乾道七年鐫板，紙乃白宋牋也，宜寶之。即非宋板，亦是明朝初年書，不可因其不全而輕廢之。甲申正月十有六日記。」作疑信參半語，幸得蕘翁手跋力駁確爲宋本無疑。目録後又有墨書三行云：「崇禎甲申元宵，蝶菴孫道兄見惠。向置亂卷中，庚戌端節後雨如瀑布，檢出裝好，補方六道，以備參考云。」未署姓名，不知何人手筆。卷中缺筆避「丸」作「圓」。此書見《直齋書録解題》，知爲李檉所撰，失傳已久，故蕘翁斷爲絶無僅有之奇書耳。藏章有「振勳私印」朱白文、「某泉父」朱文二方印，「平陽叔子」朱文、「眉泉」朱文二長方印，「吴下汪三」朱文方印，「紳之」朱文橢圓印，「汪印士鐘」白文、「閬源真賞」朱文、「士禮居」、「黄印丕烈」、「復翁」朱文五方印，「讀未見書齋收藏」朱文長方印。

黄氏手跋曰：「此書偶從書友得之，初不過重其爲宋刻，而未知其爲何人所著。因見《直齋書録解題》有《傷寒要旨》二卷，李檉撰，列方於前而類證於後，皆不外仲景，知此爲李檉所著也。外間無別本刊行，故人多不識。似此精妙宋本，人皆目爲明板，惟余則確然信之，以白金三兩餘購得。卷中明明有『乾道辛卯歲刻於姑孰郡齋』字樣，後人以南宋孝宗朝乾道七年鐫板釋之，可云有識；不知何人妄説，以爲即非宋板亦是明朝初年書，作疑信參半語，可云無識。目録後有跋云『崇禎甲申元宵，蝶菴孫道兄見惠，向置亂卷中。庚戌端節後雨如瀑布，檢出裝好』云云。但有圖章而無墨書姓名，圖章又糊塗莫辨，未知其爲誰何矣。今余檢出裝好，適在癸亥端節，竟日雨如瀑布，何情景之恰相似耶！想見讀書人不事他事，日以破紙爲性命，作消遣光陰之計，古人與余亦同此寂寞爾。黄丕烈。」下鈐「蕘圃」朱文方印。

又跋曰：「此書爲乾道辛卯刻於姑孰郡齋，其爲宋板，固無疑義。而卷中惟避『丸』作『圓』，此若『驚』若『玄』，未有避者，宜外人之疑爲明刊也。頃五柳主人從都中寄余《洪氏集驗方》，余開卷見其行款字數與此相類，閲後『刻之姑孰』及『乾道庚寅』云云，知一時刊刻，故板式相同。迨出此相證，見每葉記刻工姓名有黄憲、毛用等人，乃知二書同出二工之手，庚、辛兩年先後付雕也。然二書顯晦有同有不同者，此書載諸《直齋書録解題》，而《洪氏集驗方》不載，《洪氏集驗方》載諸《延令季氏宋板書目》而此書不傳，豈非顯晦各異耶？兹何幸余之並藏兩書耶！且是書失傳已久，雖殘編斷簡，猶得收而寶之，所見亦可謂罕秘矣。因再跋數語於卷末。甲子冬十一月望前三日，蕘翁。」下鈐「黄丕烈」白文方印。

又跋曰：「此書不傳於世久矣，故各家書目罕載之，係從坊間插架見有《傷寒要旨》籤，急取視之，其標題曰『傷寒要旨方』，次行云『當塗李檉撰，與幾編輯，吴會沈子禄承之校正續補』，知非李書之舊矣。即所載諸方敘次略同，而分兩法製、輕重多寡，彼此互異，益徵此殘宋本之可寶也。《要旨》一卷，沈所未載，更爲絶無僅有之書，安得不視爲奇物耶！丁卯孟夏，復翁。」

六、東坡集殘本三十卷

宋槧宋印本。每半葉十行，行大十八字，小注雙行，行亦十八字，單邊，白口。存一至二十四卷、三十三卷、三十四卷、三十六卷至三十九卷，共得三十卷。書口、書根間有焦痕。韓氏跋語疑爲絳雲燼餘之物。一卷後有墨筆書「至正廿三年二月廿三日借讀」十二字。每册首有「汪士鐘讀書」朱文方印。

韓氏手跋曰：「殘宋本三十册，向爲蘇州汪氏藏。咸豐九年己未席楚白持來，收之。内缺二十五至三十二八卷，又三十四一卷，共九卷。三十九卷下未知有缺否，當初無多也。此書爲坊賈欲充作全書，標題、板口多經挖改，兹爲細檢逐册面注明，並將缺葉注出，庶不爲坊賈所誤。此册末有記語一行十二字云『至正廿三年二月廿三日借讀』，不署姓名，字雖未必佳，玩其筆意，必非出近人手。而書中汪氏一印外，絶不見他人收藏印，蓋此書前後殘缺，他人印因之失去，即記語一行，其姓名署於書前後而今並失去也，或亦有之也。此書原屬燼餘，此册末穿綫處紙焦黑，或亦絳雲中物，雖書之遭劫不必絳雲，而絳雲不幸亦有此老話，則亦可以疑得矣。七月四日，應陛記。」

七、樂全先生文集殘本十八卷

宋槧宋印本。宋張方平撰。每半葉十二行，行二十二字，單邊，白口，板心上有字數，下有刻工姓名。遇宋諱或缺筆，或於諱字下雙行小注「某宗御名」或「太上御名」「今上御名」等。所存十七卷至三十四卷，《藝芸書舍書目》同，書爲汪氏蝶裝。藏章每册首皆有「文淵閣印」朱文方印、「古吳鹿城楊氏景陸軒珍藏圖書之印」白文長方印、「汪士鐘字春霆號朖園書畫印」白文長方印。

附録三：《文禄堂訪書記》摘鈔

王文進撰　程遠芬摘鈔

説明：民國年間，以業書而成爲目録學家的，有王文進、孫殿起、羅振常，皆有專著。王文進經眼宋元版書最多，著録於《文禄堂訪書記》，其中歸寶禮堂收藏的有十三種，現據上海古籍出版社二〇〇七年柳向春整理本過録於此，以與《寶禮堂宋本書録》相參證。

程遠芬　二〇二〇年五月一日

一、附釋音春秋左傳注疏六十卷

二、孟子注疏解經十四卷

三、新雕重校戰國策三十三卷

四、漢雋十卷

五、咸淳臨安志一百卷

六、武經龜鑑二十卷
七、嘯堂集古録二卷
八、孟浩然詩集三卷
九、河東先生集四十五卷外集二卷
一〇、皇甫持正文集六卷
一一、東萊標注老泉先生文集十二卷
一二、經進東坡文集事略六十卷
一三、重校鶴山先生大全文集一百十卷

一、附釋音春秋左傳注疏六十卷

唐陸德明釋音。宋劉叔剛刻本。存卷一至二十九。半葉十行，行十九字，注雙行二十三字。線口。板心上記字數。卷二十五末葉板心刊名。仁甫。首孔穎達序，有「建安劉叔剛父鋟梓」八字木記，「桂軒藏書」四字鼎式木記，「敬齋」二字爵式木記，「高山流水」四字琴式木記。宋諱避至「敦」字。

有「史氏家傳」、「翰院收藏書畫」、「毛褒」、「華伯」、「皇次子章」、「養正書屋珍藏」、「謙牧堂書畫記」各印。

二、孟子注疏解經十四卷

漢趙岐注，宋孫奭疏。宋紹熙浙東庾司刻本。存卷三、卷四、卷十三、卷十四，均分上下。半葉八行，行十六字，注雙行二十二字。白口。板心上記大小字數，下記刊工姓名。吴玉、吴洪、吴宥、李信、李彦、許成之、許貴、許詠、許文、毛食、毛俊、丁之才、丁銓、余阿平、茂五、曹榮、董用、范華、立子文、王榮、徐仁、祐圭、顧祐、張亨、楊昌、宋瑜、沈思忠、金潛、李林明。「疏」字作白文。宋諱避至「敦」字。

三、新雕重校戰國策三十三卷

漢高誘注。宋剡川刻本。半葉十一行，行二十字至二十二字，注雙行。白口。板心下記刊工姓名。李秀、李棠、李碩、余坦、王珍、蘇興、梁文友、余永、徐杲、徐亮、徐茂、徐林、徐高、徐章、陳錫、陳明俊、毛諒、毛昌、朱静、高畋、許明、洪先、孫中、俞佚、張祥。紹興丙寅姚宏、曾鞏、李文叔、王覺、孫元忠跋。嘉慶己未鈕樹玉、袁廷檮、夏文燾、顧廣圻題詩，黄丕烈跋，均見《題識》。有「黄丕烈」、「士禮居」、「顧千里」、「松江韓應陛藏」印。

四、漢雋十卷

又宋淳熙刻本。行款自序同。淳熙戊戌魏汝功序。板心下記刊工姓名。孫清、孫濟、孫湛、洪悦、王縉、朱芾雕，王進、方迪、施端、陳真。宋諱避至「慎」字。

有「忠孝傳家」、「愚山」、「季振宜藏書」、「楊以增字益之又號至堂晚號冬樵行一」、「東郡楊氏海源閣藏書記」、「宋存書室」各印。

五、咸淳臨安志一百卷

宋潛説友撰。宋刻大字本。存卷二十二、三，卷六十，卷六十五至七十四，卷八十，卷八十三。補鈔卷六十一至六十三。半葉十行，行二十字，注雙行低格十九字。白口。板心上記字數，下記刊工姓名。盛允中、陳松、茂、東、成、政、蔡、光、大、達。宋諱字作「廟諱」或「今上御名」。

有「寶」字印、「珊瑚閣藏書」、「季滄葦藏書記」、「汪氏小書巢藏書」、「楊保彝藏本」、「宋存書室」、「旌德江紹杰」、「漢珊攷藏」各印。

六、武經龜鑑二十卷

宋王彦撰。宋浙刻本。存目録、卷一，皆不全。半葉十二行，行二十二字。白口。板心下記刊工姓名。李文、李焕、李憲、李俊、蔣暉。卷首銜名一行曰：「保平軍節度使、龍神衛四廂都指揮使、知襄陽軍府事、充京西南路安撫使、馬步軍督總管、兼湖北京西路招撫使節、郲荆南鄂州軍馬臣王彦編上進。」宋諱「弦」、「敬」、「驚」字，皆缺筆。

七、嘯堂集古録二卷

宋王俅撰。宋淳熙刻本。李邴序，元人補鈔淳熙丙申曾機序，元統改元干文傳跋。帖裝四册。

阮氏手跋曰：「此二册乃宋刊本，二跋乃元人墨迹，至可寶也。嘉慶八年，曲阜顔衡齋以此贈，元收入《琅嬛仙館》，與宋王復齋《鐘鼎款識》共藏之。阮元識。」

翁氏手跋曰：「嘉慶辛酉之春，得見王厚之《鐘鼎款識》趙承旨題籤者。是冬，復得見此而題之，多幸多幸。」

「猶記王厚之物是其值百金，今又多元人一幅，何啻倍之。」

「此淳熙曾伯虞序亦元人所書，並後元統跋，皆古迹可愛，亦何減款識之珍耶！辛酉十二月，方綱識。」

「王子弁《嘯堂集古録》宋槧原本，後有元人手書，藝林至寶也。安邑宋芝山得之，寄求題識。辛酉冬十二月廿有四日，北平翁方綱。」

「是日適檢篋中影宋寫本，以海寧陳仲魚手校諸條核對，信爲真宋槧無疑。又以兒子樹培手拓家藏鐘鼎文一册同展翫，正不謂今有愧於古也。今日適爲四兒樹崐娶婦，文字之祥，照我几研，深幸！方綱識，寒碧研書。」

「《嘯堂集古録》二册，藏余邸有年矣。乙巳冬，午橋端帥見即驚影，午橋嗜金石，尤精於鑒賞，遂舉以爲贈，此趙松雪所謂結一重翰墨緣也。午橋其何以報我？呵呵！隨齋並識。」

黄氏手跋曰：「余舊得《嘯堂集古録》係明覆宋本，藏家不多見，頗自珍秘。今觀此册，殆如裴將軍之見真虎矣！册末又有元人手迹二跋，蓋當時已矜貴若此，宜儀真、北平兩先生詫爲至寶也。惜明覆本在故鄉，異日取來，當借此本詳勘，匋齋尚書其許我乎！光緒乙巳十一月，黄紹箕記。」

鄭氏手跋曰：「光緒丁未十二月二十四日，聞仲弢卒於武昌。翌日，匋齋尚書出示此册。見其遺墨，痛惜久之。孝胥記。」

有「謙牧堂藏書記」、「曾藏宋葆淳家」、「阮元」、「臣元奉勅審釋内府金石文字」、「阮伯元藏鐘鼎文字」、「揚州阮氏琅嬛仙館」、「文選樓」、「翁方綱」、「覃溪」、「蘇齋」、「海藏樓」各印。

八、孟浩然詩集三卷

唐孟浩然撰。宋蜀刻本。半葉十二行，行二十一字。白口。大寶九載韋滔、王士源序。嘉慶辛酉黄丕烈跋一則，見《題識》。

有「翰林國史院官書」長方印、「黄丕烈」、「復翁」、「百宋一廛」、「士禮居」、「汪士鐘」、「閬源」、「文登于氏小謨觴館」、「楊紹和審定」、「東郡楊氏」、「宋存書室」各印。

九、河東先生集四十五卷外集二卷

唐柳宗元撰。宋廖瑩中注刻本。半葉九行，行十七字，注雙行。綫口。板心下刊「世綵堂」三字，上記字數，下記刊工姓名。元清、从善、同甫仁、介方、李奎、之奕、李文、范方。卷末「世綵廖氏刻梓家塾」八字亞形木記。

朱氏手跋曰：「廖氏世綵堂家塾經史，周公謹極言異精。今觀漫堂中丞所藏《柳河東集》，信然。康熙壬午三月，秀水朱彝尊跋尾。盤山智朴同觀，公子致筠、孫韋金看書。」

羅氏手跋曰：「壬戌年，上虞羅振玉觀于申江。記年月以志眼福，距觀世綵《韓文》二十餘年矣。」

有「項篤壽」、「項氏萬卷堂圖籍」、「項墨林鑑賞」、「天籟閣」、「商丘宋犖」、「緯蕭草堂藏書記」、「沈鴻祚」、「載猷」各印。

一〇、皇甫持正文集六卷

唐皇甫湜撰。宋蜀刻本。半葉十二行，行二十一字。白口。有「翰林國史院官書」長方印、「劉體仁」、「潁川劉考功藏書」印。

一一、東萊標注老泉先生文集十二卷

宋蘇洵撰，吕祖謙注。宋紹熙刻本。次題：「君峯吴炎校勘。」半葉十四行，行二十五字，注雙行。線口。卷中眉上刊評語，正文點句。目後刊書識語曰：「先生父子文體不同，世多混亂無刻，書肆久亡善本，前後編節刊行，非繁簡失宜，則取舍不當，魯魚亥豕，無所是正，觀者病焉。頃在上庠，得吕東萊手鈔，凡五百餘篇，皆可誦習爲矜式者。因與同舍校勘訛謬，爲三集，逐篇指擇關鍵，標題以發明主意。其有事迹隱晦，又從而注釋之，誠使一見，本末不遺，義理昭晰，豈曰小補之哉。鼎新作大字鋟木，與天下共之，收書賢士，伏幸望洛。紹熙癸丑八月既望，從事郎桂陽軍軍學校授吳炎濟之。」

有「楝亭曹氏藏書」印。

一二、經進東坡文集事略六十卷

宋郎曄注。宋建刻本。半葉十二行，行二十一字，注雙行。線口。板心刊記字數，上下不一。乾道九年御製序，附《贈太傅制行言》。

有「敬甫」、「荆州田氏」、「潛山所收」、「景偉廔」、「篁村」、「島田重禮」印。

一三、重校鶴山先生大全文集一百十卷

宋魏了翁撰。宋蜀刻本。半葉十一行，行二十一字。白口。板心上記字數，下記刊工姓名。榮昇之、簡卿、何每、祖、日、喜、梁、宋、休、南、全、保、春、雨、袁、李、天、材行、由。

庚申四月錢大昕跋三則，嘉慶二年黄丕烈跋三則，均見《題識》。

附録四：《藏園群書經眼録》摘鈔

傅增湘撰　程遠芬摘鈔

説明：《寶禮堂宋本書録》所著録宋元本，曾經傅增湘《藏園群書經眼録》（二〇〇九年中華書局）著録者多種，於行款版式牌記刻工之描述，鑒别之結論，以及序跋題識印鑒之記載，均足資參證。今逐條甄别録出，得三十二則，附録於後，並間作按語（以括號識之）以供參考。間有一書分離，藏園所見爲零卷，可與寶禮堂藏本互補者並録之。

程遠芬　二〇二〇年三月十五日

一、周禮注十二卷　漢鄭玄撰　宋婺州市門巷唐宅刊本　存卷一至卷六，卷七至十配附釋文本

二、禮記正義七十卷　唐孔穎達撰　宋刊本　四十册

三、纂圖互註春秋經傳集解三十卷　晉杜預撰　唐陸德明釋文　宋元間刊本

四、春秋公羊經傳解詁十二卷　漢何休撰　唐陸德明釋文　宋紹熙二年余仁仲萬卷堂刊本

五、春秋名號歸一圖二卷附春秋二十國年表一卷春秋圖説一卷　蜀馮繼先撰　宋刊本
六、春秋五禮例宗十卷　宋張大亨撰　宋刊本　存七卷
七、孟子注疏解經十四卷　漢趙岐註　題宋孫奭疏　宋刊本　存卷三、四，卷各爲上下
八、史記集解一百三十卷　漢司馬遷撰　劉宋裴駰集解　宋紹興間淮南路轉運司刊元明遞修本　存六十七卷
九、史記集解索隱正義一百三十卷　漢司馬遷撰　劉宋裴駰集解　唐司馬貞索隱　張守節正義　宋刊本　存《河渠書》、《平準書》二卷
一〇、漢書集註一百卷　漢班固撰　唐顔師古註　宋嘉定十七年甲申白鷺洲書院刊本
一一、後漢書注九十卷　劉宋范曄撰　唐李賢注　宋刊本
一二、五朝名臣言行録十卷　三朝名臣言行録十四卷　宋朱熹輯　宋刊本
一三、咸淳臨安志一百卷　宋潛説友撰　宋刊本　存二十二卷
一四、音點大字荀子句解二十卷　宋龔士卨撰　宋刊本　存卷一至十
一五、麗澤論説集録十卷　宋吕祖儉撰　宋刊本　殘本
一六、傷寒明理論三卷　金成無己撰　宋刊本　缺目録卷三及方論
一七、古三墳書三卷　宋紹興十七年婺州州學刊本
一八、百川學海一百七十九卷　宋左圭輯　宋刊本　存四種

一九、册府元龜一千卷　宋王欽若等輯　宋刊本　存一百四十四卷
二〇、揮麈第三録三卷　宋王明清撰　宋刊宋印本
二一、北山録注十卷　□釋慧寶注　宋刊本　存七卷
二二、北山録注十卷附北山録注解隨函二卷　□釋慧寶注　附□釋德珪撰　元刊本　存卷一至六、附
二三、黄氏補千家註紀年杜工部詩史三十六卷　唐杜甫撰　宋黄希、黄鶴補註　宋刊本
二四、韋蘇州集十卷　唐韋應物撰　宋刊本
二五、唐陸宣公集二十二卷　唐陸贄撰　宋刊本
二六、唐女郎魚玄機詩一卷　唐魚玄機撰　宋臨安府陳宅書籍鋪刊本
二七、曾南豐先生文粹十卷　宋曾鞏撰　宋刊本　存六卷
二八、東萊標註老泉先生文集十二卷　宋蘇洵撰　宋吕祖謙註　宋紹熙四年吴炎刊本
二九、東萊吕太史别集十六卷　宋吕祖謙撰　宋刊本
三〇、重校鶴山先生大全文集一百十卷目録二卷　宋魏了翁撰　宋蜀中刊本　存九十四卷
三一、文選注六十卷　唐李善並吕延濟、劉良、張詵、吕向、李周翰撰　宋明州刊紹興二十八年補修本　存二十五卷
三二、迂齋標註諸家文集五卷　宋樓昉輯　宋刊本　存三集

一、周禮注十二卷　漢鄭玄撰　存卷一至六，卷七至十配附釋文本

宋婺州市門巷唐宅刊本，半葉十三行，行二十五六字，注雙行三十五字，白口，左右雙闌，版心記字數及刊工姓名，有王珍、沈亨、余竑、徐林、李才、卓宥、高三諸人。卷三末葉有牌子，文曰：

婺州市門
巷唐宅刊

卷七至十二半葉十一行，行二十一二字不等，注雙行同，白口，四周雙闌，版心上記字數下記刊工姓名。避宋諱至慎字止。附釋文。有楊守敬之跋。

鈐有：「周櫟園藏書印」白、「商丘宋犖收藏善本」朱、「緯蕭艸堂藏書記」朱、「臣筠」、「三晉提刑」各印。

余嘗以校黄刻本，頗有改正。（袁寒雲藏，丙辰見）

二、禮記正義七十卷　唐孔穎達撰　四十册

宋刊本，半葉八行，行十五字，注雙行二十二字，白口，左右雙闌。間有補版，然亦精。末葉黄唐識語録後：

六經疏義自京監蜀文皆省正文及注，又篇章散亂，覽者病焉。本司舊刊《易》、《書》、《周禮》正經注疏萃見一書，便於披繹，它經獨闕。紹熙辛亥仲冬唐備員司庾遂取《毛詩》、《禮記》疏義如前三經編彙，精加讐正，用鋟諸木，庶廣前人之所未備。乃若《春秋》一經顧力未暇，姑以貽同志云。壬子秋八月三山黄唐謹識。

後有進士傅伯膺、主簿高似孫等八行銜名。空一行又宣教郎兩浙東路提舉常平司幹辦公事李深等銜名三行。

有惠棟長跋。每卷鈐季滄葦藏印。又有秋壑圖書僞印。（長白盛昱伯羲鬱華閣藏書，壬子歲見）

三、纂圖互註春秋經傳集解三十卷　晉杜預撰　唐陸德明釋文

宋元間刊本，半葉十二行，行二十二字，左闌外記某公年及葉數卷數。序後有牌子。文曰：

龍山書院 圖書之寶

（四明盧址抱經樓藏書，癸丑十二月，見於甯波靈橋門内君子營盧宅）

四、春秋公羊經傳解詁十二卷　漢何休撰　唐陸德明釋文

宋紹熙二年余仁仲萬卷堂刊本，半葉十一行，行十九字，注雙行二十七字，細黑口，左

右雙闌，版心雙魚尾，記大小字數。首何休序，序後有紹熙辛亥建安余仁仲題記六行。卷一後有余仁仲刊於家塾一行。鈐有季振宜、徐乾學、汪喜孫各印。

按：此建本之至精者，袁寒雲以三千金得之李新吾。

五、春秋名號歸一圖二卷　蜀馮繼先撰。上卷十九葉、下卷二十二葉　春秋二十國年表一卷

春秋圖説一卷

宋刊本，十一行十八字，黑口，四周雙闌。板心魚尾上記字數。圖説一卷有《春秋》一百二十四國爵姓、諸國地理、王族公族諸氏、諸侯興廢、春秋總例、春秋始終諸篇。（袁寒雲藏書。乙卯）

（按：此書由袁寒雲歸寶禮堂。參李紅英《寒雲藏書題跋輯釋》第七十七頁。）

六、春秋五禮例宗十卷　宋張大亨撰　存卷一至三、七至十，凡七卷

宋刊本，半葉十一行，行十八字至二十四字，注雙行，白口，左右雙闌。版心題春秋例宗幾，下記刊工姓名，可辨者有：丁珪、毛諫、朱明、徐杲、徐宗、黄常、陳洵、徐高等。版匡高六寸六分强，闊五寸一分。宋諱避至桓字止。有紹聖四年二月自序，半葉十一行，行十七字。

鈐印録後：「乾學」朱方、「徐健菴」白方、「陳寶儉珍藏印」朱長、「周春」白方、「松靄」朱方、

「松靄藏書」朱方、「太原喬松年收藏圖書」朱長、「蘿藦亭長」朱白方、「芸閣」朱方、「鶴儕」朱方小、「鶴儕」朱方、「鶴儕」寬邊朱大方、「鶴□」朱方、「鶴儕」朱大方、「松年」朱方、「松年」白方、「宸翰澹遠堂」朱橢雙螭、「袁廷檮耤觀印」朱長、「御史中丞少司馬章」白方、「甌舫」白大長、「箸書齋」白方。（吴慈培藏，甲寅）

七、孟子注疏解經十四卷　漢趙岐註　題宋孫奭疏　存卷三、四，卷各爲上下

宋刊本，半葉八行，行十六字，注雙行二十二字，白口，左右雙闌。版心下記刊工姓名，有許貴、許成之、許詠、徐仁、顧祐、毛俊、丁之才、李彦、李信、吴宥、張亨、楊昌、宋瑜、沈思忠、金潛、洪坦、毛、鄭、詠、仁等。避宋諱至擴字止。鈐有「毛晉之印」小朱文印。

按：此與盛意園昱所藏黄唐本《禮記》同。（袁寒雲藏書，乙卯）

八、史記集解一百三十卷　漢司馬遷撰　劉宋裴駰集解　存六十七卷

宋紹興間淮南路轉運司刊元明遞修本，大字，半葉九行，行十六字，注雙行二十至二十三四字不等，細黑口，左右雙闌。板心上記字數，在陽葉半面，下記刊工人名一二字，有王全、王佑、王華、宋寔、李彦、陳彦、楊謹、楊守道、華再興、戴佑、韓仔、戚聰旺等，其中最古樸之板皆不記字數，疑即原本矣。間有略圓活者，當是補版。別有極粗率者數葉，則恐元時再補矣。黄紙印。

又有數卷，亦九行十六字，字有鋒稜，若大觀瘦金體，白口，左右雙闌，版心魚尾上記字數居中。即世所稱之蜀大字本。有吴雲跋。（南潯劉翰怡承幹嘉業堂藏，乙卯九月三日見於滬上）

九、史記集解索隱正義一百三十卷　漢司馬遷撰　劉宋裴駰集解　唐司馬貞索隱　張守節正義

存河渠書、平準書，計二卷

宋刊本，半葉十行，每行十八字。細黑口，左右雙闌，版心上魚尾下記「史記河書七」，或「河書七」，左闌外標「河渠書」三字。

按：是書精雕初印，稜角峭厲，是建本之最精者，即黄善夫本也。張菊生元濟前輩曾於正文齋收得殘帙，凡六十九卷。是田伏侯獲自東瀛者。此册前有「妙覺寺常住□典」楷書朱文木記，正與張本同，知此卷又殘帙之餘也。乙卯夏袁抱存克文舉是帙相貽，余別以紹熙四年吴炎刊本《東萊標註老泉先生文集》一卷報之。乙丑春日藏園記。

一〇、漢書集註一百卷　漢班固撰　唐顔師古註

宋嘉定十七年甲申白鷺洲書院刊本，半葉八行，行十六字，註雙行二十一字，黑口四周雙闌。版心上記字數大若干小若干，下記刊工姓名，左闌外標篇名。卷後記右將監本云云兩行，又正義若干注文若干，或在卷尾，或在小題下。序例後附景祐刊誤本及參校諸本及入註各書。有牌子如下式：

甲申歲刊於白鷺洲書院

內列傳卷四十八至五十一配別一版，明時所刊，余疑爲項篤壽萬卷堂刊本，因其字頗類項刊東觀餘論也。鈐有「浙右項篤壽子長藏書」朱方印，又汪士鐘藏印數方。棉紙印，微黃。（吴興劉翰怡承幹嘉業堂藏書。乙卯九月三日觀於滬上）

一一、**後漢書注九十卷** 劉宋范曄撰 唐李賢注 **志注補三十卷** 梁劉昭撰

宋刊本，半葉八行，行十六字，黑口，四周雙闌，板心上記字數，大若干，小若干。下記刊工人名一二字不等，左闌外記篇名。版心刻工、字體均與前漢書同，亦白鷺洲書院刊本。首卷式如下：

光武帝紀第一上　范曄　後漢書一上

鈐有「笠澤金氏安素堂書印」白文方印。（吴興劉承幹嘉業堂藏書，乙卯九月三日觀於滬上）

一二、**五朝名臣言行録十卷 三朝名臣言行録十四卷** 宋朱熹輯

宋刊本，半葉十行，行十七字，小字雙行低一格，二十字，白口，四周雙闌。版心上記字數，下記刊工姓名，有周俊、周通、周升、周時、吴拱、吴先、劉永、劉升、劉光、詹文、江陵、

江忠、葉新、陳閏、陳中、余闌、余山、余仁、李立、李辛、謝四、李盛、楊郴、萬十四、張洪、杜明、上官信、柯文、高安道、蔡元、蔡中、蕭韶。每卷題卷幾之幾。避諱至愼字止。審其刀法，應是豫章刊本。（袁寒雲藏。乙卯）

一三、咸淳臨安志一百卷　宋潛説友撰　存二十二卷

宋刊本，十行二十字，註雙行同，白口，左右雙闌。版心上方記字數，大小分左右。下方記人名，有陳升、陳茂、陳松、盛允中、尤明、尤有明、徐璟叔、王春馬、王垚、張中、伍于、翁正、毛粹、毛梓、范實賢、梁建、成盛、詹周等。避諱極謹，即舊諱亦註明。存卷如下：二十、二十一、二十四、二十五、三十三抄、三十四抄、三十五、七十五、七十六抄、七十七抄、七十八抄三頁又補綴、七十九抄。

鈐印有：「寶」圓印、「季滄葦圖書記」、「珊瑚閣珍藏印」、「宋存書室」、「海源閣」、「宋存書室」、「楊氏勰卿平生真賞」、「海源閣藏書」。

按：此海源閣散出之書，王獻唐見之濟南肆中，因代爲購得，計耗去四百金。前歲曾收得五册，亦刻鈔各半，爲卷三十六、三十七、三十八、三十九、四十抄、四十一抄、四十二抄、四十三抄、四十四抄、四十五抄。

今日趙萬里又送八册來看，索八百金，别記之。

忠謨謹按：此書別有跋，收入《藏園群書題記初集》卷三。

（按：此係一書分離，寶禮堂藏宋刻二十卷，與此相配。）

一四、音點大字荀子句解二十卷　宋龔士卨撰　存卷一至十

宋刊本，半葉十行，行二十字，黑口單闌，版心上方有音釋，本字大，音字小。每句加注，句有坐點，字音於字旁加小圈，廟諱加圓圈以別之。前有景定改元蒲節前三日石廬龔士卨序，草書甚精。序後有鐘式木記龔氏，又子質、石廬父方木記。有季滄葦藏印。

按：是書刊工最精，紙墨均佳，乃初印本也。（壬子）

一五、麗澤論説集録十卷　宋吕祖儉撰　殘本

宋刊本，嘉泰四年吕喬年刊，有元補版，半葉十行，行二十字，版心上記字數，下記人名。鈐印列後：

「沈廷芳印」回文白方、「椒園」朱方、「潘釋」白方、「重光」白、「辛齋」朱、「東郡宋存書室珍藏」朱長、「南陽講習堂」朱、「光輪印」白、「郭東莊生」白。（癸丑）

一六、傷寒明理論三卷　金成無己撰　割去目録，缺方論一卷二册

宋刊本，半葉十行，行二十字，白口雙闌。版心魚尾下記刊工姓名，有王三、王五、石、

政、諒等人。

前有壬戌八月錦㟂山嚴器之序。

藏印有：「明善堂覽書畫印」白、「怡府世寶」朱、「安樂堂藏書記」、「宣城李氏瞿鉶石室圖書印記」朱、「宛陵李之郇藏書印」。（癸丑）

一七、古三墳書三卷

宋紹興十七年婺州州學刊本，半葉十行，行十八字，白口，左右雙闌。版心上魚尾下記古字，中記葉數，下記字數，再下爲下魚尾，下魚尾下記刊工姓名，有張玘、林升、宋杲、沈原、陳林等人。宋諱構字缺筆。末葉刊識語四行，録如後：

余家藏此古三墳書而時人罕有識者，恐遂堙没不傳於世，乃命刻於婺州學中，以與天下共之。紹興十七年歲次丁卯五月重五日三衢沈斐書。

其後隔二行有元人題識四行：

古三墳書聞其名而未見其

書，因得之於書肆中後人觀鑒宜珍惜哉至正戊申二月二日書之進學齋。

後鈐「葉氏進學齋藏書記」朱文大印。

卷三末行題云：

大德戊戌中秋後二日處梅陸元通置至大庚戌人日子德懋觀於侍旁。

旁鈐「元通」白、「處梅」朱二印。

又有「武陵世家」白方、「顧汝修印」白方、「九峯三泖之間」白方、「雲間僧善學海闇圖書」朱方、「陸氏文房」朱方、「處梅」方形圓心雙鈎朱文諸藏印。（壬子春見於正文齋譚篤生處）

一八、百川學海　一百七十九卷　宋左圭輯　存四種

宋刊本，半葉十二行，行二十字，細黑口，左右雙闌，版心魚尾上方記字數。存卷列後：

王文正公筆録一卷宋王曾撰十二葉

國老談苑二卷宋王君玉撰卷一計九葉，卷二計八葉

丁晉公談録一卷十六葉

欒城先生遺言一卷宋蘇籀撰　十一葉

鈐有「宋本」、「季振宜讀書」二印。(袁寒雲克文氏藏，乙卯歲見。)

又鄧孝先邦述所藏刊誤、李木齋盛鐸所藏學齋佔畢與此同。

一九、册府元龜一千卷　宋王欽若等輯　存一百四十四卷

宋刊本，半葉十四行二十四字，白口，左右雙闌。

現存各卷及余已校卷數記如後：

卷六至十北京圖書館　四十一至四十五北京圖書館藏，戊午十一月校　四十六庚午十二月校　五十六至六十北京圖書館藏，十一月校　一百十二殘葉　一百二十九至三十庚午十二月校　一百三十一庚午十二月校　一百三十二殘葉　二百二十一存八、九、十一葉，庚午十月校　二百二十二殘葉　二百七十一至七十五北京圖書館藏，庚午十一月校　二百八十六至九十補缺葉二番，潘明訓藏，戊午十月校　二百九十一至九十五潘明訓藏，戊午十月校　三百零七北京圖書館藏　三百零六至十六卷缺首數葉，十卷缺末，甲子六月校　三百四十一至四十五北京圖書館藏，戊午十一月校　三百五十六至七十五北京圖書館藏，戊午十一月校　三百八十六至九十北京圖書館藏，戊午十一月校　三百九十六至四百北京圖書館藏，戊午十一月校　四百十一至十五北京圖書館藏，戊午十一月校　又四百十一至四十五甲子六月校　四百五十六至六十北京圖書館藏，庚午十二月校　四百七十一至七十五北京圖書館藏，庚午十二月校　四

百八十一至八十五八十一缺首七葉，甲子六月校，八十四缺尾數葉　四百九十一至九十五北京圖書館藏，庚午十二月校　五百二十六校錯簡　五百八十六至九十北京圖書館藏，戊午臘月校　六百十一至十五趙聲申伯藏，甲子十一月校　七百八十至八十九甲子六月校　共校得一百七卷。殘葉不計。此書宋本北京圖書館藏九十八卷，各家藏三十三卷，殘葉四卷不計。又瞿氏藏十三卷，見後，未計入。共一百卌一卷。

瞿氏藏宋本卷數，共十三卷。

二百四十九　二百五十一至五十四　二百六十一至六十二　二百七十六　九百一至九百五

皕宋樓藏宋本册府元龜卷數：

一百二十六至一百六十六　一百七十一至八十　一百八十二至二百四　五百五至五百三十八　五百四十五至六十五　五百六十七至七十七　五百八十三至九十九　六百四至五　六百八至六百六十　六百六十六至七十五　六百七十九至七百一　七百六至八　七百十七至二十　七百二十六至三十二　七百三十七至三十九　七百四十二至五十六　七百六十一至九十一　七百九十六至八百　八百三至六　八百十一至十二　八百十五至六十五　八百七十六至九百　九百八至三十三　九百三十六至三十八　九百四十四至四十七　九百五十至五十六　九百六十七至一千。共四百七十一卷。

以上北京圖書館藏九十八卷，瞿氏藏十三卷，南北各家藏三十三卷，內藏園藏六卷。共一百四十四卷。內廿一卷與皕宋本重複，實有一百二十三卷。合之皕宋樓舊藏之四百七十一卷，則宇內所存宋本共五百九十四卷。（癸未）

忠謨謹按：此書有跋，收入《藏園群書題記初集》卷四、又三集卷四。

二〇、揮麈第三録三卷　宋王明清撰

宋刊宋印本，半葉十一行，行二十字，細黑口，左右雙闌。首卷次行署銜爲「朝請大夫主管台州崇道觀汝陰王明清」。

卷首有黄丕烈小像，翁方綱隸書題首。

鈐有黄氏士禮居、張氏愛日精廬、張氏小琅嬛福地收藏印。孫原湘跋。（顧鶴逸藏書，壬子二月十一日觀。）

二一、北山録注十卷　□釋慧寶注　存卷一至三、七至十，凡七卷

宋刊本，題「梓州慧義寺沙門　神清撰」，「西蜀草玄亭沙門　慧寶注」，半葉十二行，行二十四字，注小字雙行二十九至三十字不等，白口，左右雙闌。版心題「北山録幾」，下記刊工姓名，有徐志、姜、趙、葉、包、姚諸人。版匡高七寸三分，闊五寸。宋諱玄朗敬殷弘匡恒禎曙樹等均缺末筆。前有熙寧元年五月十二日沈遼序，言惟賢大師得蜀本，將傳諸

好事者云云。後有殿中丞致仕丘濬後序。　末葉有項元汴題二行，墨書。

明萬曆丙子仲秋望日重裝

墨林項元汴持誦。

原值一金此行在闌外下方。

鈐有：「天籟閣」朱長、「項元汴印」、「項墨林鑑賞章」、「墨林山人」、「項子京家珍藏」諸印。（袁寒雲藏。乙卯）

二二、北山録注十卷　□釋慧寶撰　存卷一至六，六卷　附北山録注解隨函二卷　□釋德珪撰

元刊本，半葉十二行，行二十四字，注雙行三十字，白口，左右雙闌。　有熙寧元年沈遼序，半葉十行，行十七字。　本書首行題「北山録卷第一」，次行題「梓州慧義寺沙門神清撰」，三行題「西蜀草玄亭沙門慧寶注」，四行以下篇目，下接連本文。

注解隨函行欵同前，版心下方記刊工姓一字。次行題：

儀封縣平城村淨住子比丘　德珪　撰

鈐有「華亭朱氏文石山房藏書」印。（戊午）

二三、黄氏補千家註紀年杜工部詩史三十六卷　唐杜甫撰　宋黄希、黄鶴補註

宋刊本，半葉十一行，行十九字，注雙行二十五字，細黑口，四周雙闌。版心雙魚尾，書名記杜詩幾，或記半字，書名或于註字下增「紀年」二字，或以「諸儒」代「千家」二字。避宋諱至敦字止。

鈐有「䷢」朱、「虞山毛晉」、「東吴毛晉」、「字子晉」、「琴川毛氏珍藏」、「毛姓祕翫」、「在在處處有神物護持」白、「五硯樓」、「袁氏又愷」朱、「廷檮之印」朱、「浦祺之印」、「浦伯子」各印。（盛昱遺書，爲袁寒雲收得。）

二四、韋蘇州集十卷　唐韋應物撰

宋刊本，半葉十行，行十八字，白口，左右雙闌，版心魚尾上記字數，下方間記刊工姓一字，有余、何、應等字，惟第二卷首記「余同甫刁」四字。宋諱貞、恒、徵、構、完、樹皆爲字不成。

每卷首尾有「乾隆御覽之寶」及「天禄琳琅」小璽。又有「張用禮印」、「周氏子重」、「鄞人周琬」、「青瑣仙郎」、「濂溪後裔」、「清白傳家」諸印。又「嘉興觟湖戴氏家藏書畫印記」朱文大長方印。

按：明刻韋集十行十八字者世皆稱爲翻宋本，然以較此本則有三異。宋本目録皆兩

排並列，明本則改爲每題占一行。宋本卷一擬古詩十二首皆銜接而下，明本每首加「其二」、「其三」等字，則行第全移，非復舊觀矣。宋本卷八「詠露珠」下脱去原詩二行，又脱去「詠水精」題一行，於是詠露珠題而接連水精詩矣，明本從而改正之，則行次又異矣。又卷八「仙人祠」一首，宋本在一二葉間，明本則附在卷八之尾，於是結題又不得不移前三行矣。至卷中字爲明刊訛謬者又不可計。其卷首沈明喆補傳宋本無之，則爲明人所補蓋顯然可見，又不足論也。頗疑明本所翻宋本與此同出一源，惟目録及卷一行次有異，餘亦大段相同。沅叔。（丁巳）

二五、唐陸宣公集二十二卷　唐陸贄撰

宋刊本，半葉十行，行十七字，白口雙闌，大版心。鈐有「蕉林藏書」印。（癸丑）

二六、唐女郎魚玄機詩一卷　唐魚玄機撰

宋臨安府陳宅書籍鋪刊本，半葉十行，行十八字，卷末有「臨安府棚北睦親坊南陳宅書籍鋪印行」一行。前四葉雕工精美，後八葉粗率，非出一手。

裝爲册式，題詠極夥。目列後：

壽鳳題首隸書　余秋室集畫小影　陳文述詩四首　沈寀題字　朱承爵鑒四字　曹貞秀

題詩四首　楞伽山人同觀王芑孫　李福題詞蕘　吳嘉泰詩翁　瞿中溶詩屬　戴延介詞題　孫延詞唐　顧蒓詩女　董圖華詞郎　袁廷檮詩魚　徐雲路詞玄　黄丕烈詩二首，機　夏文燾詩詩　黄丕烈跋二則　余集小簡邗江釋達真詩　顧蒓小簡考沈寀事蹟　潘奕雋小簡、又題　歸懋儀詞　錫山女道士韵香詩四首　三松居士詩　石韞玉詩　潘遵祁題欵　徐渭仁詩　盛昱題欵

後有新跋兩段，一爲湘中黄氏，此書蓋即其家所藏者也。（袁寒雲藏。戊午）

二七、曾南豐先生文粹十卷　宋曾鞏撰　存卷五至十，計六卷

宋刊本，半葉十四行，行二十六字，白口，四周雙闌，版心上記字數，下記刊工姓名，有王、震、同、甲、仝、吕、僊、宏、張、劉、玹、蔣各單字。避宋諱至敦字止。鈐有「謙牧堂藏書記」、「天禄琳琅」及盛昱藏印。（盛昱遺書，歸袁寒雲，余自寒雲假來一校，宋本脱誤頗甚。）

二八、東萊標註老泉先生文集十二卷　宋蘇洵撰　宋吕祖謙註

宋紹熙四年吳炎刊本，半葉十四行，每行二十五字，註雙行同，細黑口，左右雙闌，版心上魚尾下記泉幾，上記字數，闌上有標題，行間有墨擲，宋諱作陰識，或加圓圍以別之。目後有吳炎咨十行，録後：

先生父子文體不同，世多混亂無别，書肆久亡善本。前後編節刊行，非繁簡失宜，則取舍不當，魚魯亥豕無所是正，觀者病焉。頃在上庠得　吕東萊手抄凡五百餘篇，皆可誦習爲矜式者，因與同舍校勘訛謬，析爲三集，逐篇指摘關鍵，標題以發明主意，其有事迹隱晦又從而注釋之，誠使一見本末不遺，義理昭晰，豈曰小補之哉！鼎新作大字鋟木，與天下共之，收書賢士伏幸垂鑒。紹熙癸丑八月既望，從事郎桂陽軍軍學教授吴炎濟之咨。

按：此書刊工精整，紙墨精良，建本之佳者。余辛亥歲在杭州梅花碑冷攤獲第四、五兩卷，袁寒雲見而愛之，因分第五卷以贈。後袁氏書散，輾轉歸潘明訓，僅存卷四。庚申歲，又得餘卷。因以小字本《通鑑紀事本末》一册自潘氏易回，遂爲完帙。此書散佚多年，幸假余手復爲延津之合，爲之欣幸無量。

二九、東萊吕太史别集十六卷　宋吕祖謙撰

宋刊本，半葉十行，每行二十字，白口，左右雙闌。版匡高六寸八分，闊五寸二分，版心記子目，有「家範」、「尺牘」、「讀書雜記」、「師友問答」等字，上記字數，下記刊工姓名，有丁亮、丁明、李信、李思賢、李嵒、吴志、吴春、楊先、周文、周才、周份、吕拱、張文、張仲辰、張彦忠、張世廸、韓公輔、羅裕、羅榮、陳靖、宋琚、姚彦、史永、劉昭、趙中等名。

鈐有：「鄭氏注韓居珍藏記」朱、「晉安蔣絢臣家藏書」朱、「晉安徐興公家藏書」朱、「建安楊氏傳家圖書」朱、「鄭杰之印」白、「名人杰字昌英」朱。

卷中宋諱不盡避，闊簾紙濕墨印，間有鈔補之葉。（余藏。）

三〇、**重校鶴山先生大全文集一百十卷目録二卷**　宋魏了翁撰　缺卷十八、十九，卅五至卅八、四十三至四十六，五十至五十三，七十五至七十七，一百八，共缺十八卷，存九十四卷

宋蜀中刊本，十一行二十字，白口單闌，版心魚尾下間記刻工姓名。前有淳祐己酉夏五宛陵吴淵序。草書。宋本缺第一卷第一葉，又二葉前四行。黄蕘圃跋言缺二行者誤也。所缺三詩明本并題目削去，今抄存如左：

卷之一：古詩　遊古白鶴山　和薛秘書紱聞鵶韻　和虞永康剛簡滄江鶴再誕雛

有黄蕘圃丕烈跋兩則，又書所缺葉於前。卷尾有黄蕘圃跋兩則，錢竹汀大昕跋三則。後有隸書序，題開慶改元夏五月甲子諸生朝請大夫成都府路提點刑獄公……下闕。

又影抄吴潛後序。鈐有「汪士鐘藏」白長、「乾學之印」白方、「健菴」白方。（孫廷翰藏，壬子十一月見。）

三一、**文選注六十卷**　唐李善并吕延濟、劉良、張銑、吕向、李周翰撰　存卷三至五、九至十一、十五至十七、二十一至二十三、二十七至三十五、四十五至四十七、又二十六一卷爲别一印本，共二十五卷

宋明州刊紹興二十八年補脩本。半葉十行，每行二十一至二十四字，注雙行二十八

至三十字，白口，左右雙闌。版心下方記刊工姓名，有原版、紹興補板及再補板三批。原版爲江政、王因、王乙、王伸、王時、毛諒、毛章、徐彦、徐宗、徐逵、徐全、張瑾、張清、張逢、張由、葉達、葉明、高起、黄大、黄覺、駱晟、駱昇、施章、吴浩、吴詢、董明、陳然、劉文、洪先、蔡政、余尚、郭富、郭政、阮宗、許中、通、高等；紹興補版有洪茂、劉信、劉仲、方成、葛珍、方祥、方祐、李顯、李珪、李良、李涓、李忠、楊昌、楊永、蔡忠、蔡正、陳亢、陳文、陳忠、陳真、宋道、葉亢：再補版有丁文、王寔、王進、王臻、王允、王椿、王諒、王學、王舉、王雄、王臻、陳高、陳辛、陳才、張學、毛昌、施蘊、施俊、俞玠、俞忠、潘興權、洪明、洪昌、洪乘、徐亮、宋林、朱宥、朱芾、朱文貴、朱諒、金敦、顧宥、周彦、吴宗、吴正、吴政、吴定、黄暉、蔣春等。又有蔡忠重刊、施端重刊、王允重刊、徐宥重刊、金敦重刊、方祐重刁等。宋諱原版桓、構不缺，補版缺桓字。首行題「文選卷第幾」，次行低五格題「梁昭明太子撰」，三行又低一格題「五臣并李善注」，四行目録，目後連正文。

按：此書余辛酉歲得之寶應劉翰臣啓瑞家，亦清末自内閣大庫佚出者。蝶裝八册，以蟲傷不可復理，改訂爲二十四册。紙微黄，鈐有「晉府書畫之印」、「敬悳堂圖書印」、「子子孫孫永寶用」各印。内卷二十六一卷白麻紙淡墨印，爲天禄琳琅舊藏，鈐有「乾隆御覽之寶」、「五福五代堂古稀天子寶」、「八徵耄念之寶」、「太上皇帝之寶」、「天禄琳琅」、「天禄繼鑑」各璽。又有「竹塢」朱、「玉蘭堂」朱、「戊戌毛晉」朱、「毛姓秘翫」白、「宋本」朱楕、「季振宜讀書」朱、「御史振宜之章」白、「竹下閑人」朱、「聖清宗室盛昱伯羲之印」朱及景賢、袁克文氏各印。舊爲明楊慈湖、文徵仲、毛子晉、清季滄葦遞藏，後入乾隆内府。光緒中爲人盜出，盛伯羲收得八册卷二十至二十八。壬子盛氏書散，爲景樸孫賢所得。後袁寒雲克文得四册，餘爲李椒微先生盛鐸收去。此册即寒雲所餉余者也。後有袁氏手跋，録後：

按《天禄琳琅後編目録》所載末有識云：「右文選版歲久漫滅殆甚，紹興二十八年冬十月，直閣趙公來鎮是邦。下車之初，以儒雅飾吏事，首加修正，字畫爲之一新，俾學者開卷免魯魚三豕之訛，且欲垂斯文于無窮云。右迪功郎、明州司法參軍兼監盧欽謹書」。據跋，乃四明刻，當時尚存全書，此四卷不知何時流出，爲盛伯兮祭酒所得，予得自盛戚景氏。乙卯三月望日，寒雲識於倦繡閣。

内閣大庫本二十四卷有沈曾植氏題詩：

排門客入攜槧櫝，聳如秋隼健如鶚。朝儛觀乎校讎略，明州《文選》十行二十大二十一或二十二三十小字。板心亦有重刊氏，喜甚清明不昏瞢。昭文張氏亦有殘本，已漫漶。君來我聞所未聞，君歸我且何云云，善保册府爲長恩。沅叔以此見示，留置齋中十日，漫賦小詩，記其行欵。寐叟。

閶澹春陰不速客，異書啣袖發緘縢。微吟上巳接寒食，刻歲明州紀紹興。鬼作長恩應不餒，印成寶篋或相憑。他年會是茅亭客，話我南于白髮僧。　上巳日沅叔自杭州看桃花歸，促題于諸公題名後，以爲紀念，口占應之。寐叟。

三二、迂齋標註諸家文集五卷　宋樓昉輯。不標卷次，先秦兩漢文爲一集，九十四葉，唐文爲一集，一百一葉，宋文爲一集，三十八葉，存三集。

宋刊本，半葉九行，行十九字，白口，左右雙闌。版心上記大小字數，中記「古文」二字，下刻刻工名一二字，有黄雲、李林、岳元、吴瑞、李珍、王信、王昭、林挑、朱浩、行、文、拱、印、仁、雲、士、共、李、吴、林、金、浩、信、珍、用、王、永等。宋諱玄、朗、殷、匡、恒、貞、徵、勗、桓、完、構、慎、惇、敦、廓、讓皆爲字不成。行間有圈有點有擲，批評語小字在行之右，每篇題下有總評數行。　有寶慶丙戌嘉平月既望永嘉陳振孫序行書七行。卷首次行低六格題「鄞人樓昉暘叔」，三行頂格標「先秦文」，四行頂格標「樂毅」，五行低二格標「答燕惠王書」。

先秦文四首　兩漢文十七首　昌黎文二十二首　河東文十四首崇古文訣視此增多昌黎文三首，河東後加李習之一家。　宋文二十首。

按：宋文當不止此，疑已缺失矣。（丁巳）

某君跋云：

此編即崇古文訣之初稿，文訣本之排編修益而成，不若此之簡當精確矣。姚珤序文訣云：廣文陳君鋟諸梓，時寶慶丁亥，此編陳振孫序爲寶慶丙戌，蓋先成文訣一年。明正德二年文訣重刊於廣西，未述先有此編，天禄四庫亦莫蒐及，後世幾無聞焉。獨直齋書目傳之，延令書目收之耳。

鈐印有：「項靖之印」白、「檇李項藥師藏」朱、「萬卷堂藏書記」朱、「寶墨齋記」朱、「季振宜印」朱、「滄葦」朱、「御史之章」白、「櫨櫨客印」白、「兼海樓藏書印」白。（戊午）

附録五：《中國版刻圖録》摘鈔

趙萬里　冀淑英撰　程遠芬摘鈔

説明：《寶禮堂宋本書録》所著録宋元本，建國後由潘世兹捐獻北京圖書館，即今國家圖書館，内有多種著録於《中國版刻圖録》（文物出版社一九九〇年）。今摘取其解題，依《寶禮堂宋本書録》順序排列，作爲參考。間有與寶禮堂藏本係同書分離，圖版所取非寶禮堂所藏者；又有與寶禮堂藏本同版而非一書者，亦並録之，以資考證。又間作按語（以括號識之）以供參考。計得三十二則。

程遠芬　二〇二〇年三月十五日

一、周禮注　漢鄭玄撰　宋婺州市門巷唐宅刊本

二、儀禮要義　宋魏了翁撰　宋淳祐十二年魏克愚刻本

三、禮記注　漢鄭玄撰　宋刻遞修本

四、禮記正義　唐孔穎達撰　宋紹熙三年兩浙東路茶鹽司刻宋元遞修本
五、春秋公羊經傳解詁　漢何休撰　宋紹熙二年余仁仲萬卷堂刻本
六、春秋公羊疏　唐徐彦撰　宋刻元修本
七、史記集解索隱正義　劉宋裴駰、唐司馬貞、張守節撰　宋黄善夫家塾刻本
八、後漢書註　唐李賢撰　宋黄善夫家塾刻本
九、三國志注　劉宋裴松之撰　宋刻本
一〇、五朝名臣言行録　宋朱熹撰　宋淳熙刻本
一一、咸淳臨安志　宋潛説友纂修　宋咸淳刻本
一二、武經龜鑑　宋王彦撰　宋刻本
一三、傷寒要旨　宋李檉撰　宋乾道七年姑孰郡齋刻本
一四、本草衍義　宋寇宗奭撰　宋淳熙十二年江西轉運司刻慶元元年重修本
一五、古三墳書　宋紹興十七年婺州州學刻本
一六、事類賦注　宋吴淑撰　宋紹興十六年兩浙東路茶鹽司刻本
一七、册府元龜　宋王欽若等輯　宋刻本
一八、陸士龍文集　晉陸雲撰　宋慶元六年華亭縣學刻本

一九、孟浩然詩集　唐孟浩然撰　宋刻本
二〇、河東先生集　唐柳宗元撰　宋廖瑩中校正　宋咸淳廖氏世綵堂刻本
二一、唐女郎魚玄機詩　唐魚玄機撰　宋臨安府陳宅書籍鋪刻本
二二、鉅鹿東觀集　宋魏野撰　宋刻本
二三、曾南豐先生文粹　宋曾鞏撰　宋刻本
二四、歐陽文忠公集　宋歐陽文忠修撰　宋慶元二年周必大刻本
二五、樂全先生文集　宋張方平撰　宋刻本
二六、新校正老泉先生文集　宋蘇洵撰　宋紹熙四年吴炎刻本
二七、東坡集　宋蘇軾撰　宋刻本
二八、文選注　唐李善、吕延濟、劉良、張銑、吕向、李周翰撰　宋紹興明州刻遞修本
二九、竇氏聯珠集　唐竇常等撰　唐褚藏言輯　宋淳熙五年王崧刻本
三〇、新刊國朝二百家名賢文粹　宋慶元三年書隱齋刻本
三一、詳註周美成詞片玉集　宋陳元龍撰　宋刻本
三二、大德南海志元　陳大震、吕桂孫纂修　元大德刻本

一、**周禮注**　漢鄭玄撰　宋婺州市門巷唐宅刻本　金華　圖版八八 八九

匡高一九·六厘米，廣一三·一厘米。十三行，行二十五字至二十七字不等。注文雙行，行三十五字、三十六字不等。白口，左右雙邊。楊氏四經四史之齋舊藏宋本四經之一。宋諱缺筆至桓、完字。刻工沈亨、余竑又刻《廣韻》，《廣韻》缺筆至構字、昚字，因推知此書當是南宋初期刻本。卷三後有婺州市門巷唐宅刊牌記，卷四、卷十二後有婺州唐奉議宅牌記。《九經三傳沿革例》所謂婺州舊本，疑即此本。唐奉議疑即唐仲友，仲友以校刻《荀子》等書遭朱熹彈劾得名。

（按：此與寶禮堂藏宋刻本前六卷同版。）

二、**儀禮要義**　宋魏了翁撰　宋淳祐十二年魏克愚刻本　歙縣　圖版一一〇

匡高二〇·二厘米，廣一三·八厘米。九行，行十七字、十八字不等。白口，左右雙邊。魏了翁嘗據《周易》、《尚書》、《毛詩》、《周禮》、《儀禮》、《禮記》、《春秋》、《論語》、《孟子》注疏，摘爲《九經要義》，又别輯《易》義爲《大易集義》，其子克愚淳祐十二年知徽州時爲刻於郡齋。《儀禮要義》五十卷，分卷與單疏本合。今傳《儀禮》單疏有缺卷，可據此書補正。傳世《九經要義》此書外，《周易》、《毛詩》、《禮記》三經有宋刻本，《尚書》、《春秋》有舊抄本，《周禮》、《論》、《孟》，原書

全佚。此書宋刻本僅存三十八卷，餘卷清人抄補。《四部叢刊》印本，即據此帙影印。

三、禮記注　漢鄭玄撰　宋刻遞修本　杭州　圖版一三

匡高二一·四厘米，廣一五厘米。十行，行十六字、十七字不等。注文雙行，行約二十三字。白口，左右雙邊。存《月令》、《曾子問》、《文王世子》、《禮運》、《禮器》、《郊特牲》、《内則》、《學記》、《樂記》、《雜記》、《喪大記》、《喪服大記》、《祭法》、《祭義》、《祭統》、《經解》、《哀公問》、《仲尼燕居》、《孔子閒居》、《坊記》等二十篇，凡九卷。宋諱缺筆至桓字，不避南宋諱。卷中補版有全葉覆刻者，有一葉中僅剜刻數行者。原刻字蹟粗肥，補版則字字如新硎，一望即可辨識。刻工孫勉、王受、牛實、毛諒、徐高、宋俅、董昕、陳錫、梁濟、陳彦等，皆南宋初年杭州地區名匠。紙背有「張康」二字朱記，疑是宋時造紙人姓名。黄氏士禮居舊藏，《百宋一廛賦》著録。

（按：《版刻圖録》圖版有「汪士鐘讀書」、「趙宋本」、「德均審定」、「甲子丙寅輯德均錢潤文夫婦兩度携書避難記」印。）

四、禮記正義　唐孔穎達撰　宋紹熙三年兩浙東路茶鹽司刻宋元遞修本　紹興　圖版七一 七二

匡高二一·三厘米，廣一五·八厘米。八行，行十四字、二十一字不等。注疏

雙行，行二十一、二字，二十六、七字不等。白口，左右雙邊。此爲《禮記》經注單疏合刊第一本。卷末有紹熙三年黄唐刻書跋文並校正官銜名十一行，故亦稱黄唐本。其先浙東茶鹽司刻《易》、《書》、《周禮》三經，經注疏萃見一書，讀者稱便。至是黄唐又取《毛詩》、《禮記》刻之。今《毛詩》黄唐本久亡，《禮記》全本亦僅此一帙。刻工茅文龍、蔣佛老、陳琇、鄭閏、何垕、何慶、張阿狗、俞聲等，皆元時杭州地區補版工人。近年潘氏寶禮堂刻本，即據此帙影刻。

五、春秋公羊經傳解詁　漢何休撰　宋紹熙二年余仁仲萬卷堂刻本　建陽　圖版一六九　一七〇

匡高一七・八厘米，廣一二厘米。十一行，行十九字。注文雙行，行二十七字。細黑口，左右雙邊。宋諱缺筆至慎字。序後有紹熙二年建安余仁仲刻書廣告六行。卷一、二、四、七、十一後有「余氏刊於萬卷堂」、「余仁仲刊于家塾」、「仁仲比校訖」各一行，因知此即《九經三傳沿革例》著録之建余氏本。清嘉慶間汪喜孫問禮堂刻本，即據此帙摹刻。

（按：《版刻圖録》圖版有「季振宜讀書」、「袁二」、「寒雲」、「唯庚寅吾以降」印。）

六、春秋公羊疏　唐徐彦撰　宋刻元修本　杭州　圖版三〇

匡高二二厘米，廣一五・八厘米。十五行，行二十二字至三十三字不等。白口，左右雙邊。宋時十二經單疏，南宋國子監俱有雕造。此本宋刻元修，刻工皆宋元兩朝杭州名

匠，疑即南宋監本。元時版送西湖書院，《西湖書院重整書目》中有《公羊注疏》一目，蓋即此本。内閣大庫書。《續古逸叢書》與《四部叢刊》印本，即據此帙影印。

七、史記集解索隱正義　劉宋裴駰、唐司馬貞、張守節撰　宋黄善夫家塾刻本　建陽　圖版一七五　一七六

匡高一九・九厘米，廣一二・六厘米。十行，行十八字。注文雙行，行二十二字、二十三字不等。細黑口，左右雙邊。耳記篇名。此合集解、索隱、正義爲一書，爲明時廖鎧、汪諒、王延喆、秦藩朱惟焯四本之祖。宋諱缺筆至敦字，當是南宋中葉刻本。卷首集解序後有「建安黄善夫刊于家塾之敬室」牌記，目録後又有「建安黄氏刻梓」一行。黄氏爲建陽名肆，除此書外，傳世有《後漢書》、《王狀元集百家注蘇東坡詩》二書。存六十九卷。

（按：清末田吴炤從日本携歸黄善夫本《史記》半部，大都歸涵芬樓，寶禮堂得其二卷《平準書》、《刺客列傳》。建國後涵芬樓與寶禮堂藏本均歸北圖。《版刻圖録》用《留侯世家》第一頁，爲涵芬樓舊藏，録此備攷。）

八、後漢書註　唐李賢撰　宋黄善夫家塾刻本　建陽　北京大學圖書館藏　圖版一七七　一七八

匡高一九・五厘米，廣一二・六厘米。十行，行十八字。注文雙行，行約二十四字。

細黑口，四周雙邊。耳記篇名。宋諱缺筆至敦字。目録後有「建安黄善夫刊于家塾之敬室」牌記。觀版式刀法，知是南宋中葉刻本。黄善夫曾刻班氏《漢書》，與此書相儷，惜已不傳。

（按：《後漢書》黄善夫刻本，有黄善夫印本，即《版刻圖録》所載。又有劉元起印本，改刻牌記，實爲同版。寶禮堂藏殘本一册，爲《方术傳》第七十二下，不知爲黄善夫印本抑劉元起印本，録此備攷。）

九、三國志注　劉宋裴松之撰　宋刻本　成都眉山地區　圖版二三〇

匡高一八·一厘米，廣一一·八厘米。十三行，行二十五字。注文雙行，行字同。宋諱缺筆至構字。觀字體刀法，知爲蜀本無疑。存《魏志》九卷。原爲張氏愛日精廬藏書。《愛日精廬藏書志》稱此書尚有《蜀志》七卷、《吴志》六卷，今不知飄墮何所。張志定此書爲北宋刻本，恐不確。

（按：《版刻圖録》圖版有「汪士鐘讀書」、「徐渭仁」、「趙宋本」、「德均審定」、「价藩」、「韓繩大印」印。）

一〇、五朝名臣言行録　宋朱熹撰　宋淳熙刻本　江西地區　圖版一五五

匡高一九·九厘米，廣一四·五厘米。十行，行十七字。白口，四周雙邊。宋諱構、

慎二字注「御名」。刻工常見者皆江西地區工人。因推知此書乃成書後第一刻本。《四部叢刊》印本,即據此帙影印。

(按：行款同,刻工「周俊」亦同,當是同版,録此備參。)

一一、**咸淳臨安志** 宋潛説友纂修 宋咸淳刻本 杭州 南京圖書館藏 圖版四五

匡高一八・四厘米,廣一二六・三厘米。十行,行二十字。注文雙行,行字同。白口,左右雙邊。宋刻存三十卷,餘卷清人影宋抄補。道光間汪氏振綺堂刻本,即據此本翻版。

(按：此與寶禮堂藏本同版,刻工「尤明」同,録此備參。)

一二、**武經龜鑑** 宋王彦撰 宋刻本 杭州 上海圖書館藏 圖版二五

匡高二四・二厘米,廣一七・一厘米。十二行,行二十二字。白口,左右雙邊。宋保平軍節度使王彦撰。彦字子才,上黨人,《宋史》有傳。此書依《孫子》十三篇文爲綱,摘録歷代戰事證之,備當時將帥學習用。書凡二十卷,自始計篇至用間篇。隆興二年五月孝宗爲作序。此本開版寬大,結體方整;刻工李詢、蔣暉、李憲等,皆南宋初期杭州名匠,因推知此書當是隆興、乾道間政府官刻本。《宋史全文》載乾道三年以《武經龜鑑》賜鎮江都統戚方、建康都統劉源等,疑即此本。此書宋以後公私書目俱未著録。内閣大庫故物。

存零葉三十一葉，今分藏北京圖書館、上海圖書館。

（按：此係一書分離，《版刻圖録》所取上圖藏卷一首葉，非寶禮堂舊藏，録此備參。）

一三、**傷寒要旨**　宋李檉撰　宋乾道七年姑孰郡齋刻本　當塗　圖版一二六

匡高一七・一厘米，廣一三・二厘米。九行，行十六字。白口，左右雙邊。此書《宋史・藝文志》、《直齋書録解題》均著録，宋以後無傳，蓋僅存孤本。後附《藥方》一卷，藥方後有「右《傷寒要旨》一卷，《藥方》一卷，乾道辛卯歲刻于姑孰郡齋」題記兩行。是歲洪遵在太平州任。此書與遵所刻《洪氏集驗方》版式全同，刻工黄憲、毛用亦同，知爲同時刻本。黄氏士禮居舊藏，《百宋一廛賦》著録。

一四、**本草衍義**　宋寇宗奭撰　宋淳熙十二年江西轉運司刻慶元元年重修本　南昌　圖版一三一

匡高二三・一厘米，廣一七・四厘米。十一行，行二十一字。白口，左右雙邊。宋諱缺筆至慎字。原版僅存數葉，餘均慶元六年補版。

一五、**古三墳書**　宋紹興十七年婺州州學刻本　金華　圖版八六　八七

匡高二一・五厘米，廣一四・七厘米。十行，行十八字。白口，左右雙邊。此書北宋時出張商英家，晁、陳二目均認爲僞書。此本分三卷，一山墳、二氣墳、三形墳，故合稱「三

墳」。葉排長號。宋諱缺筆至購、搆字。卷末有三衢沈斐刻書跋文四行。

一六、事類賦注　宋吴淑撰　宋紹興十六年兩浙東路茶鹽司刻本　紹興　圖版七七 八

匡高二一·八厘米，廣一四·九厘米。八行，行十六至十八字不等。注文雙行，行二十五字至二十七字不等。白口，左右雙邊。卷末有紹興十六年邊惇德刻書序，又有浙東提舉茶鹽司幹辦公事李端民等校勘官銜名三行。刻工丁珪、毛諒、王珍、朱琰、包正、余竑、徐高、徐杲、徐政、徐昇、阮于、陳錫、陳明仲、顧忠、孫勉、梁濟、洪茂等，皆南宋初葉杭州地區良工，又刻《廣韻》、《樂府詩集》、《水經注》、《毛詩正義》等書。宋諱缺筆至構字。明嘉靖間崇正書院刻本，即據此本翻刻。

一七、册府元龜　宋王欽若等輯　宋刻本　眉山　圖版二二四

匡高一八·六厘米，廣一二·三厘米。十四行，行二十四字。白口，左右雙邊。宋諱缺筆至貞字。審其行款字體刀法，與《二百家名賢文粹》如出一轍，知爲南宋中葉眉山坊本無疑。此本原出北宋版，故諱字缺筆多遵之。文字遠勝明崇禎十五年黄國琦刻本，黄本脱文誤字，可據此本諟正。瞿氏《鐵琴銅劍樓書目》謂係北宋祥符書成最初刻本，絶非事實。存一百八卷。

（按：此係一書分離，寶禮堂藏卷二百八十六至二百九十五。《版刻圖録》所取爲卷九百一第一頁，非寶禮堂所藏，録此備參。）

一八、陸士龍文集　晉陸雲撰　宋慶元六年華亭縣學刻本　松江　圖版一一九

匡高二二·五厘米，廣一五·六厘米。十一行，行二十字。白口，左右雙邊。宋慶元六年徐民瞻刻《晉二俊文集》於華亭縣齋。宋諱缺筆至廓字。卷末原有華亭縣學監刊校正人銜名三行，又印書紙工墨錢等項印匠公文八行，此本俱佚。明正德間陸元大刻本，即據此本覆刻。原爲項氏天籟閣舊藏，萬曆二年項元汴有題記。

一九、孟浩然詩集　唐孟浩然撰　宋刻本　成都眉山地區　圖版一二三 四

匡高一九·四厘米，廣一三·五厘米。十二行，行二十一字。白口，左右雙邊。集分上中下卷，與明刻本分體編次，他本按題目内容分類都不同。宋諱驚、恒二字缺筆。細審字體刀法，當是南宋中期蜀刻本。黄氏士禮居舊藏，《百宋一廛賦》著録。

二〇、河東先生集　唐柳宗元撰　宋廖瑩中校正　宋咸淳廖氏世綵堂刻本　杭州　圖版四一 二

匡高二〇厘米，廣一二·七厘米。九行，行十七字。注文雙行，行字同。細黑口，四

周雙邊。各卷後鐫篆書「世綵廖氏刻梓家塾」八字。寫刻精美，與韓集齊名。世無二帙。紙潤墨香，在宋版書中可推爲無上神品。原缺卷三至卷五、卷十，凡四卷，明人據别本影刻配入。近年上海蟫隱廬書店印本，即據此帙影印。

二一、唐女郎魚玄機詩

唐魚玄機撰　宋臨安府陳宅書籍鋪刻本　杭州　圖版五二 五三

匡高一七厘米，廣一二・一厘米。十行，行十八字。白口，左右雙邊。魚玄機字幼微，長安人。有才思，咸通中隸咸宜觀爲女道士。詩多俊語，「易求無價寶，難得有心郎」一詩，尤爲世傳誦。詩一卷，卷末有「臨安府棚北睦親坊南陳宅書籍鋪印」一行。鐫刻秀麗工整，爲陳家坊本中代表作。明時爲朱氏存餘堂、項氏天籟閣藏書。清嘉慶中黄丕烈得之，繪圖題句，以誌奇遇。一時名士陳文述、石韞玉，女子曹貞秀、歸懋儀等，俱有吟咏。黄氏别有題詠第二册，並長跋記得書經過，今不知飄墮何所。

二二、鉅鹿東觀集

宋魏野撰　宋刻本　建德　圖版一〇三

匡高一九厘米，廣一三・二厘米。十行，行二十字。白口，左右雙邊。原十卷，存卷一至卷三、卷七至卷十，凡七卷，餘三卷明人抄補。卷數與《宋史・藝文志》合，《四庫全書》本及清人傳抄本分七卷，以此本對勘，均爲殘本。此書乃陸游幼子子遹知嚴州時所刻，卷中遊字缺筆凡十餘處，避其家諱可證。新定續志郡有經史詩文方書八十種，中有《鉅鹿東觀集》一目，蓋即此本。紹定元年與潘閬《逍遥集》，楊朴《東里集》同刻。陸子遹後序對三氏詩歌造詣，推崇備至。今楊集久佚。潘集有《永樂大典》輯本，篇什多缺。此書流傳，亦僅殘帙。别有鮑廷博校本，即據此帙迻校。

（按：《版刻圖録》圖録有「曹溶私印」、「汪士鐘印」、「劉世珩觀」、「子之泗侍」等印。）

二三、曾南豐先生文粹　宋曾鞏撰　宋刻本　金華　圖版九〇

匡高一六厘米，廣一一·二厘米。十四行，行二十六字。白口，四周雙邊。此書不著編選人姓名。宋諱缺筆至敦字。版式中型，刀法瘦勁，與婺州本《三蘇文粹》相似，因推知此書當是南宋中葉婺州刻本。各篇有出《南豐類稿》外者，文字亦較元明刻本《類稿》爲勝。

二四、歐陽文忠公集　宋歐陽修撰　宋慶元二年周必大刻本　吉安　圖版一四三

匡高二二厘米，廣一四·四厘米。十行，行十六字。白口，左右雙邊。慶元二年周必大倩門客胡柯、彭叔夏等據衆本彙校，付吉州版，吉州即今吉安，世傳吉州本歐集，指此。稍後江西地區又據此本翻版二次，行款版式悉同，世亦誤認爲吉州本。明代諸本多從此本出，

此本行，宋時歐集其他州郡刻本均散佚不傳。存一百三十三卷，餘卷明人精寫補全。

（按：此與寶禮堂殘本同版，録此備參。）

二五、樂全先生文集　宋張方平撰　宋刻本　江西地區　圖版一五六

匡高二二厘米，廣一四·五厘米。十二行，行二十二字。白口，左右雙邊。宋諱缺筆至慎字，刻工常見者皆江西地區工人，因此推知書當是南宋初葉江西某地官版。存十八卷。

二六、新校正老泉先生文集　宋蘇洵撰　宋紹熙四年吴炎刻本　建陽　圖版一七三 一七四

匡高一九·五厘米，廣一二·八厘米。十四行，行二十五字。注文雙行，行字同。目録題東萊吕祖謙伯恭編註、若峯吴炎濟之校勘。目後有紹熙四年吴炎刻書咨文。宋諱缺筆至慎字。吴炎校勘後，建陽書肆爲之梓行。此書與東坡、穎濱二集同刻，《天禄琳琅書目》有《東萊先生標注三蘇文集》可證，今二集並佚。

（按：《版刻圖録》圖版有「棟亭曹氏藏書」、「雙鑑樓藏書印」印。）

二七、東坡集　宋蘇軾撰　宋刻本　江西地區　圖版一五七

匡高一九·八厘米，廣一三·一厘米。十行，行十八字。白口，左右雙邊。宋諱缺筆

至慎字，刻工常見者皆江西地區工人，因推知此書當是南宋初葉江西某地官版。明成化間刻《東坡七集》文字多誤，可據此本諟正。

（按：《版刻圖録》圖版有「汪士鐘讀書」、「甲子丙寅韓德均錢潤文夫婦兩度攜書避難記」印。）

二八、**文選注**　唐李善、吕延濟、劉良、張銑、吕向、李周翰撰　宋紹興明州刻遞修本　寧波　圖版八一

匡高二一·七厘米，廣一四·七厘米。十行，行二十一字、二十二字不等。注文雙行，行三十字、三十一字不等。白口，左右雙邊。卷末有明州參軍盧欽後題：「《文選》板歲久漫滅殆甚，紹興二十八年冬十月直閣趙公來鎮是邦，首加修正，字畫爲之一新。」據《寶慶四明志》直閣趙公名善繼，趙以直祕閣紹興二十八年十月知明州，二十九年六月罷任。因知此書刻版當在南宋初年，修版則在趙善繼知明州時，與盧欽題記正合。宋諱缺筆至構字。存二十四卷。

（按：此與寶禮堂藏本同版，録此備參。）

二九、**竇氏聯珠集**　唐竇常等撰　唐褚藏言輯　宋淳熙五年王崧刻本　蘄春　圖版二一三 二一四

匡高二〇·七厘米，廣一一·二厘米。九行，行十七字。白口，四周單邊。唐人褚藏

言輯竇氏兄弟五人詩得百首，編爲此書。宋諱缺筆至構字。末有淳熙五年知蘄州王崧刻書跋文。何義門校毛氏汲古閣刻本，稱康熙五十年購得葉九來所藏宋本，改正九十餘字，即此帙。黄氏士禮居舊藏，《百宋一廛賦》著録。《續古逸叢書》、《四部叢刊》印本，即據此帙影印。

三〇、新刊國朝二百家名賢文粹　宋慶元三年書隱齋刻本　眉山　圖版二二三

匡高一八・三厘米，廣一二厘米。十四行，行二十四字。白口，左右雙邊。據慶元二年眉山王稱序、慶元三年咸陽書隱齋刻書跋文，知此書爲慶元間眉山咸陽書隱齋刻本。書隱齋乃眉山書坊主人齋名，咸陽是其原籍。刻工王朝又刻《太平寰宇記》、《太平御覽》等書，其人乃南宋中葉眉山地區名匠。原書三百卷，現存二十餘卷，今分藏北京圖書館、上海圖書館、北京大學圖書館。別有楊氏海源閣舊藏一帙，存一百九十七卷，卷第均經後人剜改，今藏北京圖書館。此書僅見《直齋書録解題》著録，宋以後未見翻版。

（按：此與寶禮堂殘本同版，録此備參。）

三一、詳註周美成詞片玉集　宋陳元龍撰　宋刻本　建陽　圖版一九五

匡高一七・八厘米，廣一一・三厘米。十行，行十七字。注文雙行，行字同。細黑

口，左右或四周雙邊。宋諱僅慎字缺筆。審其字體刀法，知是南宋中期建本。註文淺陋，無可取。宋時别有覆刻本，卷五注文頗有改訂。近年朱祖謀《彊村叢書》本，即據彼本重刻。

（按：此黄丕烈舊藏，輾轉歸袁克文，再歸寶禮堂。《版刻圖録》圖版有「寒雲小印」、「八經閣」、「百宋書藏」、「佞宋」諸印。）

三二、**大德南海志**　元陳大震、吕桂孫纂修　元大德刻本　廣州　圖版三三八

匡高二四·三厘米，廣一六·六厘米。十一行，行二十字。細黑口，四周單邊。大德八年廣州路士人陳大震、路教授吕桂孫據《淳祐南海志》重修，綜記元時廣州路所屬七縣事。原二十卷，此存五卷。卷六記户口、土貢、税賦；卷七記物産；卷八記社稷、壇壝、城濠；卷九記學校；卷十記兵防、倉庫、廨宇、郡圃等。卷中有後補之葉，學校門記事至致和元年止。世無二帙。《永樂大典》内引《南海志》或《廣州府南海志》，即此書。

附録六：《寒雲藏書題跋輯釋》著録寶禮堂藏書簡目

李紅英輯釋　程遠芬摘録

説明：《寶禮堂宋本書録》所著録宋元刊本，有相當一部分來自袁克文，藏書界熟知者爲南宋兩浙東路茶鹽司刻《禮記正義》，即寶禮堂所寶之《禮》。但張元濟先生所撰《寶禮堂宋本書録》，對同時代的藏書家的題跋、印鑒鮮有著録，其中對袁克文收藏情况完全未予記載，留下了遺憾。李紅英女士《寒雲藏書題跋輯釋》（二〇一六年中華書局）對袁克文藏書題跋進行了廣泛收集迻録，並進行了詳細考證。其中直接涉及寶禮堂藏書四十三部，可以彌補《寶禮堂宋本書録》之缺憾。今據以輯爲簡目，以便讀者進一步查閲《寒雲藏書題跋輯釋》，與《寶禮堂宋本書録》參照研讀。

程遠芬　二〇二〇年三月十五日

一、宋婺州唐宅刻《周禮》

有袁克文乙卯冬月跋、丁巳後二月跋、丁巳十月跋、戊午冬暮跋。又乙卯重九日李盛鐸跋。《寶禮堂宋本書録》（以下簡稱《寶禮》）著録印鑒外，又有「寒雲鑒賞之鉨」等印。（《寒雲藏書題跋輯釋》第二十八至三十九頁。以下簡稱《寒雲》）

二、宋紹熙刻宋元遞修本《禮記正義》

有己巳秋日惠棟跋、洪憲紀元三月十三日袁克文跋、丙辰驚蟄後二日李盛鐸跋。《寶禮》著録印鑒外，又有「惠棟」、「定宇」、「完顏景賢精鑒」、「景行維賢」、「袁克文」等印。（《寒雲》第五十一至五十八頁）

三、宋龍山書院刻《纂圖互注春秋經傳集解》

有丙辰九月袁克文跋。《寶禮》著録印鑒外，又有「天遊閣」、「臣克文印」等印。（《寒雲》第六十九至七十四頁）

四、宋刻《春秋名號歸一圖》、《春秋二十國年表》、《春秋圖説》

《寶禮》云：「藏印，均僞造不録。」《寒雲》謂鈐有「東樓圖書」、「鐵崖」、「楊維楨印」、「弱侯」等印記，疑僞。另有「景賢」、「景行維賢」、「寒雲秘笈珍藏之印」、「惪啟借觀」等印。

（《寒雲》第七十五至七十七頁）

五、宋余氏刻《春秋公羊經傳解詁》

有乙卯長至前一日李盛鐸跋，又有袁克文十月二十四日跋、丙辰四月十五日又跋。《寶禮》著録印鑒外，又有「寒雲」等印。（《寒雲》第八十至九十一頁）

六、宋刻元修本《孟子注疏解經》

有繆荃孫跋。袁克文跋兩則（第二則署丙辰三月）。《寶禮》未著録印鑒，《寒雲》著録「曹元忠印」、「句吴曹氏收藏金石書畫之印」、「箋經室所藏宋槧」、「君直手痕」、「世異印信」、「德啟」、「臣克文印」等印。（《寒雲》第九十二至九十五頁）

七、宋黄善夫刻《史記集解索隱正義》殘本（《平準書》、《刺客列傳》）

録《寒雲日記·乙卯日記》十月初十日日記一則。《寶禮》未著録印鑒，《寒雲》著録有「伊執梅雪藏」、「淺野源氏五萬卷樓圖書之記」、「島田氏雙桂樓收藏」、「譚錫慶學看宋板書籍印」、「海鹽張元濟經收」、「寒雲鑒賞之鉩」等印。（《寒雲》第一五九至一六〇頁）

八、宋黄善夫刻《後漢書》

有乙卯九月袁克文題詩。書中鈐「寒雲鑒賞之鉩」等印。（《寒雲》第一五一至一六〇頁）

九、宋刻《京本增修五代史詳節》

有乙卯十一月初六日袁克文跋。《寶禮》未著録印鑒，《寒雲》著録「南昌袁氏」、「忠孝世家」、「瞻衮堂」、「鄧邦述印」、「群碧樓藏」、「群碧樓」、「寒雲小印」等印。（《寒雲》第一六八至一七二頁）

一〇、宋刻遞修本《輿地廣記》

有丙辰三月袁克文跋。《寶禮》著録印鑒外，又有「季振宜藏書」、「丕烈」、「顧千里經眼記」、「千里」、「廣圻審定」、「博爾濟古特氏瑞誥所藏」、「南海謝小韞」、「允之審定」、「寒雲主人」等印。（《寒雲》第一七八至一八三頁）

一一、元刻《新編方輿勝覽》

録有袁克文提要。《寶禮》著録印鑒外，又有「莫彜孫印」、「莫繩孫印」、「獨山莫繩孫字仲武號省教影山草堂收藏金石圖書記」等印。（《寒雲》第一八四至一八九頁）

一二、宋刻《西漢會要》

有袁克文跋。《寶禮》著録印鑒外，又有「臣克文印」等印。（《寒雲》第二〇二至二〇八頁）

一三、宋刻《東漢會要》

有袁克文丙辰二月二十九日跋。《寶禮》著録印鑒外，又有「克文之鉨」等印。（《寒雲》第二〇二至二〇八頁）

一四、宋刻《纂圖互注荀子》

有乙卯秋月袁克文跋。《寶禮》未著録印鑒，《寒雲》著録有「佞宋」、「寒雲鑒賞之鉨」諸印。（《寒雲》第二一〇至二一二頁）

一五、宋刻《傷寒明理論》

有袁克文乙卯夏日跋，又跋。《寶禮》著録印鑒外，又有「明善堂覽書畫記」、「克文」等印。（《寒雲》第二一三至二一八頁）

一六、宋紹興刻《古三墳書》

有袁克文丙辰三月跋，三月十八日題識並詩，又跋。《寶禮》著録印鑒外，又有「寶孝劼藏宋元經籍」、「完顏景賢精鑒」、「臣克文印」等印。（《寒雲》第二一一至二一七頁）

一七、宋刻《百川學海》

有己未元宵袁克文跋。《寶禮》著録印鑒外，又有「季振宜藏書」、「寒雲如意」等印。

（《寒雲》第三三五至三四〇頁）

一八、宋刻《册府元龜》殘帙

有乙卯五月廿五日袁克文跋，有乙卯夏日李盛鐸跋。《寶禮》著録印鑒外，又有「完顔景賢精鑒」、「小如庵祕笈」、「寒雲子子孫孫永保」等印。（《寒雲》第二八九至二九八頁）

一九、宋刻《揮麈第三録》

有乙卯夏日李盛鐸跋，丙辰三月十九日夜袁克文跋。《寶禮》著録印鑒外，又有「董其昌」、「虞山張蓉鏡芙川信印」、「孫原湘印」、「心青」、「鶴逸」、「臣克文印」等印。（《寒雲》第二六三至二六七頁）

二〇、宋刻《妙法蓮華經》

有袁克文中華建國四年三月、三月初六夜兩跋。又有丁巳二月二十六日陳訓正題詩，戊午二月姚朋圖題識。有「臣克文印」等印。（《寒雲》第二九九至三〇四頁）

二一、宋刻《北山録》

有袁克文乙卯七月二十六日跋、丙辰三月十九日跋、丁巳歲暮跋、戊午元旦跋，又題詩。《寶禮》著録印鑒外，又有「墨林秘玩」、「子孫世昌」、「宮保世家」、「檇李項氏世家寶

玩」、「克文」等印。(《寒雲》第三〇五至三一四頁)

二二、元刻《北山録》附《註解隨函》

《寶禮》著録印鑒外，又有「袁克文」等印。(《寒雲》第三一〇至三一四頁)

二三、元詹光祖刻《黄氏補千家注紀年杜工部詩史》

《寶禮》著録印鑒外，又有「完顔景賢精鑒」、「寒雲秘笈珍藏之印」等印。(《寒雲》第三五〇至三五三頁)

二四、宋刻《韋蘇州集》

有袁克文丙辰上巳跋、丙辰三月二十夜跋、丙辰四月十一日跋、丙辰八月十八夜跋、丁巳歲暮跋，又跋。又有袁克權丙辰冬題詩。《寶禮》著録印鑒外，又有「袁克文印」等印。(《寒雲》第三五四至三七三頁)

二五、元刻《唐陸宣公集》

有袁克文乙卯冬月跋、丁卯四月初十日跋。《寶禮》著録印鑒外，又有「克文」等印。(《寒雲》第三七四至三八一頁)

二六、元刻《增廣注釋音辯唐柳先生集》

有丙辰十月袁克文跋。《寶禮》未著録印鑒，《寒雲》著録有「友蘭書室」、「陳氏珍藏」、「克文之鉨」等印。（《寒雲》第三八二至三八七頁）

二七、宋刻《皇甫持正文集》

有袁克文戊午七月二十三日跋、丙辰日跋。方爾謙詩四首，袁克文己未七月二十七日和詩一首並記。《寶禮》著録印鑒外，又有「克文之鉨」等印。（《寒雲》第三八八至三九七頁）

二八、宋臨安府陳宅書籍鋪刻《唐女郎魚玄機詩》

有袁克文丙辰九月二十九日跋，同日又題詩，十月二十二日跋，十月朔日詩二首並記，丙辰十月晦夕詞二首，冬月朔夕詩一首，越夕詩一首。丙辰十月梅真劉姌詩。丁巳十月袁克文跋。《寶禮》著録印鑒外，又有「自寬齋印」、「池灣沈氏」、「木公」、「三松過眼」、「士禮居藏」、「潘曾綬印」、「周氏家藏」、「海珊氏收藏金石書畫」、「臣克文印」等印。（《寒雲》第四〇六至四一九頁）

二九、宋刻《經進東坡文集事略》

有宣統元年十一月田吴炤跋。《寶禮》著録印鑒外，又有「荆州田氏藏書之印」、「蔣祖

詒」、「克文」等印。(《寒雲》第四三一至四三七頁)

三〇、宋刻《東坡先生後集》

有袁克文跋、吴昌綬跋。《寶禮》未著録印鑒,《寒雲》著録有「寒雲鑒賞之鉨」等印。(《寒雲》第四二八至四三一頁)

三一、元建安虞氏刻《增廣校正王狀元集注分類東坡先生詩》

有袁克文丙辰臘月十八日跋,越一日題詩並跋。《寶禮》著録印鑒外,又有「克文」等印。(《寒雲》第四二〇至四二五頁)

三二、元建安虞氏刻《增廣校正王狀元集注分類東坡先生詩》殘本

有乙卯十月二十八日袁克文書衣題簽,又跋。(《寒雲》第四二五頁)

三三、元刻《晦庵先生朱文公文集》

有丁巳歲暮袁克文跋。《寶禮》不著録印鑒,《寒雲》著録有「蟫隱廬祕籍印」、「克文之鉨」等印。(《寒雲》第四五八至四六二頁)

三四、宋嘉泰吕喬年刻《東萊吕太史别集》

有袁克文乙卯七月跋。《寶禮》著録印鑒外,又有「克文」等印。(《寒雲》第四六三至

四六八頁）

三五、宋嘉定刻《友林乙稿》

有袁克文乙卯七月十三日跋，同日又跋，乙卯七月二十六日跋，丙辰三月十九日跋，丁巳元旦跋，元旦次日跋。又有乙卯白露後五日李盛鐸跋。《寶禮》著録印鑒外，又有「宋本」、「寒雲秘笈珍藏之印」等印。陳恩惠指出此本實爲清康熙翻刻本。（《寒雲》第四六九至四八三頁）

三六、宋刻元修本《後村居士集》

有丙辰五月袁克文跋。《寶禮》著録印鑒外，又有「臣克文印」等印。（《寒雲》第四八四至四八八頁）

三七、宋紹興明州刻遞修本《文選》

有袁克文乙卯三月望日跋。《寶禮》著録印鑒外，又有「聖清宗室盛昱伯羲之印」、「景行維賢」、「小如菴祕笈」等印。（《寒雲》第五一八至五二六頁）

三八、宋刻《聖宋文選全集》

有丙辰七月二十五日袁克文跋。《寶禮》著録印鑒外，又有「惪畝借觀」等印。（《寒

雲》第五六三至五六六頁）

三九、宋慶元刻《新刊國朝二百家名賢文粹》

有乙卯冬月袁克文跋。有「寒雲秘笈珍藏之印」等印。（《寒雲》第五六七至五七七頁）

四〇、宋刊《詳注周美成詞片玉集》

此毛晉舊藏本。有袁克文乙卯九月跋、十月十二日跋、冬月十八日跋、丁巳春跋。《寶禮》著録印鑒外，又有「烏程蔣祖詒藏」、「寒雲鑒賞之鉨」、「博明經眼」、「遐庵經眼」等印。（《寒雲》第五八七至五九四頁）

四一、宋刻《詳注周美成詞片玉集》

此黄丕烈舊藏本。有袁克文題詩並記、乙卯冬月詩、丙辰十一月九日詞、丙辰歲暮詞、丁巳後二月初九日跋。《寶禮》著録印鑒外，又有「密均樓」、「寒雲鑒賞之鉨」等印。（《寒雲》第五九四至六〇一頁）

四二、元刻《幽蘭居士東京夢華録》

有袁克文跋。（《寒雲》第一九〇至一九四頁）

四三、元刻《精選古今名賢叢話詩林廣記》

有丙辰三月袁克文跋。有「後百宋一廛」、「㥁啟借觀」等印。（《寒雲》第五八四至五八六頁）

《寶禮堂宋本書録》綜合索引

説　　明

（一）本索引包括《寶禮堂宋本書録》中的書名、著者姓名、序跋題記者姓名、刻書人及刻書鋪號、刻工及牌記、藏書家姓名及印鑒等。

（二）書名條目，除主條目外，還包括書録中涉及的相關書名。

（三）作者、編纂者、序跋者均立目。涉及某某之子孫者，在正常索引外，補足姓氏再出一條。如《重校鶴山先生大全文集》條，吴淵序稱“先生二子近思、克愚，搜集遺帙”，在“近思”、“克愚”外另出“魏近思”、“魏克愚”兩條。

（四）本索引按四角號碼檢字法編排。